北大社·"十四五"普通高等教育本科规划教材
高等院校汽车专业"互联网+"创新规划教材

新能源汽车构造

田晋跃　郭　荣　主编

内容简介

本书详细介绍了新能源汽车的构造及工作原理，共10章。第1章和第2章主要介绍汽车的发展历史及新能源汽车的分类和特点；第3~5章主要介绍新能源汽车动力装置、发动机构造和工作原理、发动机电控系统；第6~8章主要介绍新能源汽车底盘、新能源汽车传动系统、新能源汽车安全系统；第9章和第10章主要介绍汽车电器装置和汽车车载网络及智能终端。

本书内容深入浅出，图文并茂，结合实际，便于读者学习和应用。本书可作为高等院校新能源汽车工程、智能车辆工程、汽车服务工程和交通运输等专业及高等职业院校的教学参考书，也可作为汽车维修企业的技术人员及相关专业人员的参考书。

图书在版编目(CIP)数据

新能源汽车构造/田晋跃，郭荣主编. —北京：北京大学出版社，2023.7
高等院校汽车专业"互联网+"创新规划教材
ISBN 978-7-301-34011-0

Ⅰ.①新… Ⅱ.①田…②郭… Ⅲ.①新能源—汽车—构造—高等学校—教材 Ⅳ.①U469.7

中国国家版本馆CIP数据核字（2023）第090042号

书　　　名	新能源汽车构造 XINNENGYUAN QICHE GOUZAO
著作责任者	田晋跃　郭荣　主编
策划编辑	童君鑫
责任编辑	孙　丹　童君鑫
数字编辑	蒙俞材
标准书号	ISBN 978-7-301-34011-0
出版发行	北京大学出版社
地　　　址	北京市海淀区成府路205号　100871
网　　　址	http://www.pup.cn　新浪微博：@北京大学出版社
电子信箱	编辑部 pup6@pup.cn　总编室 zpup@pup.cn
电　　　话	邮购部 010-62752015　发行部 010-62750672　编辑部 010-62750667
印　刷　者	北京溢漾印刷有限公司
经　销　者	新华书店
	787毫米×1092毫米　16开本　15.75印张　383千字 2023年7月第1版　2025年1月第2次印刷
定　　　价	59.00元

未经许可，不得以任何方式复制或抄袭本书之部分或全部内容。
版权所有，侵权必究
举报电话：010-62752024　电子邮箱：fd@pup.cn
图书如有印装质量问题，请与出版部联系，电话：010-62756370

前　言

党的二十大报告指出"加快建设国家战略人才力量"。人才是实现民族振兴、赢得国际竞争主动权的战略资源，是衡量国家综合国力的重要指标。拥有一流创新人才和一流科学家，就能在国际竞争中占据优势。战略人才是站在国际科技前沿、引领科技自主创新、承担国家战略科技任务、支撑我国高水平科技自立自强的重要力量。

"新能源汽车构造"是相关专业的核心课程，通过学习学生可掌握新能源汽车整车及主要部件的基本构造和工作原理等基本知识，掌握新能源汽车的基本要求和技术、分析新能源汽车技术的基本能力，为从事新能源汽车相关技术工作打下坚实的理论基础。

本书详细介绍了新能源汽车的构造及工作原理，共 10 章。第 1 章和第 2 章主要介绍汽车的发展历史及新能源汽车的分类和特点；第 3～5 章主要介绍新能源汽车动力装置、发动机构造和工作原理、发动机电控系统；第 6～8 章主要介绍新能源汽车底盘、新能源汽车传动系统、新能源汽车安全系统；第 9 章和第 10 章主要介绍汽车电器装置和汽车车载网络及智能终端。

本书全面、系统地介绍了新能源汽车的构造，从新能源汽车的类型入手，介绍新能源汽车的动力装置，新能源汽车用电动机，纯电动汽车、混合动力电动汽车和燃料电池电动汽车的构造。

本书紧密结合教学基本要求，内容完整、重点突出，在注重讲解新能源汽车构造相关知识的同时，强调知识的实用性。

本书由田晋跃、郭荣任主编，其中田晋跃编写第 1～8 章，郭荣编写第 9～10 章。在编写本书的过程中，编者参考了大量国内外文献资料，在此，谨向这些文献资料的作者表示深深的感谢，同时感谢于英老师给予的修改建议和帮助。

由于编者水平有限，且新能源汽车结构复杂、发展变化快，书中难免存在疏漏和不足之处，敬请广大读者批评指正。

编　者

2023 年 3 月

资源索引

目 录

第1章 新能源汽车概论 …………… 1
1.1 汽车工业的发展 ………………… 3
1.1.1 国外汽车工业发展 …………… 3
1.1.2 国内汽车工业发展 …………… 5
1.2 汽车的类型 ……………………… 5
1.3 汽车的基本构造 ………………… 7
1.4 汽车的技术指标 ………………… 10
1.5 汽车行驶的基本原理 …………… 12
1.6 国内外有关汽车的标准法规 …… 13
1.6.1 国外有关汽车的标准法规 … 13
1.6.2 我国汽车标准 ……………… 14
1.7 新能源汽车技术的发展需求 …… 17
1.7.1 新能源和新能源汽车 ……… 18
1.7.2 新能源汽车的技术要求 …… 18
思考题 ………………………………… 19

第2章 新能源汽车的结构分类 …… 22
2.1 新能源汽车的分类 ……………… 23
2.2 纯电动汽车 ……………………… 24
2.2.1 纯电动汽车的分类和特点 … 24
2.2.2 纯电动汽车的结构 ………… 24
2.3 混合动力电动汽车 ……………… 28
2.3.1 混合动力系统的分类 ……… 29
2.3.2 混合动力电动汽车的结构 … 29
2.4 燃料电池电动汽车 ……………… 42
2.4.1 燃料电池电动汽车的分类 … 42
2.4.2 燃料电池电动汽车的结构 … 42
思考题 ………………………………… 46

第3章 新能源汽车动力装置 ……… 48
3.1 动力电源 ………………………… 49
3.2 燃料电池 ………………………… 56
3.2.1 燃料电池的分类 …………… 57
3.2.2 常见的燃料电池 …………… 57
3.3 纯电动汽车动力装置 …………… 63
3.3.1 对驱动电动机系统的要求 … 63

3.3.2 汽车用驱动电动机系统的特点 … 64
3.3.3 汽车用驱动电动机系统的组成 … 65
3.3.4 汽车用驱动电动机的结构 ……… 65
3.3.5 汽车用驱动电动机的类型 ……… 66
3.4 混合动力电动汽车的动力装置 …… 72
3.4.1 串联式混合动力传动系统 …… 72
3.4.2 并联式混合动力传动系统 …… 74
3.4.3 混联式混合动力传动系统 …… 77
3.4.4 插电式混合动力传动系统 …… 79
3.5 新能源汽车的动力辅助部件 …… 81
3.5.1 电动空气压缩机 …………… 81
3.5.2 功率变换器 ………………… 85
思考题 ………………………………… 86

第4章 发动机概论 ………………… 88
4.1 发动机的类型及基本结构 ……… 89
4.2 发动机的基本术语及技术指标 … 92
4.3 发动机的基本构成及型号编制规则 ………………………………… 95
思考题 ………………………………… 99

第5章 发动机电控系统 …………… 100
5.1 汽油机电控燃油喷射系统 ……… 101
5.1.1 汽油机电控燃油喷射系统的组成 ………………………… 101
5.1.2 常用汽油机电控燃油喷射系统 ………………………… 109
5.2 柴油机电控燃油喷射系统 ……… 112
5.2.1 可变预行程式喷油泵燃油喷射系统 ……………………… 112
5.2.2 电控单体泵式燃油喷射系统 … 113
5.2.3 电控单体泵喷嘴燃油喷射系统 ………………………… 113
5.2.4 电控共轨燃油喷射系统 …… 114
5.2.5 PT燃油喷射系统 …………… 116
5.3 汽油发动机点火系统 …………… 118
5.3.1 汽油发动机的点火要求 …… 119

5.3.2 汽油发动机点火系统的结构 …… 120
5.3.3 电子点火系统的工作原理 …… 122
5.4 发动机排放控制 …… 124
　　5.4.1 HC 及 CO 控制技术 …… 124
　　5.4.2 NO$_x$ 控制技术 …… 125
　　5.4.3 颗粒控制技术 …… 131
5.5 发动机故障诊断系统 …… 135
思考题 …… 139

第 6 章　新能源汽车底盘 …… 141

6.1 纯电动汽车底盘 …… 142
6.2 混合动力电动汽车底盘 …… 143
6.3 燃料电池电动汽车底盘 …… 146
6.4 新能源汽车底盘组成 …… 147
思考题 …… 149

第 7 章　新能源汽车传动系统 …… 150

7.1 纯电动汽车传动系统 …… 151
7.2 新能源汽车核心传动元件 …… 156
　　7.2.1 离合器 …… 156
　　7.2.2 变速器 …… 161
　　7.2.3 驱动桥 …… 168
　　7.2.4 万向传动装置 …… 175
思考题 …… 177

第 8 章　新能源汽车安全系统 …… 178

8.1 智能安全系统 …… 179
　　8.1.1 电子稳定控制系统 …… 180
　　8.1.2 前防撞报警系统 …… 182
　　8.1.3 车道偏离报警系统 …… 185
　　8.1.4 自动限速控制系统 …… 186
　　8.1.5 盲区辅助系统 …… 187
　　8.1.6 夜视成像系统 …… 188
　　8.1.7 疲劳驾驶检测系统 …… 188
8.2 轮胎气压自动监测系统 …… 189
　　8.2.1 轮胎气压对行驶安全的影响 …… 189
　　8.2.2 轮胎气压自动监测系统的组成与工作原理 …… 191
8.3 安全带 …… 193
　　8.3.1 安全带的种类 …… 193
　　8.3.2 安全带的组成与工作原理 …… 194
　　8.3.3 安全带对乘员的保护性 …… 197
8.4 安全气囊 …… 198
　　8.4.1 安全气囊的结构及工作原理 …… 198
　　8.4.2 安全气囊的工作过程 …… 201
思考题 …… 201

第 9 章　汽车电器装置 …… 203

9.1 仪表、照明装置、信号装置、影音娱乐系统 …… 204
　　9.1.1 仪表 …… 204
　　9.1.2 照明装置及信号装置 …… 208
　　9.1.3 影音娱乐系统 …… 214
9.2 线束与插接件 …… 216
思考题 …… 223

第 10 章　汽车车载网络及智能终端 …… 225

10.1 CAN 总线控制单元 …… 226
　　10.1.1 动力 CAN 网络单元 …… 227
　　10.1.2 车身 CAN 网络单元 …… 230
　　10.1.3 典型汽车的 CAN 网络拓扑结构 …… 233
　　10.1.4 汽车网络系统的结构特点 …… 234
　　10.1.5 汽车网络架构 …… 236
10.2 车载智能终端 …… 239
　　10.2.1 车载智能终端的组成及功能 …… 239
　　10.2.2 车载信息管理系统 …… 243
思考题 …… 244

参考文献 …… 246

第1章　新能源汽车概论

学习要点	◇ 汽车的发展历程 ◇ 汽车的基本构造及汽车行驶的基本原理 ◇ 汽车的技术指标 ◇ 新能源汽车的发展趋势
导入案例	新能源汽车为载体的智能网联发展方向
主体内容	◇ 新能源汽车的发展现状 ◇ 汽车的基本类型 ◇ 汽车的基本构造及汽车行驶的基本原理
案例讨论	新能源客车的驱动方案

1956年，解放牌汽车的诞生被中国人赋予了一种家国情怀，开启了中国工业走向自主与强盛的时代。

当下空气污染、交通拥堵越来越严重，人们越来越希望有更多的出行方案，从而加快了清洁能源汽车的开发和应用。

在党的二十大报告中指出："中国式现代化，是中国共产党领导的社会主义现代化，既有各国现代化的共同特征，更有基于自己国情的中国特色。"中国新能源汽车产业能够做大做强，正是践行中国式现代化的结果。

新能源汽车为载体的智能网联发展方向

随着互联网、大数据、人工智能、5G与汽车产业的深度融合，智能网联汽车成为汽车产业转型升级的重要方向。

2021年6月，中华人民共和国工业和信息化部发布《2021年汽车标准化工作要点》，提出"强化基础性标准支撑，完成智能网联汽车术语定义推荐性国家标准征求意见"。

2021年12月，中央网络安全和信息化委员会印发的《"十四五"国家信息化规划》明确提出，加快智能网联汽车道路基础设施建设、5G-V2X车联网示范网络建设，提升车载智能设备、路侧通信设备、道路基础设施和智能管控设施的"人、车、路、云、网"协同能力，实现L3级以上高级自动驾驶应用。

新能源汽车的电动化、智能化、网联化发展是大势所趋。2022年，在"双碳"目标驱动下，大力发展新能源车成为行业共识，车路协同成战略方向，我国新能源汽车产业进入市场和政策双驱动的发展阶段。

汽车的不断发展、普及为社会的进步作出巨大贡献。汽车由自身装备动力驱动，在陆地上不依靠轨道或架线行驶。汽车通常用于载运客、货和牵引客、货挂车，也有为完成特定运输任务或作业任务而改装或经装配专用设备成为专用车辆的，但不包括农业机械。全挂车和半挂车无自带动力装置，只有与牵引汽车组成汽车列车才属于汽车。

汽车产业是国民经济的支柱产业，产业链长、关联度高、就业面广，在国民经济和社会发展中发挥着重要作用。在很多发达国家的经济起飞时期，汽车产业都是领头产业，汽车产业为这些国家的经济增长和社会发展起到关键性作用。

自20世纪80年代开始，基于对能源和环境方面的长远考虑，很多国家开始重视清洁能源的开发和应用，其中纯电动汽车、混合动力电动汽车和燃料电池电动汽车（统称"新能源汽车"）的研发取得了巨大进展。在政府及社会的积极支持下，汽车公司加大了电池等关键部件、整车技术路线、一体化动力传动、控制技术、设计理论、系统集成、工艺工装、标准法规、示范应用等的研究和开发力度，相关技术日趋成熟，新能源汽车的产量、保有量和车型覆盖面迅速增长。

1.1 汽车工业的发展

汽车是随时都能使用的高度自由的运输工具，在社会中有相当重要的地位。汽车的发展历史与人类社会文明进程的关系紧密。

1.1.1 国外汽车工业发展

19世纪，英国大量蒸汽动力汽车商业化，这种汽车用于在城市之间运送乘客和货物，但不是系列生产的，直到戈特利布·戴姆勒和卡尔·本茨发明的汽车在德国问世，意味着汽车时代的来临。

戈特利布·戴姆勒和卡尔·本茨分别在1886年和1885年发明了由内燃机驱动的轻型小汽车（图1.1和图1.2），他们的发明工作是完全独立进行的。

图1.1 戈特利布·戴姆勒发明的第一辆汽车

图1.2 卡尔·本茨发明的第一辆汽车

汽车发展史

1893年，杜里埃兄弟经过不懈的努力，制造出美国的第一辆汽车。亨利·利兰德随后成立了凯迪拉克公司，大卫·别克创立了别克汽车公司，亨利·福特成立了福特汽车公司，开启了美国汽车发展的新纪元。早期的别克汽车和福特汽车分别如图1.3和图1.4所示。

第一次世界大战期间，福特T型汽车不能适应欧洲泥泞的战场，很多汽车公司意识到需要制造一种"万能车"。因为威力斯公司招标承制了这种汽车，所以通常称为威力斯万能车，没过多久更名为Jeep，中文译名为"吉普"。

图 1.3 早期的别克汽车

图 1.4 早期的福特汽车

吉普汽车配备两挡分动器，采用四轮驱动，外形低矮，可避免侦察时被敌人发现，也可减小火力目标，且采用可拆放风挡和由钢管架支撑的篷顶。为了减轻自重，提高有限载荷能力，该车车身板件能省则省，该车没有车门，只在侧围上开了一个缺口，供上下车用，而且采用曲线形整件侧围，底盘非常坚固，离地间隙大。

随着战争的进行，吉普汽车的产量逐渐增大，到第二次世界大战结束时，吉普汽车的产量超过 60 万辆，美国军队到哪里，吉普汽车便跑到哪里。苏联在第二次世界大战期间发明的多栖越野车能在道路外行驶，可以克服人为障碍，在战争条件下具有重要意义。

20 世纪 30 年代初，两轴汽车的通过性令人钦佩，如果按现代观点评价，虽然两轴汽车不算高级，但提高了部队的灵活机动性，解决了许多问题。总的来说，扩大运输范围和提高作战效率是当时各国汽车发展的目标。从 20 世纪 80 年代中期开始，汽车进入高级化时代，各汽车公司把世界汽车工业推向更高的阶段。1988 年，世界汽车产量为 4850 万辆，其中日本生产 1270 万辆，西欧国家生产 1850 万辆，美国生产 1119 万辆，日本、美国、德国、西班牙、意大利的汽车产量占 70%。这些汽车生产大国利用自己的优势，加速企业兼并，推动技术开发，进一步提高了垄断程度和竞争能力。

在美国、日本等国家的带领下，一些现代工业较发达的国家不甘落后，且成绩骄人。例如，1981 年巴西的汽车产量为 78 万辆，到 1993 年达到 139 万辆；韩国的汽车产量增长势头迅猛，1981 年为 15 万辆，到 1993 年达到 200 万辆。

汽车进入高级化时代的第一个标志：随着世界汽车产销量的大幅度增加，汽车成为人们日常生活中不可缺少的交通工具。

汽车进入高级化时代的第二个标志：人们越来越追求汽车驾驶的舒适性、安全性及环境的适应性。环境保护和不断提高的安全技术方面的要求对汽车工业产生重大影响。

汽车进入高级化时代的第三个标志：人们已经淡忘 20 世纪 70 年代的全球能源危机，开始追求大型豪华轿车，大型豪华轿车成为热点。

汽车电子技术的发展使汽车的一些性能指标达到前所未有的高度。作为汽车工业竞争焦点的质量问题和成本问题发生质的变化，即成本退居次要位置，质量也不再仅体现在可靠性和舒适性上。

20 世纪 90 年代初，美国大型豪华轿车的"复活"不是偶然的，是当代电子技术和电子计算机迅猛发展的必然结果。高新技术对传统工业产生了深远的影响，汽车工业也不例外，借助高新技术，汽车的动力性、经济性、制动性和舒适性等将达到传统设计无法达到的程度，这也是 20 世纪 90 年代汽车工业发展的总趋势。

1.1.2 国内汽车工业发展

在中华人民共和国成立之前，中国人创建民族汽车工业的夙愿始终未能实现，而在中华人民共和国成立之后实现了。

中华人民共和国成立后，兴建第一汽车制造厂的任务列入发展国民经济的第一个"五年计划"。1950—1953年，我国开展了建设第一汽车制造厂的筹备工作，1953年7月15日举行了第一汽车制造厂的奠基典礼。经过三年的奋力拼搏、艰苦创业，1956年7月，从第一汽车制造厂总装配线开出第一批12辆解放牌CA10型载重汽车，如图1.5所示。

红旗轿车诞生于1958年，如图1.6所示。红旗轿车是当时我国唯一拥有全部知识产权的轿车。

图1.5 解放牌CA10型载重汽车

图1.6 红旗轿车

实行改革开放政策后，我国引进了其他国家汽车制造的先进技术和管理经验，加快了汽车工业的重组和快速发展，先后组建了中国第一汽车集团有限公司（简称"一汽"）、上海汽车集团有限公司和东风汽车股份有限公司三大汽车集团，以及重庆长安汽车股份有限公司、广州汽车集团股份有限公司、北京汽车集团有限公司、哈飞汽车股份有限公司、华晨汽车集团控股有限公司、奇瑞汽车股份有限公司、吉利汽车集团有限公司七大骨干汽车企业，初步形成了汽车产业的组织结构优化调整。

20世纪80年代以来，基于对能源和环境方面的长远考虑，很多国家越来越重视开发和利用清洁能源。我国新能源汽车发展突飞猛进，在政府的积极支持下，研究和开发电池等关键部件、整车技术路线、一体化动力传动、控制技术、设计理论、系统集成、工艺工装、标准法规和示范应用等的力度加大，新能源汽车的产量、销量、保有量和车型覆盖面迅速增长。以2022年为例，我国新能源汽车产量为566.29万辆，同比增长89.34%；销量为564万辆，同比增长89.5%。其中，纯电动汽车产量为495.9万辆，销量为493.6万辆；插电式混合动力电动汽车产量为70.39万辆，销量为70.4万辆。我国成为全球最大的新能源汽车市场和汽车制造基地。

1.2 汽车的类型

汽车按照动力源形式分为内燃机汽车和清洁能源汽车两类。清洁能源汽车除包括新能源汽车外，还包括以压缩天然气、液化石油气和液化天然气为燃料的汽车。新能源汽车是指配置大容量电能储存装置,全部或部分由电动机驱动的汽车。与内燃机汽车相比,清洁能源汽车是以非常规的车用燃料为动力来源(或使用常规的车用燃料,但采用新型车载动力装置),综合汽车动力控制和驱动等方面的先进技术,形成的技术原理先进,具有新技术、新结构的汽车。

汽车按运营管理方式分为乘用车和商用车两类。通常载运人及其随身行李和临时物品的汽车属于乘用车,超过9座的客车和载货汽车属于商用车。

汽车按动力装置分为传统发动机驱动的汽车和新能源汽车两类。

汽车按用途分为轿车、客车、载货汽车、越野汽车、牵引汽车、专用汽车、特种车七类,如图1.7所示。

(a)轿车

(b)客车

(c)载货汽车

(d)越野汽车

(e)牵引汽车

(f)专用汽车

(g)特种车1

(h)特种车2(机场特种车)

图1.7 汽车按用途分类

（1）轿车。轿车又称小客车，一般座位不超过 9 个（包括驾驶人座位）。

（2）客车。客车的座位超过 9 个（包括驾驶人座位），包括城市公共汽车、公路客运汽车、旅游客车等。

（3）载货汽车。载货汽车是载运货物的汽车，俗称"卡车"。装载货物的货厢通常与驾驶室安装在一个车架上，并根据运输的要求制成各种形式。载货汽车分为轻型载货汽车、中型载货汽车、重型载货汽车。各国分级方法和标准不尽相同，我国是按汽车载重量分级的。

（4）越野汽车。越野汽车是指可在路面不良的道路或原野、山区、坡地、沼泽、沙漠、冰雪等无路面地区行驶的汽车。越野汽车可用于军事运输、军事作业、勘测、采矿、工程施工和林业运输等。越野汽车的结构特点如下：全轮驱动，传动系统有分动器，常采用高摩擦式差速器或差速器锁；最小离地间隙较大；使用具有越野花纹的轮胎；有的还装有汽车绞盘，可以用于自救或营救其他汽车。

（5）牵引汽车。牵引汽车专门用于牵引挂车或半挂车。

（6）专用汽车。专用汽车是指装有专用车厢或专用装备，从事专门运输或专门作业的汽车。专用运输车是指按运输货物的特殊要求设计，有专用车厢并装有相应附属设备的运输车，如自卸汽车、液罐汽车、冷藏汽车、散装水泥汽车、集装箱汽车等。随着经济的发展，专用汽车的品种和数量日益增加，常用的专用汽车有 500 多种。专用汽车可分为一般专用汽车和工矿生产用汽车两类。

（7）特种车。特种车是指用于完成其他任务的汽车，如救护车、消防车、洒水车及各种工程车等。

1.3　汽车的基本构造

汽车是由上万个零件组成的机动交通工具，通常包括动力装置、底盘、车身、电气设备等。 典型轿车总体构造如图 1.8 所示。

图 1.8　典型轿车总体构造

（1）动力装置。

内燃机汽车的动力装置是发动机总成。**新能源汽车的动力装置有纯电动驱动装置、混**

合动力驱动装置、氢燃料的动力装置等。

内燃机汽车的发动机用于燃烧进入气缸的燃料，从而输出动力。发动机一般由曲柄连杆机构、配气机构、燃料供给系统、冷却系统、润滑系统、点火系统、起动系统等组成。

新能源汽车的动力装置一般由驱动电动机、动力源（如纯电动汽车的动力蓄电池）、控制装置等组成。

（2）底盘。

底盘接收动力装置输出的动力，驱动汽车行驶，并保证汽车按照驾驶人的操纵正常行驶。底盘由下列部分组成。

① 传动系统。传动系统将动力装置的动力传递给驱动车轮。内燃机汽车的传动系统包括离合器、变速器、传动轴、万向节、车桥（主减速器、差速器、半轴及桥壳）等。

② 行驶系统。行驶系统使汽车各总成及部件安装在适当位置，对全车起支撑作用，对路面起附着作用，可以缓和道路冲击和振动。行驶系统包括支承全车的承载式车身、副车架、前、后悬架、前、后车轮等。

③ 转向系统。转向系统使汽车按驾驶人选定的方向行驶，由转向操纵机构、转向器及转向传动机构组成，有的汽车还有转向助力装置。

④ 制动系统。制动系统用于使汽车减速或停车，包括前、后车轮制动器及制动传动装置。

（3）车身。

车身是装载人和货物的部件，包括车前板制件、车身本体，货车的车身还包括驾驶室和货箱，某些汽车的车身还包括专用作业设备。

（4）电气设备。

电气设备包括电源组，发动机起动系统和点火系统、汽车照明和信号装置、仪表、导航系统、电子设备、电子控制单元（electronic control unit，ECU）、人工智能装置等。

汽车通常由技术性配置、安全性配置和舒适性配置构成，这三大配置直接影响汽车的使用性能和性能价格比。

1. 技术性配置

技术性配置是指汽车的基本配置。内燃机汽车的技术性配置包括发动机、传动系统、转向系统（液、电助力）、制动系统、行驶系统（又称悬架系统）、车身等。新能源汽车的技术性配置是由动力电源的质量比能量、电源电量、驱动电动机功率、汽车的工作电压等参数表征的。

2. 安全性配置

因为汽车安全从技术层面来说包含主动安全和被动安全两个因素，所以安全性配置包括主动安全配置和被动安全配置。

（1）主动安全配置。

主动安全配置如图 1.9 所示。

① 自动紧急制动（autonomous emergency braking，AEB）系统。该系统可以自动监测与前方目标的距离和相对速度。当驾驶人制动过晚、制动力过小或者未进行制动时，汽

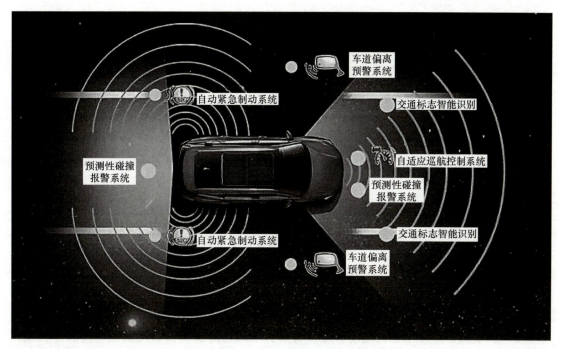

图 1.9　主动安全配置

车将报警或主动制动。

② 预测性碰撞报警（predictive collision warning，PCW）系统。该系统可以在发生碰撞危险前 2.7s 发出警报，提醒驾驶人制动；同时，汽车尾灯不停闪烁，提醒后面汽车注意，避免追尾。

③ 自适应巡航控制（adaptive cruise control，ACC）系统。该系统依靠一个安置在汽车前部的激光传感器，自动探测与前车的距离，如果距离太小，则向汽车计算机发出信号，降低车速或使汽车制动，以保持与前车的安全距离。

④ 车道偏离预警（lane departure warning，LDW）系统。汽车偏离行驶车道时，该系统可通过警报音、转向盘振动或自动改变转向提醒驾驶人。该系统包括纵向车道偏离预警系统和横向车道偏离预警系统。纵向车道偏离预警系统主要用于预防由车速太高或转向失控引起的车道偏离碰撞，横向车道偏离预警系统主要用于预防由驾驶人注意力不集中或驾驶人放弃转向操作引起的车道偏离碰撞。

(2) 被动安全配置。

① 安全带。安全带的主要功能是当事故发生时，限制驾驶人或乘员的位移，避免人与车体其他部位发生二次碰撞。

② 安全气囊。安全气囊大体上分为前撞时保护人头部及胸部安全的前辅助气囊和侧撞时保护人头部及胸部的侧边辅助气囊。

③ 头部支承系统。头部支承系统通常称为头枕，汽车座椅上的头枕不只是为了舒适，更重要的是为了安全。当汽车遇到紧急状况而制动时，车身产生强烈的前后摆动，受惯性作用，驾乘人员的身体必然跟着摆动，尤其是颈部。被动安全配置如图 1.10 所示。

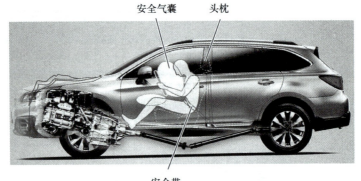

图 1.10 被动安全配置

3. 舒适性配置

汽车舒适性是指为驾乘人员提供舒适的乘坐环境,包括一键启动系统、定速巡航系统、遥控后备箱盖、前照灯自动清洗功能、前后电动车窗防夹手功能、外后视镜电动调节及折叠、全自动区域空调、全球定位系统(global positioning system,GPS)、车内灯光关闭延时、车内中控锁、遥控电动车窗及天窗、泊车辅助系统、座椅调节系统、多功能角度可调节转向盘、车载免提电话、车载 DVD 及音响、电动后风窗遮阳帘等。

1.4 汽车的技术指标

1. 汽车驱动方式

汽车驱动方式是指发动机的布置方式及驱动轮的数量、位置形式。根据驱动轮的数量,汽车驱动方式分为两轮驱动和四轮驱动。通常汽车都有前、后两排车轮,其中直接由发动机驱动的车轮称为驱动轮。汽车驱动方式对整车性能、外形、尺寸、质量、轴荷分配、制造成本和维修保养等有重要影响。

汽车驱动方式有动力前置前轮驱动(图 1.11)、动力前置后轮驱动(图 1.12)、动力后置后轮驱动(图 1.13)、动力前置四轮驱动(图 1.14)。

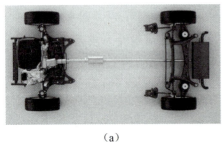

(a)

(b)

图 1.11 动力前置前轮驱动

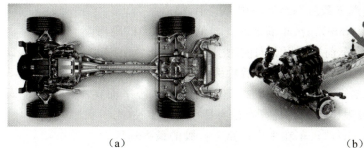

(a)   (b)

图 1.12 动力前置后轮驱动

(a)   (b)

图 1.13 动力后置后轮驱动

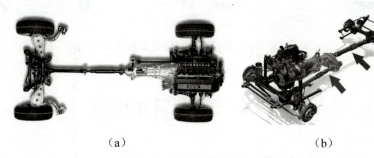

(a)   (b)

图 1.14 动力前置四轮驱动

2. 汽车的主要技术指标

（1）整车整备质量（kg）：汽车完全装备好的质量，包括润滑油、燃料、随车工具、备胎等所有装备的质量。

（2）最大总质量（kg）：汽车满载时的总质量。

（3）最大装载质量（kg）：汽车在道路上行驶的最大装载质量。

（4）最大轴载质量（kg）：汽车单轴承载的最大质量。

（5）车长（mm）：汽车长度方向两极端点间的距离。

（6）车宽（mm）：汽车宽度方向两极端点间的距离。

（7）车高（mm）：汽车最高点至地面的距离。

（8）轴距（mm）：汽车前轴中心至后轴中心的距离。

（9）轮距（mm）：同一车桥左、右轮胎胎面中心线的距离。

（10）前悬（mm）：汽车最前端至前轴中心的距离。

（11）后悬（mm）：汽车最后端至后轴中心的距离。

（12）最小离地间隙（mm）：汽车满载时，最低点至地面的距离。

（13）接近角（°）：汽车前端凸出点向前轮引的切线与地面的夹角。

（14）离去角（°）：汽车后端凸出点向后轮引的切线与地面的夹角。

（15）转弯半径（mm）：汽车转向时，外侧转向轮的中心平面在汽车支承平面上的轨迹圆半径。转向盘转到极限位置时的转弯半径为最小转弯半径。

（16）最高车速（km/h）：汽车在平直道路上行驶的最大速度。

（17）最大爬坡度（％）：汽车满载的最大爬坡能力。

（18）车轮数（n）和驱动轮数（m）：车轮数以轮毂数为计量依据。

（19）平均燃料消耗量（L/100km）：汽车在道路上行驶时，每百公里平均燃料消耗量。

汽车车身外部几何技术参数如图 1.15 所示。

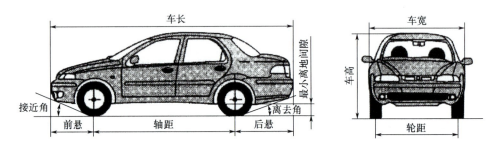

图 1.15　汽车车身外部几何技术参数

1.5　汽车行驶的基本原理

汽车行驶必须具备两个基本条件：驱动条件和附着条件。

1. 驱动条件

汽车行驶必须有足够的驱动力，以克服各种阻力。

发动机的输出转矩（M_t）经传动系统传递到车轮上，使车轮旋转。在驱动轮与地面接触处向地面施加一个力 F_o，其数值为 M_t 与车轮滚动半径 r 之比。

$$F_o = M_t / r \tag{2-1}$$

地面对车轮施加一个与 F_o 数值相等、方向相反的反作用力 F_t，如图 1.16 所示，其中 F_t 是驱动力。

汽车行驶的基本原理

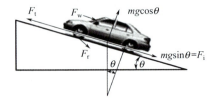

图 1.16　汽车驱动轮受力图

汽车的行驶总阻力$\sum F$包括滚动阻力F_r、空气阻力F_w和上坡阻力F_i。

$$\sum F = F_r + F_w + F_i \tag{2-2}$$

滚动阻力F_r主要是由车轮滚动时轮胎与路面变形产生的，空气阻力F_w是由汽车行驶时与周围的空气相互作用产生的，上坡阻力F_i是汽车重力沿坡道上的分力。

汽车行驶的驱动条件为

$$F_t \geqslant \sum F \tag{2-3}$$

当$F_t = \sum F$时，汽车匀速行驶；当$F_t > \sum F$时，汽车加速行驶；当$F_t < \sum F$时，汽车减速至停车。如果要维持较高的车速，就需要增大发动机的输出功率或将变速器换入较低的挡位以维持较大的驱动力。

2. 附着条件

驱动力的最大值一方面取决于发动机可能发出的最大转矩和变速器换入最低挡时的传动比，另一方面受轮胎与地面的附着作用限制。

当汽车在平整干硬路面上行驶时，车轮的附着作用取决于轮胎与路面间的摩擦力。该摩擦力阻碍车轮滑动，使车轮正常向前滚动并承受路面的反作用力——驱动力。如果驱动力大于摩擦力，车轮就会与路面发生滑动。在松软路面上，除了有轮胎与地面的摩擦，还有嵌入轮胎花纹凹部的软地面凸起部位起的抗滑作用。由附着作用决定阻碍车轮滑动的力的最大值称为附着力，用F_φ表示。附着力与车轮承受垂直于地面的法向力G（称为附着重力）成正比。

$$F_\varphi = \varphi G \tag{2-4}$$

式中，φ为附着系数。

可见，附着力是汽车发挥驱动力的极限。

汽车行驶的附着条件为

$$F_t \leqslant F_\varphi \tag{2-5}$$

因此，汽车行驶的驱动与附着条件为

$$\sum F \leqslant F_t \leqslant F_\varphi \tag{2-6}$$

在冰雪路面或泥泞路面，由于附着力很小，汽车的驱动力受到附着力的限制而不能克服较大的阻力，因此汽车减速甚至不能前进，即使增大节气门开度或换至低挡，车轮也只会滑转，驱动力不会增大。为了增大车轮在冰雪路面的附着力，可采用特殊花纹的轮胎、镶钉轮胎或者在普通轮胎上绕装防滑链，以增大对冰雪路面的附着力。非全轮驱动汽车的附着重力是分配到驱动轮上的汽车总重力；而全轮驱动汽车的附着重力是全车总重力，其附着力比前者大。

1.6 国内外有关汽车的标准法规

一般提高汽车技术水平的做法是由政府部门组织制定全面、综合的标准法规，从行驶安全、乘员保护、节能减排等方面规范汽车技术性能。

1.6.1 国外有关汽车的标准法规

国际上较完善、具有代表性的有联合国欧洲经济委员会（Economic Commission for

Europe，ECE）汽车法规，欧洲经济共同体（European Economic Commuity，EEC）汽车法规，美国联邦机动车安全标准（Federal Motor Vehicle Safety Standards，FMVSS），日本汽车工业协会标准（Japan Automobile Standards Organization，JASO）和《日本道路车辆型式批准手册》等。

1. ECE 汽车法规及 EEC 汽车法规

ECE 汽车法规为联合国欧洲经济委员会汽车法规，由 WP29（联合国世界车辆法规协调论坛）制（修）订。ECE 汽车法规自 1958 年制定以来，经不断修改和补充，形成包含 120 多项的完善体系，对机动车及其部件的安全和环境保护等方面提出了统一要求。

EEC 汽车法规称，又称 EEC 指令或 EC 指令。EEC 指令自 1970 年制定以来，随着协议的修改而不断完善，包含 100 多项，共 260 多个指令，其技术要求涉及灯光与视野、制动、转向、乘员保护、车辆结构、车身安全件与安全玻璃、排放与噪声、油耗等。

2. 美国联邦机动车安全标准

美国联邦政府对汽车产品的标准和法规管理平行地分为两部分，即汽车安全环保节能管理和防盗管理。其中，汽车安全方面的管理主要由美国运输部国家公路交通安全管理局负责，汽车环保方面的管理主要由美国环境保护署负责。美国联邦机动车安全标准共有 60 多项，其中与客车/校车直接相关的标准有 6 项：FMVSS 131《学童客车行人安全装置》、FMVSS 217《客车紧急出口及车窗的固定与松放》、FMVSS 220《学童客车倾翻的防护》、FMVSS 221《学童客车的车身联结强度》、FMVSS 222《学童客车乘员座椅和碰撞保护》、FMVSS 225《儿童约束系统固定点》等。

3. 日本道路运输车辆安全基准

日本汽车工业协会标准共有 300 多项。《日本道路车辆型式批准手册》中的"机动车结构和装置技术标准"共 4 章，但直接涉及客车的规定和标准很少。

1.6.2 我国汽车标准

1. 强制性标准

我国汽车强制执行的标准有 61 项。其中，主动安全标准 17 项，主要包括照明与信号装置、操控、制动、转向和轮胎等；被动安全标准 10 项，主要包括车身碰撞防护、座椅、门锁、安全带、凸出物和防火等；一般安全标准 14 项，包括车辆结构以及防盗装置，视野、指示与信号装置等；环保与节能标准 14 项，包括污染物排放、噪声、电磁兼容与燃油经济性等；公告管理中对新能源汽车增加了 6 项强制执行的标准；交通运输部为规范道路旅客运输，增加了 3 项营运汽车的强制执行标准。

我国汽车强制执行的标准项目见表 1.1。

表 1.1 我国汽车强制执行的标准项目

序　号	标准分类	合　计
1	主动安全标准	17

续表

序　号	标准分类	合　计
2	被动安全标准	10
3	一般安全标准	16
4	环保与节能标准	11
5	新能源汽车标准	6
6	营运汽车标准	3

(1) 主动安全。

在主动安全方面，为了避免和防止安全事故发生而采取的汽车安全技术主要涉及照明与信号装置、操控、制动、转向和轮胎等。实施这些标准，可以在一定程度上避免或减少安全事故的发生。汽车主动安全标准见表1.2。

表 1.2　汽车主动安全标准

序　号	标准编号	标准名称
1	GB 4599—2007	汽车用灯丝灯泡前照灯
2	GB 4660—2016	机动车用前雾灯配光性能
3	GB 5920—2019	汽车及挂车前位灯、后位灯、示廓灯和制动灯配光性能
4	GB 15235—2007	汽车及挂车倒车灯配光性能
5	GB 4785—2019	汽车及挂车外部照明和光信号装置的安装规定
6	GB 11554—2008	机动车和挂车用后雾灯配光性能
7	GB 17509—2008	汽车及挂车转向信号灯配光性能
8	GB 18099—2008	机动车及挂车侧标志灯配光性能
9	GB 11564—2008	机动车回复反射器
10	GB 19151—2003	机动车用三角警告牌
11	GB 16897—2022	制动软管的结构、性能要求及试验方法
12	GB 12676—2014	商用车辆和挂车制动系统技术要求及试验方法
13	GB/T 13594—2003	机动车和挂车防抱制动性能和试验方法
14	GB 17675—2021	汽车转向系　基本要求
15	GB 9744—2015	载重汽车轮胎
16	GB 23254—2009	货车及挂车　车身反光标识
17	GB 24545—2019	车辆车速限制系统技术要求及试验方法

(2) 被动安全。

为减少汽车发生事故后乘员伤亡和财产损失而采取的被动安全技术包括车身碰撞防护、座椅、门锁、安全带、凸出物和防火等。实施这些标准，可以在一定程度上减少安全事故发生后的损失。汽车被动安全标准见表1.3。

表1.3 汽车被动安全标准

序 号	标准编号	标准名称
1	GB 15083—2019	汽车座椅、座椅固定装置及头枕强度要求和试验方法
2	GB 11550—2009	汽车座椅头枕强度要求和试验方法
3	GB 13057—2014	客车座椅及其车辆固定件的强度
4	GB 14166—2013	机动车乘员用安全带、约束系统、儿童约束系统和ISOFIX儿童约束系统
5	GB 14167—2013	汽车安全带安装固定点、ISOFIX固定点系统及上拉带固定点
6	GB 9656—2021	机动车玻璃安全技术规范
7	GB 8410—2006	汽车内饰材料的燃烧特性
8	GB 18296—2019	汽车燃油箱及其安装的安全性能要求和试验方法
9	GB 24406—2012	专用校车学生座椅系统及其车辆固定件的强度
10	GB/T 17578—2013	客车上部结构强度要求及试验方法

（3）一般安全。

一般安全是指与汽车安全相关的一般安全技术，包括汽车结构及防盗装置，视野、指示与信号装置等。实施这些标准，可以在一定程度上避免安全事故的发生并减少安全事故发生后的损失。汽车一般安全标准见表1.4。

表1.4 汽车一般安全标准

序 号	标准编号	标准名称
1	GB 15084—2013	机动车辆 间接视野装置 性能和安装要求
2	GB 15082—2008	汽车用车速表
3	GB 4094—2016	汽车操纵件、指示器及信号装置的标志
4	GB 15742—2019	机动车用喇叭的性能要求及试验方法
5	GB 15741—1995	汽车和挂车号牌板（架）及其位置
6	GB 1589—2016	汽车、挂车及汽车列车外廓尺寸、轴荷及质量限值
7	GB 13094—2017	客车结构安全要求
8	GB 7258—2017	机动车运行安全技术条件
9	GB 11568—2011	汽车罩（盖）锁系统
10	GB 24407—2012	专用校车安全技术条件
11	GB 24315—2009	校车标识
12	GB 24160—2022	车用压缩天然气钢质内胆环向缠绕气瓶
13	GB/T 17259—2009	机动车用液化石油气钢瓶
14	GB/T 17258—2022	汽车用压缩天然气钢瓶

(4) 环保与节能。

汽车环保与节能标准是为有效保护环境和节约能源而制定的标准,涉及污染物排放、噪声、电磁兼容与燃油经济性等。实施这些标准,可以在一定程度上减少污染物排放、降低噪声、保护环境、节约能源。汽车环保与节能标准见表 1.5。

表 1.5 汽车环保与节能标准

序 号	标准编号	标准名称
1	GB 14762—2008	重型车用汽油发动机与汽车排气污染物排放限值及测量方法(中国Ⅲ、Ⅳ阶段)
2	GB 17691—2018	重型柴油车污染物排放限值及测量方法(中国第六阶段)
3	GB 3847—2018	柴油车污染物排放限值及测量方法(自由加速度及加载减速法)
4	GB 18285—2018	汽油车污染物排放限值及测量方法(双怠速法及简易工况法)
5	GB 11340—2005	装用点燃式发动机重型汽车曲轴箱污染物排放限值
6	GB 20890—2007	重型汽车排气污染物排放控制系统耐久性要求及试验方法
7	GB 1495—2002	汽车加速行驶车外噪声限值及测量方法
8	GB 14023—2022	车辆、船和内燃机 无线电骚扰特性 用于保护车外接收机的限值和测量方法
9	GB/T 18655—2018	车辆、船和内燃机 无线电骚扰特性 用于保护车载接收机的限值和测量方法
10	GB 30510—2018	重型商用车辆燃料消耗量限值
11	GB/T 27840—2021	重型商用车辆燃料消耗量测量方法

(5) 新能源汽车。

为新能源汽车增加的强制检测项目见表 1.6。

表 1.6 为新能源汽车增加的强制检测项目

序号	检测项目	检测依据
1	电动汽车用电机及其控制器	GB/T 18488.1—2015、GB/T 18488.2—2015
2	电动车辆的电磁场发射强度的限值和测量方法	GB/T 18387—2017
3	电动汽车 操纵件、指示器及信号装置的标志	GB/T 4094.2—2017
4	电动汽车仪表	GB/T 19836—2019
5	重型混合动力电动汽车能量消耗量试验方法	GB/T 19754—2021

1.7 新能源汽车技术的发展需求

从发展趋势来看,汽车需求量不断增大,内燃机汽车以汽油、柴油为主要能源,研制节能汽车成为各汽车公司迫在眉睫的任务。同时,内燃机汽车尾气排放越来越受到关注,成为亟须解决的问题。要摆脱对石油能源的依赖，减少大气污染，并弥补内燃机汽车的不足，发展新能源汽车是必由之路。

自20世纪80年代开始，基于对能源和环境方面的长远考虑，很多国家越来越重视清洁能源的开发和应用，清洁能源汽车的保有量逐渐增大。其中，纯电动汽车、混合动力电动汽车和燃料电池电动汽车（统称"新能源汽车"）的研发取得了较大进展，在各国政府及社会的积极支持下，加大了电池等关键部件、整车技术路线、一体化动力传动、控制技术、设计理论、系统集成、工艺工装、标准法规和示范应用等研究开发的力度，技术日趋成熟，新能源汽车的产量、保有量和车型覆盖面迅速增长。

我国新能源汽车发展很快，可以预见，在未来的汽车市场中，新能源汽车将占有较大份额。

1.7.1　新能源和新能源汽车

长城新能源汽车技术的发展

什么是新能源？1980年，联合国召开的"联合国新能源和可再生能源会议"对新能源定义如下：以新技术和新材料为基础，使传统的可再生能源得到现代化的开发和利用，使用取之不尽、周而复始的可再生能源取代资源有限、对环境有污染的化石能源，重点开发太阳能、风能、生物质能、潮汐能、地热能和核能。由此可见，这里定义的新能源首先是可再生能源，且取之不尽、周而复始；其次可取代对环境有污染的化石能源，即煤、石油制品（汽油、柴油）等。2007年11月，我国在《新能源汽车生产企业及产品准入管理规则》中对新能源汽车定义如下：新能源汽车是指采用非常规的车用燃料作为动力来源（或使用常规的车用燃料、采用新型车载动力装置），综合车辆的动力控制和驱动方面的先进技术，形成技术原理先进，具有新技术、新结构的汽车。由此确定了新能源汽车的范围，即新能源汽车包括混合动力电动汽车（hybrid electric vehicle，HEV）、纯电动汽车（battery electric vehrcle，BEV）（包括太阳能汽车）、燃料电池电动汽车（fuel cell electric vehicle，FCEV）和其他新能源汽车等。

为加快新能源汽车的发展，2009年2月6日，我国出台了《节能与新能源汽车示范推广财政补助资金管理暂行办法》，在示范推广初期，主要选择部分大中城市的公交、出租、公务、环卫和邮政等公共服务领域进行试点，中央财政对试点城市相关公共服务领域示范推广单位购买和使用节能与新能源汽车给予一次性定额补助。

1.7.2　新能源汽车的技术要求

我国提出的新能源汽车的技术要求如下。

1. 新能源乘用车的技术要求

（1）纯电动乘用车30min最高车速不低于100km/h。

（2）纯电动乘用车工况法续驶里程不低于250km。插电式混合动力电动乘用车（含增程式）工况法续驶里程不低于50km。

（3）纯电动乘用车动力电池系统的质量比能量不低于125W·h/kg，125（含）～140W·h/kg的车型按80%补贴，140（含）～160W·h/kg的车型按90%补贴，160W·h/kg

及以上的车型按 1 倍补贴。

（4）根据纯电动乘用车能耗水平设置调整系数。纯电动乘用车整车能耗比《关于调整完善新能源汽车推广应用财政补贴政策的通知》（财建〔2016〕958 号）规定的门槛提高 10%（含）～20% 的车型按 80% 补贴，提高 20%（含）～35% 的车型按 1 倍补贴，提高 35%（含）以上的车型按 1.1 倍补贴。

（5）工况法纯电续驶里程低于 80km 的插电式混合动力电动乘用车 B 状态燃料消耗量（不含电能转化的燃料消耗量）与现行常规燃料消耗量国家标准中对应限值相比小于 60%，比值为 55%（含）～60% 的车型按 50% 补贴，比值小于 55% 的车型按 1 倍补贴。工况法纯电续驶里程大于或等于 80km 的插电式混合动力乘用车，其 A 状态百公里耗电量应满足纯电动乘用车 2019 年门槛要求。

2. 新能源客车的技术要求

（1）非快充类纯电动客车单位载质量能量消耗量（Ekg）不高于 0.19W·h/(km·kg)，电池系统的质量比能量不低于 135W·h/kg，续驶里程不低于 200km（等速法）。计算单位载质量能量消耗量所需的附加质量按照《关于 2016—2020 年新能源汽车推广应用财政支持政策的通知》（财建〔2015〕134 号）执行，能量消耗率按《电动汽车能量消耗率和续驶里程试验方法》（GB/T 18386—2017）测试（新能源货车也按此测试）。

（2）快充类纯电动客车快充倍率要高于 3C（C 表示充放电倍率。如果电池容量为 10A·H，1C 指以 10A 电流放电或充电，3C 指以 30A 电流充放电，0.3C 指以 3A 电流充放电）。

（3）插电式混合动力电动客车（含增程式）的节油率水平要高于 60%。对于燃用气体燃料的插电式混合动力电动客车，以油电混合动力电动客车为基准，按照一定比例进行折算。插电式混合动力电动客车（含增程式）纯电续驶里程不低于 50km（等速法）。

（4）取消新能源客车电池系统总质量占整车整备质量比例不高于 20% 的门槛要求。

3. 新能源货车的技术要求

（1）纯电动货车装载动力电池系统的质量比能量不低于 125W·h/kg。

（2）纯电动货车单位载质量能量消耗量（Ekg）不高于 0.30W·h/(km·kg)。作业类纯电动专用车百公里电耗（按试验质量）不超过 8kW·h。

（3）插电式混合动力电动货车（含增程式）燃料消耗量（不含电能转化的燃料消耗量）与现行常规燃料消耗量国家标准中对应限值相比小于 60%。

（4）纯电动货车续驶里程不低于 80km。插电式混合动力电动货车（含增程式）纯电续驶里程不低于 50km。

思考题

1. 我国最早提出汽车发展规划的文件是什么？
2. 汽车有哪几类？
3. 汽车发展有哪些主要趋势？
4. 我国新能源汽车有哪些强制执行标准？
5. 内燃机汽车的主要技术指标有哪些？比较其与新能源汽车的技术指标的差异。

新能源汽车构造

案例讨论

新能源客车的驱动方案

客车匹配较好的动力组合方案，驱动汽车发挥较好的效率，实现节能减排效应，可以比内燃机汽车节省30%以上的燃料，PM（particulate matter，颗粒物）排放量至少降低90%。若采用无级变速特性，则可以大大降低客车驾驶员的劳动强度。

客车实现驱动、冷却、转向与制动四个方面的电动化，采用双电机控制，具备纯电驱动和混合驱动两种模式，高效电机将取代传统客车变速器，实现无级变速，可提升驾乘人员的舒适性。转向电动化和冷却电动化分别通过先进的动态变频技术和电子风扇控制器按需分配能量，避免能源浪费。典型新能客车的驱动方案如图1.17所示。

IP68防护等级
增强了三电系统对各种雨水天气的适应能力，保持三电系统的绝缘性，使汽车长期可靠运行，降低维护频次，节约成本。

正面碰撞防护结构
从纵向将客车结构分为吸能区+刚性区+变形区3个区域，通过结构优化设计，合理匹配3个区域的结构强度，实现碰撞中吸收碰撞能量和分散碰撞力，更大程度地提高驾乘人员安全行。

前向碰撞预警与车道偏离预警系统（选配）
选取行业知名品牌传感器，性能稳定、精度高，对汽车前方区域进行实时探测、评估及警示，显著减少交通事故。

图1.17 典型新能源客车的驱动方

低压电控线固定升级
对新能源低压电控线束插件固定方案进行系统升级，减少了汽车运行过程中振动对插接件的不良影响，减少后期维护。

端子快换式充电枪
采用新型耐磨充电枪端子材料，仅拆卸充电枪头，更换枪内端子，维修成本低，维修时间短，安全可靠。

充电综合管理系统
通过充电机在线故障诊断和安全预测，实现充电售后服务的流程化和制度化，电机运行可靠，后期维护高效便利。

多项便捷设计
前翻门结构、免维护桥、后部超大检修空间、一体式免维护轮毂等设计改善维修方便性，有效节省人工成本，提升运维效率。

图1.17 典型新能源客车的驱动方（续）

思考：新能源客车匹配的含义是什么？如何解决其存在的问题？

计算机端	[1] 中国汽车报 http：//www.cnautonews.com/ [2] 商车网 http：//www.chinacar.com.cn/ [3] 中国汽车工程学会 http：//www.sae-china.org/
Android、iOS 端	二维码

第 2 章　新能源汽车的结构分类

学习要点	◇ 纯电动汽车的结构 ◇ 混合动力电动汽车的结构 ◇ 燃料电池电动汽车的结构
导入案例	比亚迪新能源汽车的商业化
主体内容	◇ 纯电动汽车的分类及结构 ◇ 混合动力电动汽车的分类及结构 ◇ 燃料电池电动汽车的分类及结构
案例讨论	混合动力电动汽车与纯电动汽车的技术路线

　　汽车是国民经济的重要支柱产业，产业链长、涉及面广、国际化程度高。当前处于技术变革、生态重塑的关键时期，保障稳定运行、推动转型升级的任务异常艰巨、繁重。中共中央政治局于 2021 年 7 月 30 日召开的会议上提出："要挖掘国内市场潜力，支持新能源汽车加快发展。"中央一系列决策部署为推动我国汽车产业发展指明了方向、提供了指南。

 导入案例

比亚迪新能源汽车的商业化

比亚迪是我国第一家做营运的主机厂。比亚迪的出租车和网约车覆盖我国300多座城市；在全球六大洲的400座城市，续驶里程超过10亿公里。每3台营运车辆中就有一台是比亚迪。

比亚迪早年推出"74全战略布局"，真正把常规的七大领域（私家车、出租车、城市公共汽车、道路客运、城市商品物流、城市建筑物流）和四大特殊领域（仓储、港口、机场、矿山专用车辆）全部电动化，并逐步实现商用化。

根据《新能源汽车生产企业及产品准入管理规则》中的定义，新能源汽车包括混合动力电动汽车、纯电动汽车（BEV，包括太阳能汽车）、燃料电池电动汽车（FCEV）、氢发动机汽车、其他新能源（如高效能储能器、二甲醚）汽车等各类别产品。

新能源汽车是指除使用汽油、柴油、燃气等燃料之外的所有其他清洁能源汽车，主要包括全部或部分采用电储能方式，利用电动机驱动或电动机辅助驱动的汽车产品，如纯电动汽车、混合动力电动汽车和燃料电池电动汽车等。其特征是能耗低、污染物排放量小。

2.1 新能源汽车的分类

新能源汽车主要包括纯电动汽车、混合动力电动汽车和燃料电池电动汽车。

1. 纯电动汽车

纯电动汽车是完全由可充电电池（如铅酸蓄电池、镍镉蓄电池、镍氢蓄电池或锂离子蓄电池）提供动力的汽车。铅酸蓄电池的质量比能量低、污染严重，采用铅酸蓄电池的低速电动汽车不属于新能源汽车，因为其不能满足高速电动汽车（后称电动汽车）的性能指标，但铅酸蓄电池可以做混合动力电动汽车的电源。

2. 混合动力电动汽车

混合动力电动汽车是指使用电动机和内燃机联合驱动的汽车，按动力耦合方式可以分为串联式混合动力电动汽车、并联式混合动力电动汽车和混联式混合动力电动汽车。混联式混合动力电动汽车按驱动方式又分为非插电式混合动力电动汽车和插电式混合动力电动汽车（plug-in hybrid electric vehicle，PHEV）。

混合动力电动汽车的主要特点如下：发动机的排量小，降低了燃油消耗；将制动和下坡时的能量回收到蓄电池中再次利用，降低了燃油消耗；在繁华市区，可关闭内燃机，由电动机单独驱动，实现"零排放"。

3. 燃料电池电动汽车

燃料电池电动汽车的工作原理是使氢气和空气中的氧气在催化剂的作用下，在燃料电

池中发生电化学反应而产生电能，驱动汽车行驶。

2.2 纯电动汽车

纯电动汽车是指从车载储能装置获得电能，由电动机驱动行驶的汽车，即完全由车载可充电蓄电池提供动力的汽车。 这种汽车以电能为唯一动力源，其电的来源有很多，如车载蓄电池、超级电容和飞轮电池等。

2.2.1 纯电动汽车的分类和特点

新能源汽车的分类

纯电动汽车按电池结构分为化学电池纯电动汽车和超级电容纯电动汽车两类，前者是指以铅酸蓄电池、镍氢蓄电池、锂离子蓄电池等为电源的电动汽车；后者是指采用超级电容器储存电能，以电能驱动汽车行驶，并向汽车所有辅助运行设备提供电能的汽车。

早期的中、小型化学电池纯电动汽车以铅酸蓄电池为电能储存装置，其优点是成本较低，但因为质量比能量小，无法达到需要的续驶里程要求，且使用寿命短，所以主要应用于特定区域场地的汽车。镍氢蓄电池在电动汽车上应用较早，技术比较成熟，安全性也较强，但与锂离子蓄电池相比，质量比能量较小，充放电效率比锂离子蓄电池低20%，多用于混合动力电动汽车。锂离子蓄电池的质量比能量大（可达到100W·h/kg）、充放电效率高（90%以上），是纯电动汽车的主要储能产品。锂离子蓄电池的技术与生产工艺发展很快，在极板材料、电解液和隔膜等方面的研究取得了很大进展，锂离子蓄电池的各项性能指标不断提高，单体电池的一致性也得到了保证。但锂离子蓄电池技术的发展水平还未达到理想电能储存装置的要求，在安全性能、质量比能量、耐高低温性能和使用寿命等方面还需进一步提高。

2.2.2 纯电动汽车的结构

1. 化学电池纯电动汽车

纯电动汽车的工作原理

化学电池纯电动汽车的动力系统包括三个子系统：① **电动机驱动系统，由车辆控制器、电力电子变换器、电动机、机械传动装置和车轮等组成**；② **能源系统，由能源、能量管理单元和能量燃料供给单元组成**；③ **辅助系统，由功率控制单元、温度控制单元和辅助电源等组成**。

图2.1所示为化学电池纯电动汽车动力系统结构框图。图2.2所示为化学电池纯电动汽车的基本结构。

化学电池纯电动汽车动力系统的动力流程如图2.3所示。车辆控制器发出相应的控制指令，控制电力电子变换器功率装置的通断；功率变换器（未标）的功能是调节电动机与电源之间的功率流；能源系统和车辆控制器共同控制再生制动及其能量的回收，能源系统和充电器一起控制充电并监测电源的使用情况；辅助电源为辅助系统提供不同等级的电压及必要的动力。

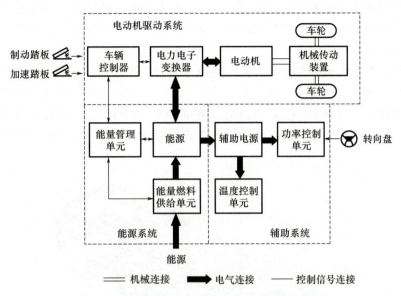

图 2.1　化学电池纯电动汽车动力系统结构框图

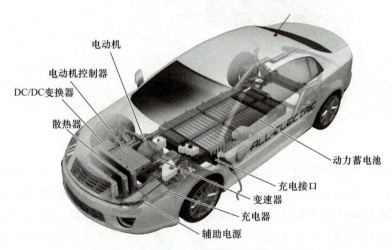

图 2.2　化学电池纯电动汽车的基本结构

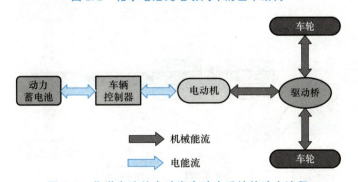

图 2.3　化学电池纯电动汽车动力系统的动力流程

当汽车行驶时，动力蓄电池输出电能（电流），通过车辆控制器驱动电动机，电动机输出的转矩经传动系统驱动车轮前进或后退。电动汽车的续驶里程与动力蓄电池的容量有关，动力蓄电池的容量受很多因素的影响。要提高一次充电续驶里程，需要尽可能地节省动力蓄电池的能量。

图 2.4 所示为纯电动城市客车。如果采用永磁同步电动机，则其额定功率为 130kW，峰值功率为 170kW；锂离子蓄电池的额定电压为 384V，额定容量为 360A·h。纯电动汽车一次充电续驶里程约为 120km，百公里耗电量约为 100kW·h，平均百公里节约燃料成本约 234.4 元。运营 6 万公里可以使 CO_2 排放量减少 68040 kg，经济效益和社会效益显著。

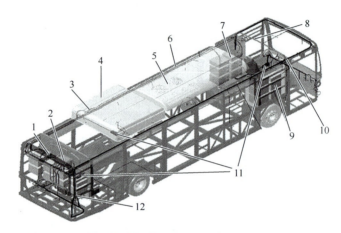

1—紧急维修开关；2—高压电分配箱；3—电池连接线；4—顶部动力蓄电池包；
5—空调总成；6—动力连接线；7—2号动力蓄电池包；8—电池连线；9—1号动力蓄电池包；
10—低压线；11—熔断器；12—充电接口

图 2.4 纯电动城市客车

图 2.5 所示为纯电动城市客车动力系统方案。采用电动机＋三挡电控机械式自动变速器（automated mechanical transmission，AMT），动力系统后置、后轮驱动布置型式；动力蓄电池布置在地板下的中段、后段舱体中；动力蓄电池采用推拉结构，中间舱门为上翻式；在密封与散热方面，提高了电池箱体的防护等级；在舱体底部增加格栅底板，防止在

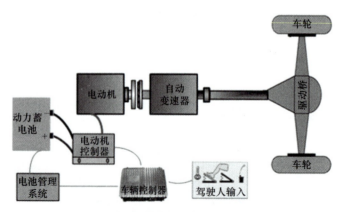

图 2.5 纯电动城市客车动力系统方案

恶劣路况下，路面杂物损害底盘零部件；顶部采用一体化纯电动空调，可实现变频制冷，有效控制能耗；后部电控舱体采用加高设计，可避免路面积水对电控部件的损害。通过优化各总成的布局，整车具有合理的轴荷分布和良好的操纵稳定性。

化学电池纯电动汽车的主要部件有电力驱动主模块、车载电源模块、辅助模块。

(1) 电力驱动主模块。

电力驱动主模块主要包括车辆控制器、电动机控制器、电机、机械传动装置和车轮等，用于将储存在动力蓄电池中的电能高效地转换为汽车的动能，并在汽车减速制动时将车轮的动能转换为电能充入动力蓄电池。

车辆控制器根据加速踏板和制动踏板的输入信号，向电动机控制器发出相应的控制指令，控制电动机的启动、加速和减速。

电动机控制器按车辆控制器的指令、电动机的速度和电流反馈信号，控制电动机的转速、转矩和旋转方向。电动机控制器必须与电动机配套使用。

电机在电动汽车中具有电动机和发电机双重功能，即汽车正常行驶时发挥电动机功能，将电能转换为机械能；汽车减速和下坡滑行时发挥发电机功能，将车轮的惯性动能转换为电能。

机械传动装置将电动机的转矩传输给驱动桥，从而驱动车轮，使汽车行驶。

(2) 车载电源模块。

车载电源模块主要包括动力蓄电池、能源系统和充电控制器等，用于向电动机提供驱动电能、监测电源使用情况、控制充电器为动力蓄电池充电。

纯电动汽车用动力蓄电池有铅酸蓄电池、镍镉蓄电池、镍氢蓄电池和锂离子蓄电池等。

能源系统主要用于对电动汽车的动力蓄电池进行实时监控、充放电、温度监测等。

(3) 辅助模块。

辅助模块主要包括辅助动力源、动力转向单元、驾驶室显示操作台和辅助装置等。辅助模块除辅助动力源外，其他装置因汽车的不同而不同。

辅助动力源主要由辅助电源和DC/DC变换器组成，为电动汽车其他辅助装置（动力转向单元、照明装置、空调及电动门窗等）提供所需的电力源（一般为12V或24V的直流低压电源）。

动力转向单元用于实现汽车的转向，由转向盘、转向器、转向机构和转向轮等组成。作用在转向盘上的控制力通过转向器和转向传动机构，使转向轮偏转一定角度，从而实现汽车转向。

驾驶室显示操作台类似于内燃机汽车驾驶室的仪表板，但其功能因电动汽车的驱动控制特点的不同而不同。

辅助装置主要有照明装置、信号装置、车载音响设备、空调、刮水器、风窗除霜清洗器、电动车窗、电控玻璃升降器、电控后视镜调节器、电动座椅调节器和车身安全防护装置控制器等，用于提高汽车的操控性、舒适性和安全性，可根据需要选装。

2. 超级电容纯电动汽车

超级电容纯电动汽车采用超级电容器储存电能，以电能驱动汽车行驶，并向汽车所有辅助运行设备提供电能。其基本工作原理与无轨电车相似,快速充电候车站由电力电网提供电源,经过变压、整流后,为超级电容纯电动汽车提供超级电容器所需的高压直流电源。

超级电容器的质量比能量很小,但质量比功率很大,可以实现大电流充电。虽然一次充电续驶里程仅为5~10km,但充电时间可以控制在几分钟;如果是中途补充充电,则充电时间只有十几秒到几十秒。超级电容器的使用寿命及温度适应性比化学电池好很多。超级电容纯电动客车的后期使用、维护费用也较低,但只能在固定线路行驶,需要建设可补充充电的候车站。

图2.6所示为超级电容纯电动汽车平台。其中,驱动单元采用功率大、转矩大、防水、适用于城市工况的电动机;以能量型超级电容为储能元件,保证车辆具有较好的动力性及较长的续驶里程。

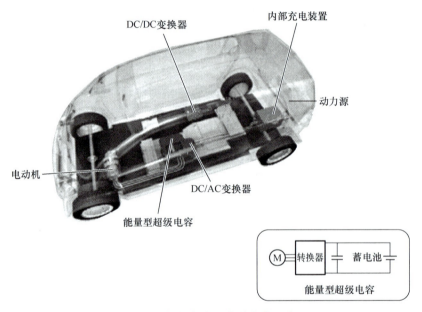

图2.6 超级电容纯电动汽车平台

2.3 混合动力电动汽车

混合动力电动汽车的工作原理

混合动力电动汽车是指汽车驱动系统由两个或两个以上能同时运转的单个驱动系统组成的汽车,其行驶功率根据实际的汽车行驶状态由一个驱动系统单独提供或由多个驱动系统共同提供。混合动力电动汽车大多采用传统的内燃机和电动机作为动力源,综合运用发动机和驱动电动机两种动力,通过复合动力系统及动力蓄电池的功率均衡作用,优化发动机工作,提高汽车的燃油经济性和排放性能。

2.3.1 混合动力系统的分类

混合动力电动汽车一般指应用油电混合动力系统的电动汽车。 混合动力系统的特点在于汽车起动和停止时,只靠发电机带动,不达到一定速度,发动机不工作,使发动机保持在最佳工况状态,动力性好,排放量小。

由于混合动力电动汽车的核心是混合动力系统,其性能直接关系到整车性能,因此,虽然混合动力电动汽车都是由内燃机和电动机组成的,但在技术上还是有区别的,即**根据动力传递方式,混合动力系统可分为串联式混合动力系统、并联式混合动力系统和混联式混合动力系统。**

(1) 串联式混合动力系统。

串联式混合动力系统由发动机、发电机和电动机组成,它们之间采用串联方式,发动机驱动发电机发电,电能通过车辆控制器输送到动力蓄电池或电动机,由电动机通过变速器驱动汽车行驶。当负荷小时,由动力蓄电池驱动电动机,以驱动车轮;当负荷大时,由发动机带动发电机发电,以驱动电动机。

(2) 并联式混合动力系统。

采用并联式混合动力系统的汽车由发动机和电动机共同驱动车轮,但发动机与电动机分属两套系统,可以分别向传动系统提供转矩,在不同的路面上既可以共同驱动又可以单独驱动。由于没有单独的发电机,因此发动机可以直接通过传动机构驱动车轮。这种系统更接近传统的汽车驱动系统,机械效率损耗与内燃机汽车类似,在汽车上得到了广泛应用。

(3) 混联式混合动力系统。

混联式混合动力系统兼具串联式混合动力系统和并联式混合动力系统的特点,由发动机、发电机和电动机组成。根据助力装置的不同,混联式混合动力系统分为以发动机为主的系统和以电动机为主的系统两种。在以发动机为主的系统中,发动机为主动力源,电动机为辅助动力源;在以电机为主的系统中,发动机为辅助动力源,电动机为主动力源。该系统的优点是控制方便,在燃油利用效率不高的城市路况中,基本靠电动机驱动,可实现"零排放";其缺点是结构比较复杂。

2.3.2 混合动力电动汽车的结构

1. 传统混合动力电动汽车

(1) 传统串联式混合动力电动汽车。

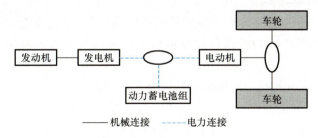

图 2.7　传统串联式混合动力电动汽车的动力系统结构

传统串联式混合动力电动汽车的动力系统结构如图 2.7 所示。其驱动系统由发动机、发电机和电动机三大动力总成以串联方式组成，发动机仅用于发电，发电机发出的电能通过电动机控制器直接输送到电动机，由电动机产生的电磁力矩驱动汽车行驶。当发电机的电机功率大于行驶阻力消耗的功率时，发电机发出的部分电能为动力蓄电池组充电，以延长混合动力电动汽车的续驶里程；反之，动力蓄电池组也可以单独向电动机提供电能以驱动汽车行驶，使混合动力电动汽车在"零排放"状态下行驶，或补充发电机发出电能的不足，使汽车获得更大动能。

图 2.8 所示为传统串联式混合动力电动汽车的动力系统流程图。从图中可知，传统串联式混合动力电动汽车的能量经历了化学能→机械能→电能→机械能的转换，并实现**四种工作模式：发动机-发电机组单独供电、动力蓄电池组单独供电、发动机-发电机组和动力蓄电池组共同供电、发动机的多余能量为动力蓄电池组充电和再生制动**。与内燃机汽车相比，传统串联式混合动力电动汽车是一种以发动机驱动为辅助动力的电动汽车，可以延长续驶里程。由于在发动机与发电机之间的机械连接装置中没有离合器，因而该动力系统具有一定的灵活性，并且结构简单。

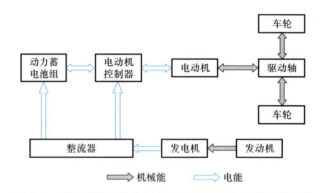

图 2.8　传统串联式混合动力电动汽车的动力系统流程图

① 发动机-发电机组单独供电模式。

发动机-发电机组单独供电模式的特点是发动机带动发电机发电，电能通过电动机控制器直接输送到电动机，由电动机产生驱动力矩，驱动汽车行驶。由于发电机与电动机之间没有直接的机械连接，整车布置自由度较大；同时，发动机的工作状态不受行驶状态的影响，可以保持稳定、高效、低污染的运行状态。因此，这种供电模式具有良好的燃油经济性。

② 动力蓄电池组单独供电模式。

动力蓄电池组单独供电模式即"纯电机模式"，适用于路况复杂的城市客车。在对环保要求高的市区，汽车起动和低速行驶时可以关闭发电机，进入纯电动状态，从而实现"零排放"。

③ 发动机-发电机组和动力蓄电池组共同供电模式。

发动机-发电机组和动力蓄电池组共同供电模式即"联动模式"，适用于汽车起动、加速、高速行驶和爬坡等工况，此时发电机发出的功率小于电动机所需功率，动力蓄电池组向电动机提供额外电能。由于发动机带动发电机产生的电能和动力蓄电池组输出的电能共同供给电动机来驱动汽车行驶,因此电力驱动是唯一驱动模式。可见,这种供电模式较简单。

④ 发动机的多余能量为动力蓄电池组充电和再生制动模式。

当发电机发出的功率大于电动机所需功率(汽车行驶所需功率)时,电动机控制器为动力蓄电池组充电,以在联动模式和纯电机模式下辅助或单独驱动汽车行驶。同时,汽车在制动、下坡甚至滑行减速时处于再生制动状态,利用制动减速能量为动力蓄电池组充电,从而回收制动能量,降低能耗。

传统串联式混合动力电动汽车主要有两种控制模式,即恒温控制模式和功率跟随控制模式。在恒温控制模式下,当电池组 SOC(state of charge,荷电状态,反映电池的剩余容量,其值等于剩余容量与同等条件下电池额定容量的比值)降低到设定的低门限值时,发动机启动,在最低油耗(低排放)点输出恒功率,一部分功率用于驱动汽车行驶,另一部分功率为动力蓄电池组充电;当电池组 SOC 上升到设定的高门限值时,发动机关闭,由电动机驱动汽车行驶。在这种控制模式下,由于动力蓄电池组要满足所有瞬时功率的要求,因此这种控制模式对发动机有利,而对动力蓄电池组有更高的要求。

功率跟随控制模式采用无级变速器(continuously variable transmission,CVT),通过调节 CVT 速比,控制发动机沿最小油耗曲线运行,发动机功率随着车轮功率的变化而变化,与内燃机汽车的运行模式相似。在这种控制模式下,动力蓄电池组工作循环消失,与充放电有关的动力蓄电池组损失最少,应用较多,但整车成本增加。传统串联式混合动力电动汽车的发展趋势是将两种控制模式结合使用,充分利用发动机和动力蓄电池组的高效率区,使整体效率最高。当汽车加速时,为了满足车轮驱动功率的要求,采用功率跟随控制模式;为了避免在发动机低效率区工作,且车轮驱动功率要求低,采用功率跟随控制模式,以提高整车效率。

从总体结构上看,传统串联式混合动力电动汽车较简单、易控制,只有电动机的电力驱动系统,其特点更加趋近于纯电动汽车。但是,在发动机—发电机—电动机驱动系统中的热能→电能→机械能的转换过程中,能量损失较大。发动机发出的能量以机械能的形式从传动轴输出,并立即被发电机转换为电能,由于发电机存在内阻和涡流,因此会产生能量损失。随后电能被电动机转换为机械能,在电动机和电动机控制器中能量进一步损失。因此,传统串联式混合动力电动汽车的能量转换效率比内燃机汽车低。

(2)传统并联式混合动力电动汽车。

传统并联式混合动力电动汽车的动力系统结构如图 2.9 所示,主要包括发动机、电动机/发电机和动力蓄电池组,一般有多种组合形式,可以根据使用要求选用。**传统并联式**

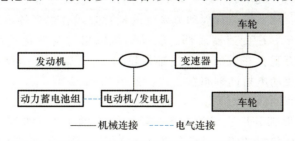

图 2.9　传统并联式混合动力电动汽车的动力系统结构

混合动力系统采用发动机和电动机/发电机两套独立的驱动系统驱动车轮，二者在汽车传动系统处耦合，即将机械能耦合后输出到驱动车轮。发动机和电动机/发电机通常通过不同的离合器驱动车轮，有发动机单独驱动、电动机/发电机单独驱动或者发动机和电动机/发电机共同驱动三种工作模式。当发动机提供的功率大于车轮所需驱动功率或汽车制动时，电动机处于发电状态，为动力蓄电池组充电。发动机和电动机的功率可以叠加，发动机功率和电动机/发电机功率约为电动汽车所需最大驱动功率的50%～100%，因此可以采用小功率的发动机和电动机/发电机，使得整个动力系统的装配尺寸、质量都较小，成本较低，续驶里程比传统串联式混合动力电动汽车长。传统并联式混合动力系统通常应用在中、小型混合动力电动汽车上。

传统并联式混合动力电动汽车主要有四种运行模式：当汽车起动和节气门全开加速时，发动机和电动机同时工作，共同分担驱动汽车所需的转矩；当汽车正常行驶时，电动机关闭，仅由发动机提供动力；当汽车制动和减速时，电动机处于发电机状态，通过功率转换装置为动力蓄电池组充电；当汽车轻载时，发动机发出的功率通过电动机转换为电能，为动力蓄电池组充电。 从概念上讲，它是电力辅助型的燃油汽车，可以降低排放和燃油消耗。

传统并联式混合动力电动汽车的动力系统流程图如图2.10所示。发动机和电动机通过变速器（未标）同时与驱动桥连接。电动机可以平衡发动机所受的载荷，使其在高效率区工作。因为发动机通常在满负荷（中等转速）下工作，所以燃油经济性较好。当在较小的路面载荷下行驶时，内燃机汽车的发动机燃油经济性较差；而传统并联式混合动力电动汽车可以关闭发动机，只由电动机驱动或增大发动机的负荷，使电动机处于发电机状态，为动力蓄电池组充电。由于传统并联式混合动力电动汽车在稳定的高速下，发动机具有较高的效率和较小的质量，因此，在高速公路上行驶时具有较好的燃油经济性。

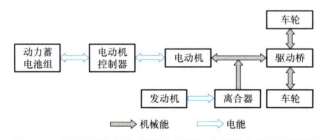

图2.10 传统并联式混合动力电动汽车的动力系统流程图

传统并联式混合动力汽车成本较低，技术可靠，即使在电驱动系统出现故障时也能保证整车正常行驶。电驱动系统与常规动力系统的耦合方式有很多种，驱动电机可以布置在变速器前部，也可以布置在变速器后部。驱动电机输出轴与变速器齿轮轴有平行布置的（通过圆柱齿轮），也有垂直布置的（通过锥齿轮）。为了提高传动效率减小布置空间，有些系统采用发动机与驱动电机同轴布置方式，如图2.11所示。

由于国内用于汽车的AT（液力式自动变速器）、AMT（机械式自动变速器）技术还处于起步阶段，因此大部分厂家仍然选用成熟、可靠的MT（机械式手动操纵变速器），其节油效果较好，价格优势较明显。但传统的MT汽车主要靠驾驶人的丰富驾驶经验判断合适的换挡时机，不能达到精确控制的目的，从而导致同一车型的油耗相差较大。

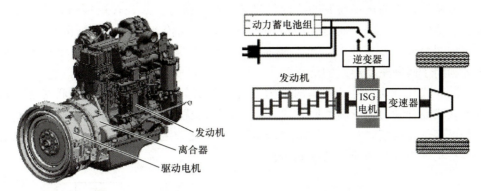

图 2.11 发动机与驱动电机同轴布置方式

（3）传统混联式混合动力电动汽车。

传统混联式混合动力电动汽车的动力系统结构如图 2.12 所示，其综合了串联式混合动力电动汽车和并联式混合动力电动汽车的特点，主要由发动机、发电机、电动机、行星齿轮机构（未标）和动力蓄电池组等组成。**发动机发出的功率一部分通过机械传动传输给驱动桥，另一部分驱动发电机发电。发电机发出的电能传输给电动机或动力蓄电池组，电动机产生的驱动力矩通过动力复合装置传输给驱动桥。**混联式混合动力系统的控制策略如下：当汽车低速行驶时，驱动系统主要以串联方式工作；当汽车高速稳定行驶时，驱动系统以并联方式工作。

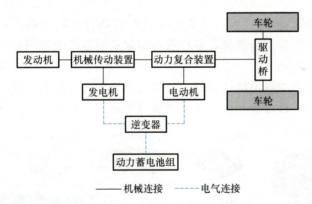

图 2.12 传统混联式混合动力电动汽车的动力系统结构

与串联式混合动力系统相比，混联式混合动力系统增加了机械动力的传输路线；与并联式混合动力系统相比，其增加了电能的传输路线。因此，混联式混合动力系统同时具有串联式混合动力系统和并联式混合动力系统的优点，适合各种行驶条件，具有良好的燃油经济性和排放性能，且动力性较好，续驶里程与内燃机汽车相当，是理想的混合动力系统；但对动力复合装置的要求较高，动力复合装置结构复杂、成本高。随着控制技术和制造技术的发展，动力复合装置结构复杂、成本高的问题逐步得到解决，现代混合动力电动汽车更倾向于选择混联式混合动力系统。

混联式混合动力系统一般以行星齿轮机构作为动力复合装置的基本构架（动力分配装置）。有一种较好的混联式混合动力系统，其发动机、发电机和电动机通过行星齿轮机构连接，动力从发动机输出到与其相连的行星架，行星架将一部分转矩传输到发电机，将另一部分转矩传输到传动轴，同时发电机通过电动机驱动传动轴。这种机构有两个自由度，可以自由控制两种速度。此时，汽车不是串联式或并联式的，而是两种驱动形式同时存在，充分利用了两种驱动形式的优点。

传统混联式混合动力电动汽车的动力系统流程图如图2.13所示。混联式混合动力系统兼具串联式混合动力系统和并联式混合动力系统的优点，能够对发动机、发电机、电动机等进行更多优化匹配，从而在结构上保证了在更复杂的工况下使系统在最佳状态下工作，更容易实现排放量和油耗的控制目标。

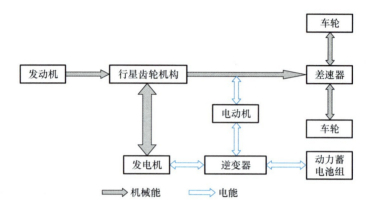

图 2.13 传统混联式混合动力电动汽车的动力系统流程图

图2.14所示为国内混联式混合动力电动汽车的动力系统结构，在辅助电动机前装有自动控制的离合器，离合器分离时，系统成为串联式混合动力系统；离合器接合时，系统成为并联式混合动力系统。由于该动力系统采用了发动机—发电机—离合器—电动机同轴连接方式，因此电动机的输出特性较好。该动力系统没有变速器，具有传动效率高、成本较低的优势，但在动力性方面与采用变速器的混联式混合动力系统存在一定差距。

图 2.14 国内混联式混合动力电动汽车的动力系统结构

混联式混合动力系统的结构种类较多，既有上述同轴连接方式，又有发电机与发动机平行布置方式（采用传动带）。国外较先进的结构是将发电机与电动机嵌入变速器，形成混联式混合动力系统的核心部件。由于变速器的行星齿轮机构可以有多种速比，因此系统可以采用体积很小的高转速、大功率永磁式电动机。该系统采用的变速器结构较复杂，软件与硬件成本比其他系统高很多，但是体积很小，对汽车的整体布置影响较小，整车动力性及经济性较好。图 2.15 所示为含变速器的混联式混合动力系统的外形。

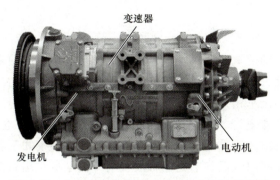

图 2.15 含变速器的混联式混合动力系统的外形

图 2.16 所示为混合动力电动城市客车动力系统。该系统采用发动机＋离合器＋ISG电机＋湿式离合器＋电动机同轴结构，具有典型的深度混合系统的全部优点，并且结构简单，省去复杂的变速机构；汽车行驶过程中无换挡过程，平顺性好；平台化、系列化，可扩展性好。

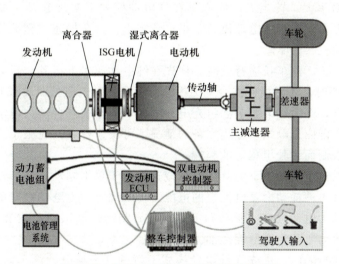

图 2.16 混合动力电动城市客车动力系统

由于该系统采用基于空间矢量控制的电动机调速方式和先进的模式切换策略，因此实现了行驶过程中的无级调速及调速过程中的无动力中断；基于 SAE J1939 协议的整车 CAN 总线网络和基于 ISO 26262 标准的整车安全策略，提高了系统的可靠性和整车安全性；基于等效油耗优化算法的控制策略，使整车功率分配最佳。

在成熟的传统城市客车的基础上，采用动力系统后置、后轮驱动的布置形式，在发动机舱温度控制方面，安装混合动力温控电子风扇系统，可实现对舱内温度的实时监控；整车使用特有的隔音降噪工艺，可有效控制噪声；空调压缩机安装在左侧，冷媒管从左侧走，避开了进气装置，结构更合理；优化空调压缩机的传动比，使空调在常用条件下工作在高效率区，提高了效率；玻璃加隔热涂料，骨架内侧加保温层，乘客门密封，为检修口增加隔热功能，提高了整车的保温性能和隔热性能，减少了空调的工作负荷和工作时间；实现了怠速停机功能，按电动汽车的要求对空调、发动机、转向系统和24V电源系统等进行特殊设计。

2. 插电式混合动力电动汽车

插电式混合动力电动汽车是一种在常规情况下可从非车载装置获取电能、优先在纯电动模式下行驶的混合动力电动汽车。 就驱动原理和驱动单元而言，插电式混合动力电动汽车与传统混合动力电动汽车相差不大，但其具有以下特点。

（1）可以直接由外接电源（包括家用220V电源）为动力蓄电池组充电。从这点看，插电式混合动力电动汽车像纯电动汽车，通常优先在纯电动模式下行驶，一般用外接电源充电。因此，可利用夜间用电低谷期充电，改善电厂发电机组运行效率，节约能源，减少尾气排放量，减小汽车对石油燃料的依赖，降低使用成本。传统混合动力电动汽车一般不能用外接电源充电，完全依赖车载燃料的消耗为动力蓄电池组充电。此外，动力蓄电池组容量大，在纯电动模式下行驶的纯电动续驶里程较长。传统混合动力电动汽车即使是"强混"车型，动力蓄电池组的容量也较小，只有起动和低速行驶时采用纯电驱动，加速和高速行驶时采用发动机和电动机共同驱动，发动机为主要驱动力。

（2）电动机功率大、转矩大，使汽车在纯电动模式下实现起动、加速、高速和爬坡等。传统混合动力电动汽车的电动机功率小、转矩小，其在加速、爬坡等工况下行驶时需要靠电动机+发动机共同驱动。

（3）续驶里程长。汽车长途行驶时，优先在纯电动模式下行驶，只有当动力蓄电池组SOC降到一定限值时，才切换到混合动力模式行驶，发动机直接驱动或者拖动发电机发电供电动机驱动汽车，并为动力蓄电池组充电。因此，插电式混合动力电动汽车不依赖充电站充电，特别是在国内充电站设施不完备的情况下可长途行驶，克服了纯电动汽车受动力蓄电池组容量的限制而续驶里程短的弊端。

（4）电动机在汽车制动、下坡甚至滑行减速时处于再生制动状态，对动力蓄电池组回馈充电效率高，且不消耗动力蓄电池组的电能。传统混合动力电动汽车的电动机回馈效率低于插电式混合动力电动汽车，制动和下坡时依靠制动器摩擦制动或者发动机倒拖制动，不仅制动能量回收为零，还会消耗燃油。

（5）汽车短途行驶时，优先在纯电动模式下行驶（为纯电动汽车模式）。特别是在城市堵车、红绿灯等待、缓慢爬坡等工况下，汽车可以"零排放"行驶。而对内燃机汽车来说，怠速等待、低速行驶、时走时停会使燃油燃烧不完全，尾气中的HC、NO等化合物和CO、CO_2、$PM_{2.5}$等污染物成倍增加，不仅浪费燃料，还严重污染城市环境。

与传统混合动力电动汽车类似，插电式混合动力电动汽车按动力系统结构分为串联式插电式混合动力电动汽车、并联式插电式混合动力电动汽车、混联式插电式混合动力电动汽车。

(1) 串联式插电式混合动力电动汽车。

一般**串联式插电式混合动力电动汽车称为增程式电动汽车**，其动力系统的动力流程图如图 2.17 所示。其结构特点如下：纯电动汽车＋增程器，车轮仅由电动机驱动。增程器可以是发动机-发电机组，其发电直接供给电动机驱动汽车行驶，发出的多余电量为动力蓄电池组充电；增程器也可以是燃料电池等。在纯电动模式下，增程器不工作；在混合动力模式下，增程器启动运行，以保持在发电量与燃油经济性平衡的最佳运转状态下发电。因此，增程式电动汽车油耗低、经济效益好，以较省油的方式延长了续驶里程。

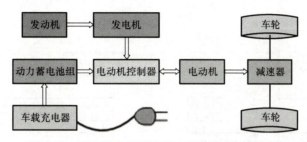

图 2.17　增程式电动汽车动力系统的动力流程图

图 2.18 所示为增程式电动城市客车的结构原理。由于其采用小型辅助动力单元实现增程运行，因此适用性强，动力蓄电池组可实现整体快装快卸，也可以进行整车充电。其一次充电纯电动续驶里程为 50km，总续驶里程大于 600km；0~50km/h 的加速时间为 22s；最高车速为 75km/h。

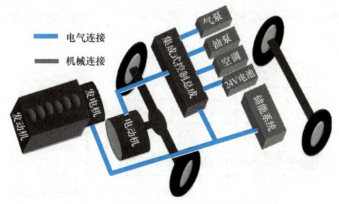

图 2.18　增程式电动城市客车的结构原理

① 储能系统采用双电压平台复合电源，结合了锂离子蓄电池质量比能量高和超级电容质量比功率高的优点，既提高了充放电效率，又对电池有较好的保护作用，可延长电池的使用寿命。

② 采用纯超级电容储能系统，具有安全性和可靠性强、效率高、质量小、成本低的优点。

③ 锂离子蓄电池采用标准快换电池箱，既可整车充电，又可实现快换。

④ 采用集成式控制总成，电气系统高度集成，便于安装和维护。

⑤ 无变速器，采用大转矩异步电动机直接驱动后桥，实现无级变速，机械传动效率高；同时，可高效回收电制动能量。

⑥ 采用基于小排量柴油发动机和高速永磁发电机的小型辅助动力单元。

图 2.19 所示为增程式电动城市客车的动力系统结构。为保证整车的安全性、可靠性和续驶里程，可以采用成熟的纯电驱动系统和制动能量回收技术；利用双路 CAN 总线通信，实时跟踪监测汽车动态行驶特性、单体蓄电池特性和高压电器特性；在高压被动安全防护的基础上，增加了主动安全防护技术和轻量化车身专利技术。

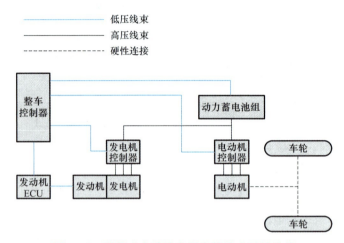

图 2.19　增程式电动城市客车的动力系统结构

（2）并联式插电式混合动力电动汽车。

并联式插电式混合动力电动汽车动力系统的动力流程图如图 2.20 所示。该动力系统的特点如下：两套动力源同时或单独驱动车轮，其中一套是电动机、控制器和动力蓄电池组，另一套是发动机。

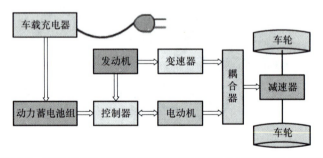

图 2.20　并联式插电式混合动力电动汽车动力系统的动力流程图

图 2.21 所示为采用 AMT 的并联式插电式混合动力电动城市客车的结构原理。汽车起动时，采用纯电动模式，使发动机避开高油耗、高排放量工作区；中低速行驶时，采用并联模式，电动机与发动机共同驱动汽车行驶，可实现良好的加速性能；中高速行驶时，采用发动机模式，即高速行驶或者电动部分失效时，发动机可通过 AMT 驱动汽车正常行驶；减速时，采用电制动模式，充分回收制动回馈的电能。并联式插电式混合动力电动城市客车动力系统的四种工作模式如图 2.22 所示。

并联式插电式混合动力电动城市客车的发动机为主要驱动动力源，电动机起助力和回收电制动能量的作用；动力系统结构简单、性能价格比高；以纯超级电容为储能系统；具

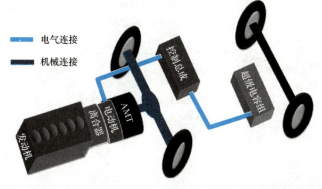

图 2.21 采用 AMT 的并联式插电式混合动力电动城市客车的结构原理

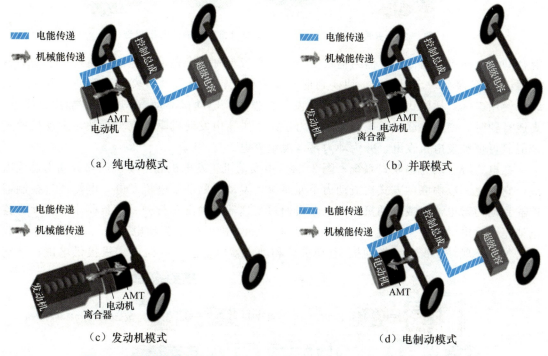

图 2.22 并联式插电式混合动力电动城市客车动力系统的四种工作模式

有发动机模式,当电驱动系统或储能系统出现故障时,发动机可独立驱动汽车行驶。

图 2.23 所示为并联式插电式混合动力电动城市客车的动力系统结构。该系统为并联式混合动力系统,有效提高了整车的可靠性及稳定性,降低了运营成本;发动机与电动机同轴布置,结构紧凑,有效减小了动力总成的质量和体积;匹配高功率锂离子蓄电池,在满足整车供电需求的同时,有效减小了整备质量;离合器位于发动机与电动机之间,通过程序控制实现纯电动模式、纯发动机模式及混合驱动模式之间的灵活转换;可实现助力、发电、能量回收和快速起动等混合动力功能;配置高效、节能的发动机热管理系统,进一步提高了整车节油效果。

(3) 混联式插电式混合动力电动汽车。

混联式插电式混合动力电动汽车兼具串联式插电式混合动力电动汽车与并联式插电式

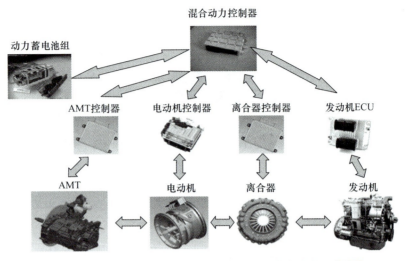

图 2.23　并联式插电式混合动力电动城市客车的动力系统结构

混合动力电动汽车的优点,但结构较复杂。汽车行驶时,优先采用纯电动模式;当动力蓄电池组 SOC 降到一定限值时,切换到混合动力模式;在混合动力模式下起动、低速行驶时,使用串联式插电式混合动力系统的发电机发电,电动机驱动汽车行驶;加速、爬坡、高速行驶时,使用并联式插电式混合动力系统,主要由发动机驱动汽车行驶,发动机的多余能量可带动发电机发电,并为动力蓄电池组充电。

插电式混合动力串联式系统(图 2.24)由发动机、发电机和电动机三部分动力总成组成,它们之间以串联的方式构成动力单元系统,发动机驱动发电机发电,电能通过控制器传输到动力蓄电池组或电动机,由电动机通过变速器驱动汽车行驶。当负荷小时,动力蓄电池组驱动电动机;当负荷大时,发动机带动发电机发电,驱动电动机;当汽车处于起动、加速、爬坡工况时,发动机-电动机组和动力蓄电池组共同向电动机提供电能;当汽

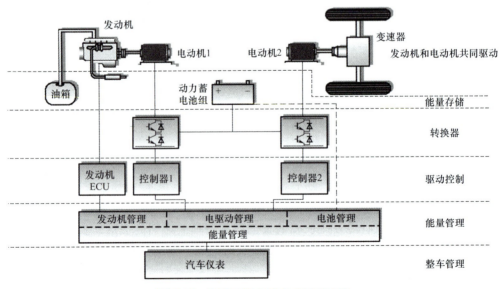

图 2.24　插电式混合动力串联式系统

车处于低速、滑行、怠速工况时，动力蓄电池组驱动电动机，当动力蓄电池组缺电时，发动机-发电机组向动力蓄电池组充电。

插电式混合动力并联式系统（图2.25）的发动机和电动机共同驱动汽车行驶，发动机与电动机分属两套系统，可以分别向汽车传动系统提供转矩，在不同的路面上既可以共同驱动又可以单独驱动。当汽车加速爬坡时，电动机和发动机同时向传动机构提供动力，一旦汽车达到定速巡航速度，就仅依靠发动机维持该速度。电动机既可以做电动机又可以做发电机，又称电动机-发电机组。

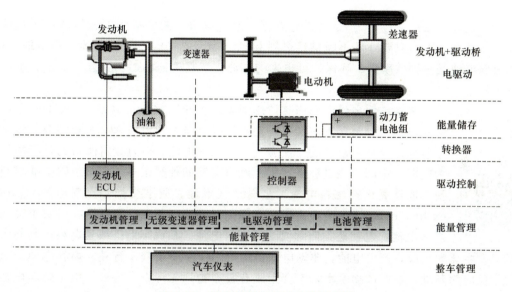

图 2.25　插电式混合动力并联式系统

插电式混合动力混联式系统（图2.26）兼具插电式混合动力串联式系统和插电式混合

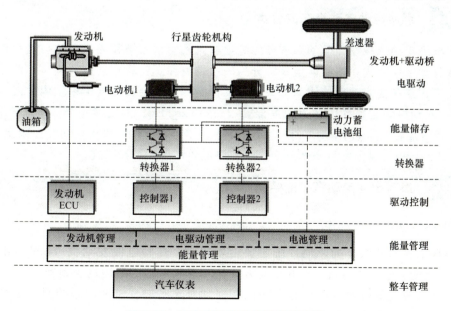

图 2.26　插电式混合动力混联式系统

动力并联式系统的特点。其动力系统包括发动机、发电机和电动机,根据助力装置的不同分为以发动机为主的动力系统和以电动机为主的动力系统。在以发动机为主的动力系统中,发动机为主动力源,电动机为辅助动力源;在以电动机为主的动力系统中,发动机为辅助动力源,电动机为主动力源。

2.4 燃料电池电动汽车

燃料电池(fuel cell,FC)是燃料与氧化剂通过电极反应将化学能直接转换为电能的能量生成装置。因为只要外部不断供给燃料和氧化剂,燃料电池就能连续、稳定地发电,所以燃料电池是一种效率高、环保、可再生的电池。燃料电池的燃料为氢气(H_2)和甲醇(CH_3OH)。

燃料电池电动汽车的工作原理

燃料电池电动汽车简称"燃料电池汽车"(fuel cell bus,FCB),是指以燃料电池为纯电动汽车的电驱动系统提供电能或以氢气为主要能源,以锂离子蓄电池为辅助能源的新能源汽车。燃料电池可以直接将燃料的化学能转换为电能,中间不经过燃烧过程。燃料电池的种类很多,如熔融碳酸盐燃料电池、固体氧化物燃料电池、金属空气电池、质子交换膜燃料电池(proton exchange membrane fuel cell,PEMFC)等,在汽车上主要应用质子交换膜燃料电池,也就是我们常说的氢燃料电池。在汽车上搭载氢燃料,其与大气中的氧发生化学反应,产生电能,驱动电动机运行,从而驱动汽车行驶。燃料电池以氢氧电化学反应为基础,最终产物是水,不会生成有害产物,无污染。另外,由于燃料电池的能量转换效率比内燃机高,因此从能源利用率和环境保护方面来看,燃料电池电动汽车是较理想的交通工具。

2.4.1 燃料电池电动汽车的分类

燃料电池电动汽车按照驱动系统分为纯燃料电池驱动系统和燃料电池与辅助动力源组成的混合驱动系统两类;按照能量来源分为车载纯氢和燃料重整制氢两类;按照燃料电池提供的功率占整车需求功率的比率分为能量混合型和功率混合型两类;按混合度(电动机额定功率/发动机额定功率)分为微度混合(micro hybrid,混合度小于3%,节能5%~10%)、轻度混合(mild hybrid,混合度为10%~20%,节能20%~30%)和全(深度)混合(full hybrid,混合度为30%~50%,节能30%~50%)三类。

2.4.2 燃料电池电动汽车的结构

1. 纯燃料电池电动汽车

纯燃料电池电动汽车的驱动系统主要由燃料箱、燃料电池发动机(fuel cell engine,FCE)、蓄电池和电动机等组成,其驱动方式为"燃料电池—电动机控制器—电动机",以电动机为动力源代替内燃机汽车的发动机来驱动汽车行驶。该驱动系统只有一个动力源——燃料电池,汽车的所有功率负荷都由燃料电池承担。

图 2.27　纯燃料电池电动汽车的驱动系统的驱动方式

纯燃料电池电动汽车具有零排放或近似零排放、减少由机油泄漏带来的水污染和降低温室气体排放量等优点，但存在电池功率大、成本高、对电池系统的动态性能和可靠性要求高、不能进行制动能量回收等缺点。

2. 混合式燃料电池电动汽车

为了有效解决纯燃料电池电动汽车的缺点，需使用辅助能量储存系统作为辅助动力源，与燃料电池共同组成混合驱动系统，共同驱动汽车行驶。燃料电池电动汽车混合驱动系统如图 2.28 所示，驱动方式"双燃料电池＋电动机＋辅助电池"，采用由质子交换膜燃料电池与磷酸铁锂蓄电池构成的混合动力驱动系统。

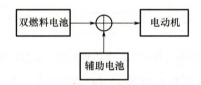

图 2.28　燃料电池电动汽车混合驱动系统

从本质上讲，混合式燃料电池电动汽车采用的是混合动力系统结构，与传统意义上的混合动力系统结构的差别仅在于发动机是燃料电池，而不是内燃机，燃料电池和辅助能量储存系统共同向电动机提供电能，通过变速器驱动汽车行驶。

大多数燃料电池电动汽车采用混合式燃料电池驱动系统，其主要由整车控制系统、储氢系统、燃料电池系统、动力蓄电池系统、驱动电动机系统和 CAN 总线通信等组成，即将燃料电池与辅助动力源结合，靠前者满足持续功率需求，由辅助动力源提供加速、爬坡等所需的峰值功率，制动时可以将回馈的能量储存在辅助动力源中。混合式燃料电池驱动系统有串联式和并联式两种，分别如图 2.29 和图 2.30 所示。

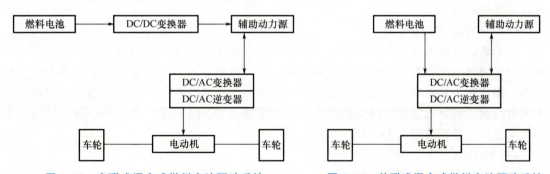

图 2.29　串联式混合式燃料电池驱动系统　　　图 2.30　并联式混合式燃料电池驱动系统

图 2.31 所示为燃料电池和动力蓄电池混合驱动的混合式燃料电池汽车动力系统。考虑到燃料电池自身的特殊要求，例如启动时空气压缩机需要供电、电堆需要加热、氢气和空气需要加湿等，同时为了回收制动能量，采用由燃料电池和动力蓄电池组成的混合式动

力系统,既降低了对燃料电池功率和动态特性的要求,又降低了燃料电池的成本;但增大了驱动系统质量、体积和复杂性,提高了动力蓄电池的维护和更换费用。

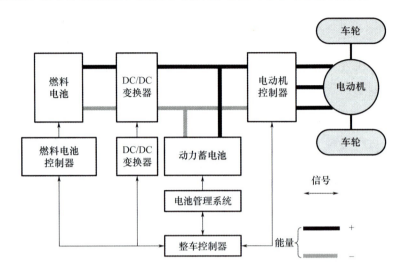

图 2.31　燃料电池和动力蓄电池混合驱动的混合式燃料电池汽车动力系统

该混合式动力系统主要由燃料电池发动机、辅助动力源、DC/DC 变换器和电动机等组成。

（1）**燃料电池发动机**。

在燃料电池电动汽车用燃料电池发动机中,为保证质子交换膜燃料电池正常工作,除以质子交换膜燃料电池为核心外,还装有氢气供给系统、氧气供给系统、气体加湿系统、反应生成物处理系统、冷却系统和电能转换系统等。只有这些辅助系统匹配恰当、正常运转,才能保证燃料电池发动机正常运转。

（2）**辅助动力源**。

在燃料电池电动汽车中,燃料电池发动机是主动力源,还配备有辅助动力源。根据燃料电池电动汽车设计方案的不同,辅助动力源有所不同,如动力蓄电池、飞轮储能器或超大容量电容器等。

（3）**DC/DC 变换器**。

由于燃料电池电动汽车中各种电源的电压和电流受工况变化的影响呈不稳定状态,因此,为了满足电动机对电压和电流的要求以及对多电源电力系统的控制,在电源与电动机之间,用计算机控制实现对燃料电池电动汽车的多电源综合控制,以保证燃料电池电动汽车正常行驶。燃料电池电动汽车的燃料电池需要安装单向 DC/DC 变换器,动力蓄电池和超级电容器需要安装双向 DC/DC 变换器。

（4）**电动机**。

燃料电池电动汽车用电动机主要有直流电动机、交流电动机、永磁电动机和开关磁阻电动机等。

燃料电池电动汽车的动力系统框图如图 2.32 所示。该动力系统由两套燃料电池发动机与两个锂离子蓄电池组组成,燃料电池发动机和锂离子蓄电池组输出的电能传输到动力控制单元（power control unit,PCU）,经 DC/DC 变换器升压后传输到电动机控制器,由电动机控制器驱动电动机运转。两个电动机输出的力矩经动力耦合器合并或减速器减速后,传输到变速器。

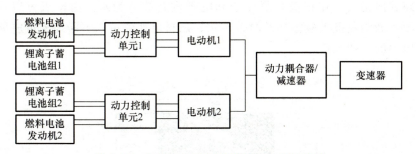

图 2.32　燃料电池电动汽车的动力系统框图

其中,燃料电池发动机为高压型燃料电池发动机,与国内常用的常压型燃料电池发动机相比,空气供应系统的压力小于或等于 300kPa,因此在设计和应用上有独特之处。

燃料电池发动机由燃料电池电堆和辅助系统构成,其中燃料电池电堆是核心,空气供应系统、氢气供应系统、水热管理系统和测控系统等构成辅助系统。燃料电池电堆的设计运行参数是辅助系统的设计依据。质子交换膜燃料电池电堆典型工作点对空气参数的要求见表 2.1。

表 2.1　质子交换膜燃料电池电堆典型工作点对空气参数的要求

空气参数	电流/A					
	5	30	50	100	150	300
流量*/SLPM	183	770	990	1320	1979	3959
压力/MPa	0.076	0.091	0.101	0.117	0.137	0.203
进入电堆温度/℃	65～70	65～70	65～70	65～70	65～70	65～70

* 标准工况(0℃,101325Pa)下的流量。

表 2.1 中的空气参数是空气供应系统及其零部件选型、设计的主要依据。由于动力系统中有两套燃料电池发动机,因此空气供应系统需按两套设计,各自独立工作。

(5)**氢安全控制系统。**

氢安全控制系统主要包括氢泄漏检测系统和报警处理系统等。其中,氢泄漏检测系统由安装在汽车顶部的纯氢瓶舱、乘客舱、燃料电池发动机舱和安装在汽车下部的一套监控器组成,当任何一个传感器检测到氢的体积分数超过氢爆炸下限的 10%、30% 和 50% 时,监控器分别发出声光报警信号,同时通知报警处理系统采取相应的安全措施。

3. 燃料电池的工作原理

燃料电池是把燃料中的化学能直接转换为电能的能量转换装置,从外表上看由正极、负极和电解质等组成,像一个蓄电池,但实际上它不能"储电",而是一个"发电厂"。**燃料电池电动汽车采用质子交换膜燃料电池,电池工作的实质是水电解的逆反应过程,由正极(氧化剂电极)、负极(燃料电极)和电解质板组成。燃料电池工作时,向负极供给燃料(氢气),向正极供给氧化剂(空气),经过催化剂(铂)的作用,氢原子中的两个电子**

被分离出来,并在正极的吸引下,经外部电路产生电流,失去电子的氢离子(质子)穿过质子交换膜(固体电解质);在负极,燃料分解成氢离子和电子,氢离子进入电解质,电子沿外部电路移向正极,在正极与氧原子和电子重新结合为水。由于氧可以从空气中获得,因此只要不断给负极供应氢并及时带走水,燃料电池就可以不断地提供电能。图2.33所示为燃料电池的工作原理。

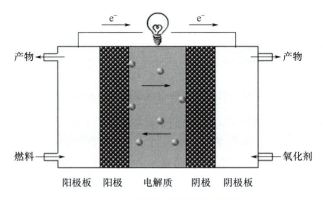

图 2.33 燃料电池的工作原理

燃料电池电动汽车的工作原理如下:汽车上的燃料(氢气)与空气中的氧气发生化学反应,产生电能,电动机启动,驱动汽车行驶。甲醇、天然气和汽油可以替代氢气(从这些物质里间接地提取氢),但会产生二氧化碳和氮氧化物。总的来说,这类化学反应除了产生电能外,只产生水,因此燃料电池电动汽车被称为"地道的环保车"。

1. 新能源汽车有哪几种?
2. 燃料电池有哪几种?
3. 制约纯电动汽车电池应用的主要问题有哪些?
4. 试说明一种氢燃料电池的工作原理。
5. 传统串联式混合动力电动汽车的动力系统的结构是怎样的?
6. 并联式插电式混合动力电动汽车动力系统的基本组成是怎样的?

混合动力电动汽车与纯电动汽车的技术路线

国家大力推动新能源技术,关于混合动力电动汽车与纯电动汽车的优劣,出现了很多不同的声音。《节能与新能源汽车技术路线图2.0》对该问题作出一些方向上的指引。

节能汽车实现"混动化"。传统汽车节能是未来15年的重要任务,混合动力是内燃机汽车较有效的节能技术。

路线图预测了未来15年的发展愿景和分阶段里程碑:到2025年,我国纯电动汽车和插电式混合动力电动汽车销量占汽车总销量的15%~25%;2030年达到30%~40%;

2035 年达到 50%～60%。

路线图的指导方向非常明确：虽然电动化是长远目标，但是到 2035 年，节能汽车与电动汽车将各占半壁江山，混合动力电动汽车将承担重要角色——支撑起节能车的发展。由此可见，混合动力电动汽车技术将在 15～20 年内撑起新能源技术的"半边天"。

混合动力电动汽车的燃油经济性好，行驶性能优越，而且起步、加速时有电动机的辅助，可以降低油耗。

思考：为什么混合动力电动汽车的燃油经济性好？

计算机端	[1] 新能源汽车网 http：//www.chinanev.net/ [2] 网易汽车 http：//product.auto.163.com/ [3] 第 1 电动 https：//www.d1ev.com/
Android、iOS 端	二维码

第3章 新能源汽车动力装置

线下资源

学习要点	◇ 燃料电池 ◇ 纯电动汽车动力装置 ◇ 混合动力电动汽车动力装置
导入案例	宁德时代新能源电池
主体内容	◇ 燃料电池的分类及结构 ◇ 纯电动汽车动力装置的分类及结构 ◇ 混合动力电动汽车动力装置的分类及结构
案例讨论	钛酸锂离子电池、磷酸铁锂离子电池、三元锂电池的性能比较

课程引导

在党的二十大报告中指出："中国式现代化为人类实现现代化提供了新的选择，中国共产党和中国人民为解决人类面临的共同问题提供更多更好的中国智慧、中国方案、中国力量。"《新能源汽车产业发展规划（2021—2035年）》提出："到2025年，新能源汽车新车销售量达到汽车新车销售总量的20%左右"。

发展氢能和氢燃料电池汽车产业是实现碳中和的重要途径，氢能具有清洁、高效和可再生的优势，有望与电能协同，成为"碳达峰和碳中和"愿景的重要二次能源。世界主要经济体都制定了氢能与燃料电池汽车发展战略。

导入案例

宁德时代新能源电池

宁德时代新能源科技股份有限公司（以下简称"宁德时代"）成立于2011年，是我国具备国际竞争力的动力蓄电池制造商之一，专注于新能源汽车动力蓄电池系统、储能系统的研发、生产和销售，致力于为全球新能源应用提供解决方案，其核心技术包括在动力和储能电池领域的材料、电芯、动力蓄电池系统、动力蓄电池回收二次利用等。2017年，宁德时代的锂离子蓄电池出货量在全球遥遥领先，与国内多家主流汽车企业建立合作关系，并成功在全球市场占据一席之地，成为国内率先进入国际顶尖汽车企业供应链的动力蓄电池制造商。

问题：你了解宁德时代吗？

Tesla动力蓄电池构造

从全球新能源汽车的发展来看，新能源汽车的主要动力有动力电源、燃料电池与混合动力等。动力电源主要包括锂离子蓄电池、镍氢电池、燃料电池、铅酸蓄电池、超级电容器，其中超级电容器大多作为辅助动力源。燃料电池具有能量转化效率高、安装地点灵活、负荷响应快、运行质量高等特点，是比较有发展前景的汽车动力。通常所说的混合动力电动汽车是指油电混合动力电动汽车，其以传统的内燃机（柴油机或汽油机）和电动机为动力源。

3.1 动力电源

动力电源也称储能装置，主要根据储能方式分类。动力电源的储能技术主要有化学储能、物理储能和电磁储能。

化学储能通过扩大化学材料的应用范围、提高质量比能量实现产业化应用，而电化学储能电池在生产和研究中具有不同的技术路线和应用方向。化学储能电池主要有铅酸蓄电池、镍基电池、锂离子蓄电池、钠硫蓄电池、锌空气电池等。

物理储能主要是指抽水蓄能、压缩空气储能和飞轮储能等，具有环保、规模大、循环寿命长和运行费用低等优点；但需要特殊的地理条件和场地，且一次投资费用较高，不适用于较小功率的离网发电系统。典型的物理储能电池有飞轮电池。

电磁储能包括超导储能（superconducting magnetic energy storage, SMES）和超级电容器等。其中，超导储能采用超导体材料制成线圈，利用电流流过线圈产生的电磁场储存电能。由于超导线圈的电阻为零，因此电磁储能在线圈中几乎无损耗，储能效率高达95%。超导储能装置简单；没有旋转机械部件和动密封问题，使用寿命较长；储能密度大，可做成较大功率的系统；响应时间短，调节电压和频率快速、容易。

动力蓄电池构造

1. 铅酸蓄电池

铅酸蓄电池又称铅酸水电池，其电极由铅和铅的氧化物构成，电解液为硫酸水溶液，单体铅酸蓄电池的标称电压是 2V，能放电到 1.5V、充电到 2.4V。在应用中，常将 6 个单体铅酸蓄电池串联成标称电压为 12V 的铅酸蓄电池。此外，还有标称电压为 24V、36V 和 48V 等的铅酸蓄电池。

铅酸蓄电池的主要优点是电压稳定、价格低；其缺点是质量比能量低、使用寿命短和日常维护频繁。

12V 铅酸蓄电池的明显特征是顶部有 6 个可拧开的密封盖，且上面有通气孔，如图 3.1 所示。这些密封盖用于加注、检查电解液和排放气体。理论上，每次保养铅酸蓄电池时都需要检查电解液的高度，高度小时需添加蒸馏水。但随着蓄电池制造技术的进步，铅酸蓄电池发展为免维护铅酸蓄电池，即在使用中无须添加电解液或蒸馏水，而是利用充电和放电达到水分解循环。普通铅酸蓄电池大多应用在三轮车上；免维护铅酸蓄电池应用范围较广，如不间断电源和内燃机汽车及新能源（电动）汽车上的照明电源、低压控制电源。由于铅酸蓄电池的质量比能量比锂离子蓄电池低，因此铅酸蓄电池无法在新能源（电动）汽车上作为动力电源。

图 3.1 12V 铅酸蓄电池的外形

2. 镍基电池

镍基电池主要包括镍镉电池、镍锌电池和镍氢电池。

镍镉电池的质量比能量可达 55 W·h/kg，质量比功率超过 190W/kg，可快速充电，循环寿命长（>2000 次），自放电率低（<0.5%/天），但成本高（为铅酸蓄电池的 2~4 倍）；而且镉是剧毒物，会污染环境。若镍镉电池放电时不是完全放电，而是以特定的放电深度重复充放电，反复充放电几次之后，因为每次放电时电池都有残余容量，所以电池会有记忆现象，记住此放电终止电压值，当电池不再只以此放电深度放电，电压逐渐下降超过记忆的电压值时，电池电压突然崩溃性地急速下降至准位，这种现象称为记忆效应。当镍镉电池的周围温度高时，记忆效应较明显；当使用较小充电电流时，也会出现记忆效应。形成记忆效应后，若要消除影响，则需对电池进行一两次完全充放电。

镍锌电池的质量比能量高（65W·h/kg），质量比功率高（300W/kg），成本低，但循环寿命短（约为 300 次）。

镍氢电池与镍镉电池相同，属于碱性电池，其特性与镍镉电池相似，但镍氢电池不含镉、铜，不存在重金属污染问题。随着镍氢电池技术的发展，镍氢电池的质量比能量大于80W·h/kg，循环寿命超过500次。镍氢电池正极的活性物质为NiOOH（放电时）和Ni(OH)$_2$（充电时），负极的活性物质为H$_2$（放电时）和H$_2$O（充电时），电解液采用质量分数为30%的氢氧化钾（KOH）水溶液。充电时，负极析出氢气并储存在容器中，正极由Ni(OH)$_2$转变成NiOOH和H$_2$O；放电时，氢气在负极消耗掉，正极由NiOOH转变成Ni(OH)$_2$。图3.2所示为某镍氢电池。

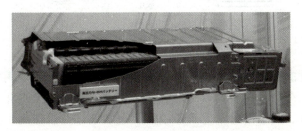

图3.2 某镍氢电池

我国有世界上最大的连续化带状泡沫镍生产基地，镍氢电池的基本指标接近国际先进水平，基本达到车用要求。但受工艺的影响，镍氢电池在车用电池领域几乎被锂离子蓄电池取代。

3. 锂离子蓄电池

根据电解质材料的不同，锂离子蓄电池可以分为液态锂离子蓄电池和聚合物锂离子蓄电池两大类。 其中，液态锂离子蓄电池是指以锂＋嵌入化合物为正、负极的蓄电池，正极采用锂化合物（LiCoO$_2$、LiNiO$_2$或LiMn$_2$O$_4$），负极采用锂-碳层间化合物（Li$_x$C$_6$）。锂离子蓄电池如图3.3所示。

图3.3 锂离子蓄电池

锂离子蓄电池的工作原理如图3.4所示。

正极反应：$LiCoO_2 \longrightarrow Li_{1-x}CoO_2 + xLi^+ + xe^-$

负极反应：$6C + xLi^+ + xe^- \longrightarrow Li_xC_6$

电池总反应：$LiCoO_2 + 6C \longrightarrow Li_{1-x}CoO_2 + Li_xC_6$

聚合物锂离子蓄电池的工作原理与液态锂离子蓄电池相似，主要区别是电解液不同。聚合物锂离子蓄电池是指在正极、负极、电解液中至少有一项使用高分子材料作为主要构

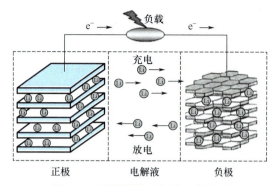

图 3.4 锂离子蓄电池的工作原理

件的电池。目前开发的聚合物锂离子蓄电池中,高分子材料主要应用于正极及电解液。正极材料可以使用导电高分子聚合物或一般锂离子蓄电池采用的无机化合物。电解液可以使用固态高分子电解液、胶态高分子电解液或有机电解液。一般锂离子蓄电池使用液态电解液或胶态电解液,因此需要坚固的二次包装来容纳可燃的活性成分,既增大了质量,又限制了尺寸的灵活性。由于聚合物锂离子蓄电池中没有多余电解液,因此更稳定,且不易因过充电、碰撞或其他损害及过量使用而造成危险。

锂离子蓄电池的质量比能量是铅酸蓄电池的 3~4 倍、镍氢电池的 2 倍,且循环寿命较长,性能价格比明显优于镍氢电池。市场上推出的混合动力电动汽车、插电式混合动力电动汽车及纯电动汽车大多使用锂离子蓄电池。

4. 钠硫蓄电池

美国福特公司 1967 年研发的钠硫蓄电池的质量比能量高,可大电流、高功率放电。随后,日本研发的钠硫蓄电池可作为储能电池,其应用目标为电站负荷调平、不间断电源(uninterruptible power supply,UPS)应急电源及瞬间补偿电源等。

钠硫蓄电池以钠(Na)为负极,以硫(S)为正极,以 β-Al_2O_3 水溶液为电解液。钠硫蓄电池的工作原理如图 3.5 所示。

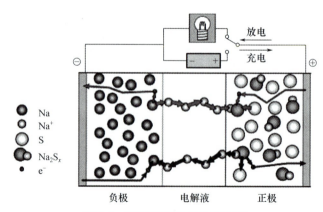

图 3.5 钠硫蓄电池的工作原理

电池总反应:$2Na + xS \longrightarrow Na_2S_x$

钠硫蓄电池的特性如下。

（1）理论质量比能量高。钠硫蓄电池的理论质量比能量为 760W·h/kg，且没有自放电现象，放电效率几乎为 100%。

（2）单体电池储能量大。钠硫蓄电池的基本单元为单体电池，单体电池的最大容量为 650A·h，功率大于 120W。将多个单体电池组合后形成电池模块，电池模块可直接用于储能。

（3）技术成熟。钠硫蓄电池在国外是发展相对成熟的储能电池，其使用寿命为 10～15 年。

美国先进电池联盟（united states advanced battery consortium，USABC）将钠硫蓄电池列为中期发展的新能源汽车蓄电池。由于钠硫蓄电池的工作温度高，使用寿命尚达不到要求，且安全性有待评估，因此我国还没有实际批量装车的案例。

5. 锌空气电池

锌空气电池靠金属锌和空气在特种电解液的作用下发生化学反应获得电能。锌空气电池如图 3.6 所示。

图 3.6　锌空气电池

锌空气电池具有容量大、工作电压平稳、噪声小等优点。但严格意义上讲，锌空气电池不是蓄电池，它利用锌和空气发生化学反应直接发电。使用完锌空气电池，只需更换封装好的锌粉即可。

锌空气电池由阳极、阴极、电解液、隔离层、绝缘和密封衬垫及外壳（未标）等组成，如图 3.7 所示。外壳上的气孔可让空气中的氧气进入腔体并附着在阳极的碳上，同时阴极的锌被氧化，该化学反应与小型银氧电池或汞氧电池的化学反应类似。其中，阳极是

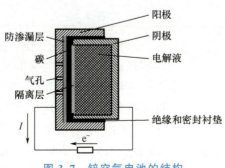

图 3.7　锌空气电池的结构

起催化作用的碳，从空气中吸收氧气；阴极是锌粉；电解液是高浓度的氢氧化钾水溶液；隔离层用于隔离阳极与阴极间固体粉粒的移动；绝缘和密封衬垫是尼龙材料的；外壳为镍金属外壳，是具有良好防腐性的导体。

锌空气电池的工作原理如下。

阴极反应：$Zn + 2OH^- \longrightarrow ZnO + H_2O + 2e^-$

阳极反应：$O_2 + 2H_2O + 4e^- \longrightarrow 4OH^-$

电池总反应：$2Zn + O_2 \longrightarrow 2ZnO$

通常这种反应产生的电压是 1.4V，放电电流和放电深度会引起电压变化，空气需要不间断地进入阳极。

锌空气电池的特性如下。

（1）质量比能量高。锌空气电池的质量比能量约为 275W·h/kg，是锌锰电池的 4～5 倍。

（2）体积和质量小，容量大。

（3）内阻小。由于锌空气电池的内阻小，因此大电流放电特性和脉冲放电特性好。

（4）使用寿命长。

（5）使用温度范围广。锌空气电池的最佳工作温度为 0～50℃，能在 -40～60℃ 下工作。

（6）工作电压平稳。

（7）使用安全，对环境污染小。

锌空气电池可以在电动车上作为充电电池，如电动自行车、电动助动车和摩托车、电动出租车、电动城市公共汽车等。锌空气电池解决了现有电池在电动汽车应用方面存在的主要问题：其质量比能量约为现有市场上铅酸蓄电池质量比能量的 6 倍，使电动汽车续驶里程大于 200km；单位成本可与铅酸蓄电池相比，具有很好的性能价格比；在能源再生体系中对环境无污染。

由于锌空气电池内部含有高浓度的电解液（具有强碱性和强腐蚀性），因此，一旦发生渗漏，就会腐蚀电池附近部件，且这种腐蚀可能是不可修复的、致命的。此外，因为锌空气电池上有孔，且电池激活后的存放时间很短，所以易发生电池漏液现象。因为其不能输出大电流，所以在新能源汽车中常与其他蓄电池共同使用。因为锌空气电池不采用充电方式，而是添加燃料"锌"，所以废液处理成本是制约其发展的瓶颈。近年来，锌空气电池的发展引人注目，其主要优势是废液处理简单、成本低。

6. 飞轮电池

飞轮电池突破了化学电池的局限性，利用飞轮旋转实现储能。飞轮电池的工作原理如图 3.8 所示。

飞轮电池主要包括飞轮转子、电机定子、轴承和真空容器等。电力电子变换器从外部输入电能驱动电动机旋转，电动机带动飞轮旋转，飞轮储存动能（机械能）。当外部负载需要能量时，飞轮带动发电机旋转，将动能转换为电能，再通过电力电子变换器转换

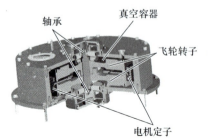

图 3.8 飞轮电池的工作原理

成负载所需的各种频率、电压等级的电能,以满足不同的需求。由于输入、输出是相互独立的,因此设计时,常用一台电机实现电动机和发电机功能,将输入变换器和输出变换器合并成一个变换器,以减小系统的体积和质量;同时,由于在实际工作中,飞轮的转速为40000~50000r/min,由一般金属制成的飞轮无法承受如此高的转速,因此采用碳纤维制造,减小了整个系统的质量;为了减少充放电过程中的能量损耗(主要是摩擦力损耗),电机和飞轮都使用磁轴承以实现悬浮,减少机械摩擦;将飞轮和电机放置在真空容器中,以减少空气摩擦。

飞轮装置主要包括飞轮、轴、轴承、电机、真空容器和电力电子变换器等部件。其中,飞轮是核心部件,直接决定了整个装置的储能 E($E=j\omega^2$,其中 j 为飞轮的转动惯量,与飞轮的形状和质量有关;ω 为飞轮的旋转角速度)。

电力电子变换器是由金属-氧化物半导体场效应晶体管(metal oxide semiconductor field effect transistor,MOSFET)和绝缘栅双极型晶体管(insulated gate bipolar transistor,IGBT)组成的双向逆变器,其决定了飞轮装置的输入能量和输出能量。

飞轮电池体积和质量小、充电快、使用寿命长,可供新能源汽车行驶 5×10^6 km。但将其用作新能源汽车的能量源时面临两大问题,即当汽车转弯或产生颠簸偏离直线行驶时,飞轮产生的陀螺力矩会严重影响汽车的操纵稳定性;若飞轮出现故障,则以机械能形式储存的能量会在短时间内释放,大功率输出将导致汽车损坏。因此,需要完善新能源汽车用超高速飞轮的结构可靠性、充电、自放电、振动等性能。

7. 超级电容器

超级电容器(supercapacitors,ultracapacitor),又称电化学电容器(electrochemical capacitors)、双电层电容器(electrical double-layer capacitor)、黄金电容和法拉电容等。超级电容器和超级电容器模块分别如图 3.9 和图 3.10 所示。超级电容器不同于传统的化学电源,它是一种介于传统电容器与电池之间、具有特殊性能的电源,主要依靠双电层和氧化还原赝电容电荷储存电能。超级电容器的储能过程不发生化学反应,且是可逆的,可以反复充放电数十万次。超级电容器的工作原理与其他双电层电容器相同,都是利用由活性炭多孔电极和电解液组成的双电层结构获得超大容量。超级电容器的结构和工作原理如图 3.11 所示。

图 3.9 超级电容器

图 3.10 超级电容器模块

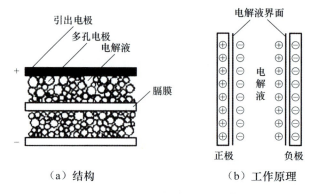

图 3.11 超级电容器的结构和工作原理

超级电容器的突出优点是质量比功率高、充放电时间短、循环寿命长和工作温度范围宽。

超级电容器的电流是在电极与电解液界面，通过电子或离子的定向排列形成电荷对峙而产生的，在电子导电的电极和离子导电的电解液界面会形成双电层。在两个电极上施加电场后，电解液中的阴、阳离子分别向正、负极迁移，在电极表面形成双电层；撤销电场后，电极上的正、负电荷与电解液中的相反电荷离子吸引，使双电层稳定，在正、负极间产生相对稳定的电位差。此时，对某电极而言，会在一定距离内产生与电极电荷等量的异性离子电荷，使其保持电中性；当将正、负极与外电路连通时，电极上的电荷游离，外电路产生电流，电解液中的离子游离到电解液中，使电解液呈电中性，这便是双电层电容的充放电原理。

超级电容器作为一种新型储能装置，具有充电时间短、使用寿命长、节约能源、绿色环保等特点。超级电容器用途广泛，可用作起重装置的电力平衡电源，提供超大电流的电力；还可用作汽车起动电源，起动效率和可靠性都比传统蓄电池高，可以全部或部分替代传统蓄电池。

纵观新能源汽车的动力源，在传统蓄电池技术的基础上，国外认为改进型铅酸蓄电池（主要指双极性水平电池、亚双极性水平电池）和聚合物锂离子蓄电池是发展方向。由于改进型铅酸蓄电池成本低、运行可靠，因此应用较多。聚合物锂离子蓄电池的性能和价格有望达到市场化的指标。镍氢电池技术日趋成熟，在锂离子蓄电池技术成熟之前有一定的应用前景。业内对钠硫蓄电池、钠氯化镍电池及锌空气电池等的发展寄予厚望，但钠硫蓄电池、钠氯化镍电池技术有待提高，其安全性也有待评估。

3.2 燃料电池

燃料电池是一种将燃料与氧化剂中的化学能直接转换为电能的电池。从外表上看，燃料电池有正极、负极和电解液等，像一个蓄电池，但实际上它不能"储电"，只是一个"发电厂"。

燃料电池是一种电化学装置，其组成与一般电池相同。一般电池的活性物质储存在电池内部，限制了电池容量。燃料电池的正、负极本身不包含活性物质，只是催化转换元件。燃料电池工作时，燃料和氧化剂由外部供给进行反应。原则上，只要不断输入反应物、不断排出反应产物，燃料电池就能连续发电。

燃料电池的优点如下：能量转换效率高（直接将燃料的化学能转换为电能，中间不经过燃烧过程，不受卡诺循环的限制，燃料电池的燃料-电能转换效率为45%～60%，而火力发电和核电的转换效率为30%～40%）；安装地点灵活，可根据需要组装，十分方便；燃料电池电站占地面积小，建设周期短，无论是作为集中电站还是作为分布式电站都非常合适；负荷响应快；运行质量高；等等。

3.2.1　燃料电池的分类

按工作温度的不同，燃料电池可分为低温燃料电池和高温燃料电池。低温燃料电池又分为碱性燃料电池（工作温度为100℃）、固体高分子燃料电池（工作温度低于100℃）和磷酸燃料电池（工作温度为200℃）；高温燃料电池又分为熔融碳酸盐燃料电池（工作温度为650℃）和固体氧化物燃料电池（工作温度为1000℃）。根据开发顺序，磷酸燃料电池称为第一代燃料电池，熔融碳酸盐燃料电池称为第二代燃料电池，固体氧化物燃料电池称为第三代燃料电池。

按燃料处理方式的不同，燃料电池可分为直接式燃料电池、间接式燃料电池和再生式燃料电池。直接式燃料电池按温度的不同又分为低温燃料电池、中温燃料电池和高温燃料电池；间接式燃料电池又分为重整式燃料电池和生物燃料电池；再生式燃料电池又分为光燃料电池、电燃料电池、热燃料电池、放射化学燃料电池等。

按电解质的不同，燃料电池可分为碱性燃料电池、磷酸燃料电池、聚合物燃料电池、熔融碳酸盐燃料电池、固体电解质燃料电池等。

3.2.2　常见的燃料电池

由于研究和开发的角度不同，因此燃料电池种类繁多，其中应用较多的有质子交换膜燃料电池、固体氧化物燃料电池、熔融碳酸盐燃料电池、碱性燃料电池四种。

1. 质子交换膜燃料电池

质子交换膜燃料电池在原理上相当于水电解的"逆"装置，它是使用特定燃料，通过质子交换膜（proton exchange membrane，PEM）和催化剂层（catalyst layer，CL）产生电流的装置，只要外界源源不断地供应燃料（如氢气或甲醇），就可以提供持续电能。图3.12所示为某质子交换膜燃料电池。

质子交换膜燃料电池由阳极、阴极和质子交换膜组成，阳极为氢燃料发生氧化反应的场所，阴极为氧化剂发生还原反应的场所，两极都含有加速电极电化学反应的催化剂，质子交换膜作为电解质。

质子交换膜燃料电池的工作原理是利用质子交换膜技术，在覆盖催化剂的质子交换膜作用下，在阳极氢气催化分解成质子，这些质子通过质子交换膜到达阴极，在氢气的分解过程中释放电子，电子移动到阴极产生电能。质子交换膜燃料电池工作时相当于直流电源，阳极为电源负极，阴极为电源正极。阳极和阴极的反应分别如下：

图 3.12 某质子交换膜燃料电池

阳极反应：$2H_2 \longrightarrow 4H^+ + 4e^-$

阴极反应：$O_2 + 4H^+ + 4e^- \longrightarrow 2H_2O$

燃料电池在阳极除供应氢气外，还收集氢质子（H^+），并释放电子；在阴极，通过负载捕获电子而产生电能。质子交换膜的功能是只允许氢质子通过，并与阴极中的氧结合生成水。图 3.13 所示为质子交换膜燃料电池的工作原理和结构。水以水蒸气的形式存在空气中。需要为汽车用大功率燃料电池设置水回收装置。一般用氢做燃料生成的是纯净水，可以饮用；用甲醇做燃料生成的水溶液中可能存在甲醛等有毒物质，不能饮用。

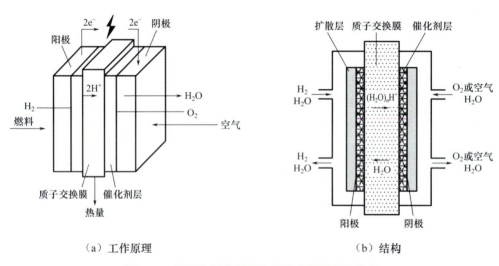

（a）工作原理　　　　　　　　　　　　　（b）结构

图 3.13 质子交换膜燃料电池的工作原理和结构

由于质子交换膜只能传导质子，因此氢质子可直接穿过质子交换膜到达阴极，而电子只能通过外电路到达阴极。当电子通过外电路流向阴极时，产生直流电。以阳极为参考时，阴极电位为 1.23V，即每个单体电池的发电电压理论上限都为 1.23V。连接负载时，输出电压取决于输出电流密度，通常为 0.5～1V。将多个单体电池以串联方式层叠组合，构成输出电压满足实际负载需要的燃料电池堆（简称电堆）。将双极板与膜电极三合一组件交替叠合，在各单体电池之间嵌入密封件，压紧后构成质子交换膜电堆。叠合压紧时，应确保气体主通道对正，以便氢气和氧气顺利通过所有单体电池。电堆工作时，氢气和氧气分别由入口进入，经电堆气体主通道分配至各单体电池的双极板，经双极板导流均匀分配至电极，通过电极支撑体与催化剂接触发生电化学反应。

电堆的核心是双极板与膜电极组件。双极板与膜电极组件的制作原理如下：将两张喷涂 Nafion 溶液及铂催化剂的碳纤维纸电极分别置于经预处理的质子交换膜两侧，使催化剂靠近质子交换膜，在一定温度和压力下模压制成。常用石墨板材料制作双极板，这种双极板具有密度高、强度高，无穿孔性漏气，在高压强下无变形，导电性、导热性优良，与电极相容性好等特点。常用石墨双极板厚度为 2~3.7mm，经铣床加工成具有一定形状的导流流体槽及流体通道，其流道设计和加工工艺与电池性能密切相关。

质子交换膜燃料电池的优点如下：发电过程不涉及氢氧燃烧，不受卡诺循环的限制，能量转换率高；发电时不产生污染；发电单元模块化；可靠性高；组装和维修方便；工作时没有噪声；等等。

质子交换膜燃料电池可与辅助设备构成发电系统。该发电系统由电堆、氢氧供应系统、热管理系统、电能变换系统和控制系统等构成，其中电堆是发电系统的核心。发电系统运行时，反应气体（氢气和氧气）分别通过调压阀和加湿器（加湿、升温）后进入电堆并发生化学反应，产生直流电，经稳压、变换后供给负载。电堆工作时，氢气和氧气反应生成的水由阴极过量的氧气（空气）流带出；未反应（过量）的氢气和氧气流出电堆后，经汽水分离器除水，经过循环泵重新进入电堆循环使用，也可以在开放空间直接排放到空气中。

2. 固体氧化物燃料电池

固体氧化物燃料电池属于第三代燃料电池，**由用氧化钇稳定氧化锆陶瓷为氧离子通电的电解质和由多孔质给电子通电的燃料及空气极构成**。空气中的氧在空气极/电解质界面被还原成氧离子，在空气燃料之间氧的分差作用下，在电解质中向燃料极移动，燃料极电解质界面与燃料中的氢或一氧化碳的中间氧化产物反应，生成水蒸气或二氧化碳，并放出电子。电子通过外电路再次返回空气极，产生电能。由于电池本体的构成材料全部是固体，因此可以不必像其他燃料电池那样制造成平面形状，而制造成圆筒形。

固体氧化物燃料电池是一种在中、高温下直接将储存在燃料和氧化剂中的化学能高效、环境友好地转换为电能的全固态新型化学发电装置。其效率高，无污染，具有全固态结构，对多种燃料气体具有广泛适应性，被认为是未来将得到普遍应用的一种燃料电池。

固体氧化物燃料电池的研究始于 20 世纪 40 年代，在 20 世纪 80 年代后得到蓬勃发展。与第一代燃料电池、第二代燃料电池相比，固体氧化物燃料电池具有如下优点：电流密度和质量比功率较高；可忽略阳极和阴极极化，损失集中在电解质内阻降；可直接以氢气、甲醇等做燃料，且不必使用贵金属做催化剂；避免了中、低温燃料电池的酸碱电解质或熔盐电解质的腐蚀问题；能提供高质量余热，实现热电联产，燃料利用率高，是一种清洁、高效的电池；广泛采用陶瓷材料做电解质、阳极和阴极，具有全固态结构；要求陶瓷电解质在中、高温（600~1000℃）下运行，加快了电池反应，可以实现多种碳氢燃料气体的内部还原，简化了设备；等等。

固体氧化物燃料电池主要由固体氧化物电解质、阳极（燃料极）、阴极（空气极）和连接体（双极板）组成。

固体氧化物燃料电池的工作原理与其他燃料电池相同，该电池相当于水电解的"逆"装置。阳极为燃料发生氧化的场所，阴极为氧化剂发生还原的场所，两极都有加速电极电化学反应的催化剂。固体氧化物燃料电池工作时相当于直流电源,阳极为电源负极,阴极为电源正极。在固体氧化物燃料电池的阳极持续通入燃料气体[如氢气（H_2）、甲烷（CH_4）等],具有催化作用的阳极表面吸附燃料气体,并通过阳极的多孔结构扩散到阳极与电解质的界面；在阴极持续通入氧气（O_2）或空气,具有多孔结构的阴极表面吸附氧,由于阴极本身具有催化作用,因此 O_2 得到电子变为 O^{2-},O^{2-} 进入起电解质作用的固体氧离子导体,由于浓度梯度引起扩散,最终到达固体电解质与阳极的界面,与燃料气体发生反应,失去的电子通过外电路回到阴极。固体氧化物燃料电池的工作原理如图 3.14 所示。

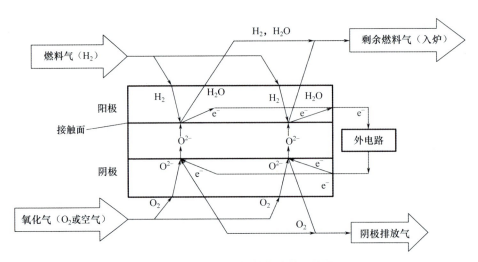

图 3.14　固体氧化物燃料电池的工作原理

固体氧化物燃料电池的化学反应如下。

阳极反应：$2H_2 + 2O^{2-} \longrightarrow 2H_2O + 4e^-$

阴极反应：$O_2 + 4e^- \longrightarrow 2O^{2-}$

电池总反应：$2H_2 + O_2 \longrightarrow 2H_2O$

早期开发的固体氧化物燃料电池的工作温度较高（800～1000℃）。研发成功的中温固体氧化物燃料电池的工作温度为 800℃。通过设置底面循环,可以获得高效发电（效率大于 60%）,使用寿命预计为 40000～80000h。由于氧离子在电解质中移动,因此可以用一氧化碳、天然气作为燃料。科学家正在努力开发低温固体氧化物燃料电池,其工作温度可以降低至 650～700℃,使得固体氧化物燃料电池的广泛应用成为可能。

单体固体氧化物燃料电池只能产生约 1V 的电压,功率有限,为了使电池有实际应用的可能,需要提高电池功率。可以将若干单体电池以串联、并联、混联方式组成电池组。固体氧化物燃料电池组的结构主要有管状、平板型和整体型三种,其中平板型因功率密度高和制作成本低而成为发展趋势。

3. 熔融碳酸盐燃料电池

熔融碳酸盐燃料电池是由多孔陶瓷阴极、多孔陶瓷电解质隔膜、多孔金属阳极和金属极板构成的燃料电池。其电解质采用碱金属的熔融态碳酸盐,工作温度为 600～700℃。在高温下，熔融碳酸盐变为熔化态，允许电荷（碳酸根离子）在电池中移动。熔融碳酸盐燃料电池也可使用氧化镍（NiO）作为多孔阴极，但由于NiO溶于熔融碳酸盐后会被H_2、CO还原为Ni，因此容易造成短路。熔融碳酸盐燃料电池的化学反应如下。

阳极反应：$CO_3^{2-}+H_2 \longrightarrow H_2O+CO_2+2e^-$

阴极反应：$CO_2+\frac{1}{2}O_2+2e^- \longrightarrow CO_3^{2-}$

电池总反应：$H_2+\frac{1}{2}O_2 \longrightarrow H_2O$

熔融碳酸盐燃料电池主要由阳极、阴极、电解质基底和隔膜/集流板构成，如图3.15所示。

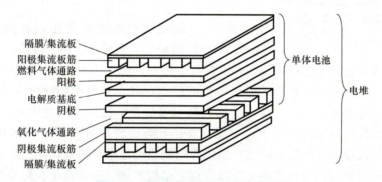

图3.15 熔融碳酸盐燃料电池的结构

熔融碳酸盐燃料电池具有效率高（高于40%）、噪声小、无污染，燃料多样（氢气、煤气、天然气和生物燃料等），余热利用价值高等优点。

熔融碳酸盐燃料电池的缺点是启动慢（运行温度高，不适合移动应用）；使用寿命短；高温和碳酸盐电解质易导致阳极及阴极腐蚀，并加速熔融碳酸盐燃料电池元件的分解，降低耐久性。

4. 碱性燃料电池

碱性燃料电池（alkaline fuel cell，AFC）以碳为电极，以氢氧化钾为电解质，工作温度为100～250℃（先进的碱性燃料电池的工作温度为23～70℃），通过氢气和氧气发生氧化还原反应产生电能。碱性燃料电池如图3.16所示。

图3.16 碱性燃料电池

碱性燃料电池有两个燃料入口，氢气和氧气分别从两个燃料入口进入电池，中间有一组多孔石墨电极，电解质位于阴极与阳极中央，氢气经阳极进入电解质（氢氧化钾溶液），并发生化学反应生成水。电子经外电路提供电能并流回阴极,在阴极与氧气及水接触后发生化学反应,生成氢氧根离子。水蒸气从出口排出,氢氧根离子经氢氧化钾电解质流回阳极。碱性燃料电池的工作原理如图 3.17 所示。

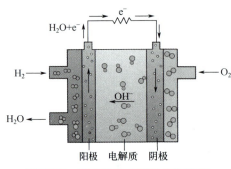

图 3.17 碱性燃料电池的工作原理

碱性燃料电池通常以氢氧化钾或氢氧化钠为电解质,导电离子为氢氧根离子,燃料为氢气。碱性燃料电池的化学反应如下。

阳极反应:$H_2 + 2OH^- \longrightarrow 2H_2O + e^-$

阴极反应:$\frac{1}{2}O_2 + H_2O + 2e^- \longrightarrow 2OH^-$

电池总反应:$\frac{1}{2}O_2 + H_2 \longrightarrow H_2O$

碱性燃料电池的催化剂有贵金属铂、钯、金、银和过渡金属镍、钴、锰等。

根据电解质是否固定、循环使用和混合其他燃料,碱性燃料电池可分为循环式电解质碱性燃料电池(电解质溶液被泵入燃料电池的碱腔,并在其中循环使用)、固定式电解质碱性燃料电池(电堆中的每个单体电池都有独立电解质,在两种电解质间的隔膜材料里)和可溶解燃料碱性燃料电池(电解质中混合肼或氨类燃料)。其中,循环式电解质碱性燃料电池的优点是可以随时更换电解质;固定式电解质碱性燃料电池结构简单,广泛应用于航天飞行器;可溶解燃料碱性燃料电池成本低、结构紧密、制作简单、易补充燃料。

碱性燃料电池的优点如下:效率高;因为采用碱性介质,所以可以用非铂催化剂;工作温度低,可用镍板做双极板。

碱性燃料电池的缺点如下:电解质呈碱性,易与 CO_2 反应生成 K_2CO_3、Na_2CO_3 沉淀,严重影响电池性能,必须除去 CO_2,这为其在常规环境中的应用带来很大的困难。

四种燃料电池的综合比较见表 3.1。

表 3.1 四种燃料电池的综合比较

指标		质子交换膜燃料电池	固体氧化物燃料电池	熔融碳酸盐燃料电池	碱性燃料电池
电解质	电解质材料	质子交换膜	氧化钇稳定氧化锆	碳酸锂、碳酸钠、碳酸	磷酸盐
	移动离子	H^+	O^{2-}	CO_3^{2-}	OH^-
	使用模式	膜	薄膜、薄板	在基质中浸渍	在基质中浸渍
反应	催化剂	铂	无	无	铂
	阳极	$2H_2 \rightarrow 4H^+ + 4e^-$	$2H_2 + 2O_2 \rightarrow 2H_2O + 4e^-$	$CO_3^{2-} + H_2 \rightarrow H_2O + CO_2 + 2e^-$	$H_2 + 2OH^- \rightarrow 2H_2O + e^-$
	阴极	$O_2 + 4H^+ + 4e^- \rightarrow 2H_2O$	$O_2 + 4e^- \rightarrow 2O^{2-}$	$CO_2 + \frac{1}{2}O_2 + 2e^- \rightarrow CO_3^{2-}$	$\frac{1}{2}O_2 + H_2O + 2e^- \rightarrow 2OH^-$

续表

指标	质子交换膜燃料电池	固体氧化物燃料电池	熔融碳酸盐燃料电池	碱性燃料电池
工作温度/℃	80~100	600~1000	600~700	100~250
燃料	氢气	氢气、一氧化碳	氢气、一氧化碳	氢气

作为一种清洁高效、性能稳定的电源技术，燃料电池成功应用于航空航天领域及军事领域。现在各国正在加速燃料电池在民用领域的商业开发。与现有技术相比，燃料电池在电源、电力驱动、发电等领域都有明显优势，具有广阔的应用前景。燃料电池大量应用于便携式电源、燃料电池电动汽车、燃料电池电站和燃料电池舰艇等领域。

从国际上燃料电池电动汽车的发展、推广应用情况看，燃料电池城市客车发展较快。燃料电池城市客车的特点如下：混合动力方案是主流，即采用燃料电池系统与动力蓄电池混合驱动的方式，以提高燃料电池寿命，减少整车耗氢量，降低汽车成本；分布式控制技术得到广泛应用，整车能量管理策略逐步优化；整车可靠性、使用寿命和环境适应性日趋完善；整车安全性得到社会认可，相关规范与法规日益完善；制动能量回收技术日趋成熟，大幅度提高了整车经济性。

3.3 纯电动汽车动力装置

驱动电动机系统作为新能源汽车的三大核心部件之一，是汽车行驶过程中的主要执行机构，是纯电动汽车和燃料电池电动汽车的唯一驱动部件，是混合动力电动汽车实现各种工作模式的关键。驱动电动机系统的驱动特性决定了汽车行驶的主要性能指标，不仅直接影响汽车动力性、经济性和行驶稳定性，而且关系到整车排放量。因此，配置合适的驱动电动机是提高新能源汽车性能价格比的重要因素。

3.3.1 对驱动电动机系统的要求

与一般工业电动机不同，新能源汽车用驱动电动机应具有调速范围宽、启动转矩大、后备功率高和效率高的特性，还要求可靠性高、耐高温及耐潮、结构简单、成本低、维护简单、适合大规模生产等。因此，完善能同时满足汽车行驶过程中的各项性能要求，并具有坚固耐用、造价低、效率高等特点的驱动电动机极为重要。

由于驱动电动机系统工况复杂，需随时面对汽车起动、加速、制动、上坡、下坡、转弯等工况，因此在混合动力电动客车中有多种工作模式（如电动机启动发动机、电动机驱动、电动机制动能量回收等），且驱动电动机的工作模式是随机的，要求驱动电动机具有如下特点。

（1）转矩大、质量比功率大。

新能源汽车的动力总成结构紧凑，留给驱动电动机系统的空间非常狭小，除要求减小驱动电动机体积外，还要求具有足够的转矩和质量比功率；此外，实现全转速运行范围内的效率最优化，以延长汽车的续驶里程。

(2) 工作速域宽。

一般在驱动电动机输出到轮毂的半轴之间设有主减速齿轮和差速齿轮,以满足汽车各种行驶工况的要求。驱动电动机的理想机械特性如下:在额定转速以下输出大转矩,以适应起动、加速、负荷爬坡、频繁起停等工况的要求;在额定转速以上恒功率运行,以适应最高车速和超车等要求。

(3) 系统效率高。

由于新能源汽车的供电电源能量有限,尤其是在受动力蓄电池成本和整车布置限制的条件下,因此提高系统效率成为延长续驶里程、提高经济性的重要手段。

(4) 环境适应能力强。

驱动电动机系统通常布置在发动机舱内和车架上,工作环境较恶劣,要求驱动电动机及其驱动器既要防水、防尘、防振,具有很强的环境适应能力,又要结构坚固、体积小、质量小,具有高可靠性。

(5) 电磁兼容性好。

由于驱动电动机系统在汽车上是较大干扰源,因此在驱动电动机及其驱动器设计和整车布置方面要充分考虑电磁兼容性,尽量避免或减小驱动系统对其他电器的影响。此外,还要避免或减小其他干扰源对驱动电动机系统的影响。

(6) 性能价格比高。

驱动电动机系统作为整车的主要总成,在保证性能的前提下,要求价格适中,尤其是在竞争激烈的环境下,提高驱动电动机的性能价格比可以为新能源汽车产品化铺平道路。

3.3.2　汽车用驱动电动机系统的特点

驱动电动机是新能源汽车的核心部件,是纯电动汽车和燃料电池电动汽车的唯一驱动部件,是混合动力电动汽车实现各种工作模式的关键,直接影响油耗、排放量、动力性、经济性和稳定性等性能指标。与一般工业电动机不同,汽车用驱动电动机应具有调速范围宽、启动转矩大、质量比功率高和效率高的特性,还应可靠性高、耐高温及耐潮湿、结构简单、成本低、维护简单、适合大规模生产等。

汽车用驱动电动机与工业电动机的主要区别见表 3.2。

表 3.2　汽车用驱动电动机与工业电动机的主要区别

指标	汽车用驱动电动机	工业电动机
封装尺寸	布置空间有限,需要根据具体产品进行特殊设计	空间不受限制,可用标准封装配套各种应用
工作环境	环境温度变化大(−40～105℃)	环境温度适中(−20～40℃)
	振动剧烈	振动较小
可靠性要求	很高(以保证驾乘人员安全)	较高(以保证生产效率)
冷却方式	通常为水冷(体积小)	通常为风冷(体积大)
控制方式	需要进行精确的力矩控制,动态性能较好	多为变频调速控制,动态性能差
质量比功率	较高(1～1.5kW/kg)	较低(0.2kW/kg)

汽车用驱动电动机系统与其他工业电动机系统的主要区别在于，前者严格受到汽车空间限制和使用环境的约束，对结构、体积、性能、质量、成本及维护有很高的要求；电池电能转换为机械能的效率高，要求电动机控制器和驱动电动机的匹配尽可能完美，能最大限度地利用电池输出的能量等。

3.3.3 汽车用驱动电动机系统的组成

新能源汽车的驱动系统一般包括驱动电动机系统和机械传动机构两部分，其中驱动电动机系统主要由电动机、功率转换器、电动机控制器、各种检测传感器及电源等构成。常用电动机有直流电动机、交流电动机、永磁无刷电动机、开关磁阻电动机等。功率转换器按配备的电动机类型分为DC/DC功率转换器和DC/AC功率转换器，其作用是按驱动电动机的电流要求，将蓄电池的直流电转换为相应电压等级的直流电和交流电。

电动机是应用电磁感应原理运行的旋转电磁机械，主要用于实现电能向机械能的转换。电动机运行时，从电系统吸收电功率，向机械系统输出机械功率。在驱动电动机系统中，驱动电动机和电动机控制器的成本之比约为1∶1，因为设计原理与分类方式不同，所以电动机的具体构造与成本构成不同。电动机控制器主要起调节电动机运行状态的作用，以满足整车不同运行要求。

3.3.4 汽车用驱动电动机的结构

以应用较多的三相异步电动机为例，介绍驱动电动机的结构。三相异步电动机的结构如图3.18所示，主要包括前端盖、后端盖、定子部分、转子部分、机座、风扇和风罩等。

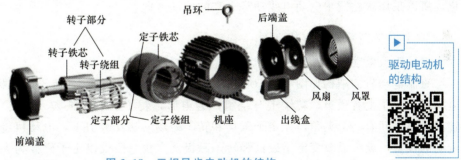

图3.18 三相异步电动机的结构

定子部分组成如下。

（1）定子铁芯由导磁性能很好的硅钢片叠压而成。

（2）定子绕组在定子铁芯的圆槽内，其机座固定定子铁芯及端盖，具有较高的机械强度和刚度。

转子部分组成如下。

（1）转子铁芯由硅钢片叠压而成，是磁路的一部分。

（2）转子绕组。对于鼠笼式转子，转子铁芯的每个槽内都插入一根裸导条，形成一个多相对称短路绕组；对于绕线式转子，转子绕组为三相对称绕组，并嵌入转子铁芯槽。

此外，异步电动机的气隙是均匀的，其值为机械条件所能允许达到的最小值。

3.3.5 汽车用驱动电动机的类型

电动汽车的时速和起动速度取决于驱动电动机的功率和性能，续驶里程取决于动力蓄电池的容量，各种系统的选用取决于制造商对整车的定位、用途及市场界定和市场细分。驱动电动机的类型如图 3.19 所示。

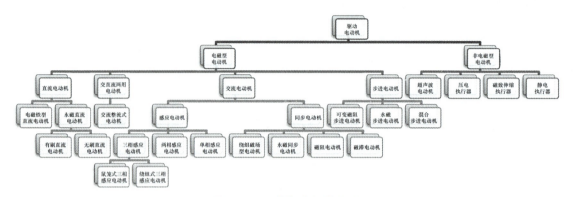

图 3.19 驱动电动机的类型

由图 3.19 可知，电动机种类繁多。但除部分无轨电车使用直流电动机外，新能源汽车主要使用异步电动机、永磁同步电动机和开关磁阻电动机。其中，异步电动机主要应用于纯电动汽车（包括轿车及客车），永磁同步电动机主要应用于混合动力电动汽车（包括轿车及客车），开关磁阻电动机主要应用于大、中型客车。混合动力电动轿车大多采用永磁同步电动机，因为其能在控制方式上实现数字化，在结构上实现电动机与齿轮箱的一体化，所以采用永磁同步电动机驱动是未来的发展方向。

1. 直流电动机及其控制系统

（1）直流电动机的结构及工作原理。

直流电动机的结构如图 3.20 所示，主要包括定子（未标）、转子（未标）、换向器和电刷等。定子上有磁极，转子上有绕组，通电后，转子上形成磁场（磁极），定子磁极和转子磁极之间有一个夹角，在定子磁场和转子磁场的相互吸引下，电动机旋转。如果改变电刷的位置，就可以改变定子磁极和转子磁极的夹角（假设以定子磁极为夹角起始边，以转子磁极为夹角终止边，转子磁极指向定子磁极的方向就是电动机的旋转方向），从而改变电动机的旋转方向。

由于直流电动机结构简单，具有优良的电磁转矩控制特性，因此直到 20 世纪 80 年代中期仍是主要研发对象。但因普通直流电动机的机械换向结构易产生火花，故不宜在多尘、潮湿和易燃易爆环境中使用，且换向器维护困难，很难向大容量、高速度发展。此外，换向火花产生的电磁干扰对高度电子化的电动汽车来说是致命危害。

（2）无刷直流电动机的特点。

无刷直流电动机是随着微处理器技术的发展和高开关频率、低功耗新型电力电子器件的应用，以及控制方法的优化和低成本、高磁能级的永磁材料的出现发展起来的直流电动机。它以电子换向器取代机械换向器，既具有传统直流电动机的良好调速性能，又具有无

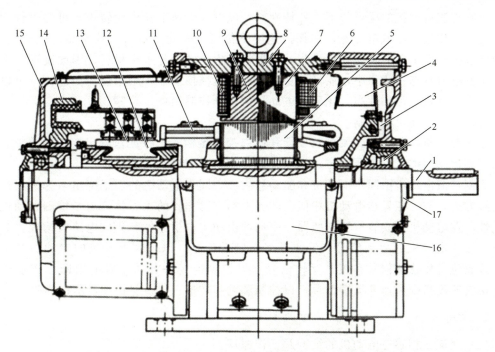

1—轴；2—轴承；3—后端盖；4—风扇；5—电枢铁芯；6—主极绕组；7—主极铁芯；
8—机座；9—换向极铁芯；10—换向极绕组；11—电枢绕组；12—换向器；13—电刷；
14—电刷架；15—前端盖；16—接线盒；17—轴承盖

图 3.20　直流电动机的结构

滑动接触和换向火花、可靠性高、使用寿命长、噪声小及易维护等优点，在航空航天、数控机床、机器人、电动汽车、家用电器等领域得到广泛应用。

按照供电方式的不同，无刷直流电动机可分为方波无刷直流电动机（其反电势波形和供电电流波形都是矩形波，又称矩形波永磁同步电动机）和正弦波无刷直流电动机（其反电势波形和供电电流波形均为正弦波）。

图 3.21 所示为无刷直流电动机模型，其定子在内，转子在外；也有定子在外，转子在内的结构。

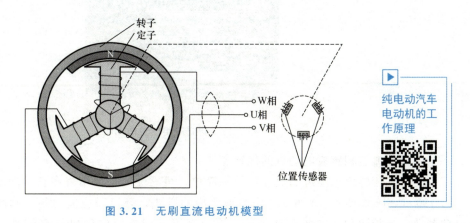

图 3.21　无刷直流电动机模型

无刷直流电动机的优点如下：外特性好，能够在低速下输出大转矩，可提供较大的启动转矩；工作速度区域范围宽，在任何速度下都可以全功率运行；效率高，过载能力强，在拖动系统中有出色的表现；再生制动效果好，由于转子是永磁材料，因此制动时电动机可处于发电机状态；体积小，质量比功率高；无机械换向器，采用全封闭结构，可以防止灰尘进入电动机，可靠性高；比异步电动机的驱动控制简单；等等。

（3）直流电动机的控制。

直流电动机控制系统主要由斩波器和中央控制器构成，根据对输出转矩的要求，用斩波器控制电动机的输入电压、电流，以控制和驱动直流电动机运行。

无刷直流电动机由同步电动机和驱动器组成，同步电动机的定子绕组多为三相对称星形连接方式，与三相异步电动机相似。转子上粘有已充磁的永磁体，为了检测电动机转子的极性，在电动机内安装位置传感器。驱动器由功率电子器件和集成电路等构成，其功能如下：接收电动机的启动信号、停止信号、制动信号，以控制电动机的启动、停止和制动；接收位置传感器信号和正、反转信号，以控制逆变桥各功率管的通断，产生连续转矩；接收速度指令和速度反馈信号，以控制和调整转速；提供保护和显示；等等。

2. 交流三相感应电动机及其控制系统

（1）交流三相感应电动机的结构及工作原理。

感应电动机又称异步电动机，即转子置于旋转磁场中，在旋转磁场的作用下获得转动力矩，从而转动。转子是可转动的导体，多为鼠笼状；定子是电动机中不转动的部分，其主要任务是产生旋转磁场。通常旋转磁场不用机械方法实现，而是在电磁铁中通交流电，使磁极性质循环改变，相当于一个旋转的磁场。感应电动机不像直流电动机有电刷或集电环。根据交流电的种类分为单相电动机和三相电动机，后者多用于电动汽车和动力设备。

交流三相感应电动机如图 3.22 所示，主要由转子和定子构成，在转子与定子之间没有相互接触的集电环、换向器等部件。电动机运行时，定子通过交流电产生旋转磁场，旋转磁场切割转子中的导体，产生感应电流，转子的感应电流产生一个新的磁场，两个磁场相互作用，使转子转动。

图 3.22　交流三相感应电动机

（2）交流三相感应电动机的优缺点。

交流三相感应电动机的优点是结构简单，可靠性高，使用寿命长，功率范围宽，转速为 12000～15000r/min；可采用空冷或水冷的方式，环境适应能力强，并能够实现再生反馈制动。与相同功率的直流电动机相比，交流三相感应电动机效率较高、质量小、价格低、修护方便。其缺点是耗电量较大,转子易发热,功率因数较小,且调速性能较差。

(3) 交流三相感应电动机的控制。

由于交流三相感应电动机不能直接使用直流电,因此需要用逆变装置进行转换控制。**感应电动机的控制技术主要有三种:V/F 控制（压频比控制,通过电源电压与额定频率的比值控制,使电动机维持恒定磁通,保持较高效率）、转差频率控制和矢量控制**。20 世纪 90 年代之前主要采用前两种控制方式,但是因转速控制范围小、转矩特性不理想,故不适用于需频繁起动、加/减速的电动汽车。目前几乎所有交流三相感应电动机都采用矢量控制。

3. 永磁同步电动机及其控制系统

在电动机内建立机电能量转换所需的气隙磁场有两种方法:一种是在电动机绕组内通电流产生磁场,既需要专门的绕组和相应的装置,又需要不断供给能量以维持电流流动,如普通的直流电动机和同步电动机;另一种是由永磁体产生磁场,既可简化电动机结构,又可节约能量。对于转子直流励磁的同步电动机,若用永磁体取代转子直流绕组,则相应的同步电动机成为永磁同步电动机。

(1) 永磁同步电动机的结构及工作原理。

永磁同步电动机主要由转子、定子、前端盖、后端盖等组成,如图 3.23 所示。永磁同步电动机的最大特点是定子结构与普通感应电动机的定子结构相似,主要区别在于转子结构与其他电动机相差较大,而与常用异步电动机的最大不同是转子结构及在转子上放置的高质量永磁体磁极。根据永磁体在转子上的位置,永磁同步电动机可分为面贴式永磁同步电动机、插入式永磁同步电动机、内嵌式永磁同步电动机,如图 3.24 所示。

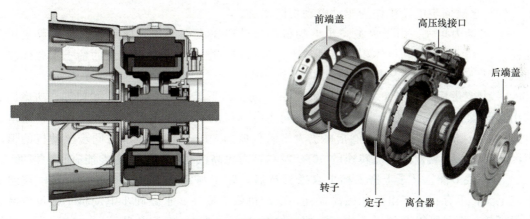

图 3.23 永磁同步电动机的结构

(a) 面贴式永磁同步电动机　　(b) 插入式永磁同步电动机　　(c) 内嵌式永磁同步电动机

图 3.24 永磁同步电动机的结构形式

通常所说的永磁同步电动机是指正弦波永磁同步电动机。与一般同步电动机相同，正弦波永磁同步电动机的定子绕组通常采用三相对称的正弦分布绕组，或转子采用特殊形状的永磁体，以确保气隙磁密沿空间呈正弦分布。当电动机恒速运转时，定子三相绕组感应的电势为正弦波，正弦波永磁同步电动机由此而得名。

正弦波永磁同步电动机是一种机电一体化电动机，不仅包括电动机本身，而且涉及位置传感器、电力电子变流器及驱动电路等。

永磁同步电动机具有结构简单、体积小、质量小、损耗少、效率高、功率因数大等优点，主要用于要求响应快、调速范围宽、定位准确的高性能伺服传动系统和直流电动机的更新替代电动机。

永磁同步电动机的关键是运行性能，影响运行性能的因素很多，主要因素是电动机结构。

电动机运转时，在电动机的定子绕组中通入三相电流，在定子绕组中形成旋转磁场，由于转子上安装了永磁体，而永磁体的磁极是固定的，因此根据磁极"同性相吸、异性相斥"原理，定子中形成的旋转磁场会带动转子旋转，最终转子的转速与定子中形成的旋转磁场的转速相等。因此，可以把永磁同步电动机的启动过程看成由异步启动阶段和牵入同步阶段组成。在异步启动阶段，电动机的转速从零开始逐渐增大，主要是由异步转矩、永磁发电制动转矩、转子磁路不对称引起的磁阻转矩和单轴转矩等因素引起的，转速呈振荡上升。在启动过程中，只有异步转矩是驱动性质的转矩，电动机就是以该转矩加速的，而其他转矩以制动性质为主。当电动机转速由零增大到接近定子中旋转磁场的转速时，在永磁体脉振转矩的影响下，永磁同步电动机的转速可能超过同步转速，出现转速的超调现象，经过一段时间的转速振荡，在同步转矩的作用下被牵入同步。

（2）永磁同步电动机作为驱动电动机的优势。

① 启动力矩大。由于永磁同步电动机的气隙磁密度提高，因此电动机指标可实现最佳设计，从而使得电动机体积和质量减小、启动转矩增大。以相同容量的稀土永磁同步电动机为例，其体积、质量和材料可以减小约30%。

② 力能指标好。当Y系列电动机在60%的负荷下工作时，效率下降15%，功率因数减小30%，力能指标下降40%。而永磁同步电动机的效率和功率因数下降很少，当电动机只有20%的负荷时，其力能指标仍大于满负荷的80%。同时，永磁同步电动机的恒转矩区较长，一直延伸到最高转速的50%左右，对提高汽车的低速动力性能有很大帮助。

③ 高效节能。转子上嵌入稀土永磁材料后，转子与定子磁场同步运行，转子绕组无感应电流，不存在转子电阻和磁滞损耗，电动机效率提高。永磁同步电动机不但可以减少电阻损耗，而且可以有效提高功率因数。如在25%～120%额定负载下，永磁同步电动机均可保持较高的效率和功率因数。

④ 结构简单，可靠性高。用永磁材料励磁，可替代原励磁电动机中的励磁线圈，从而使零部件减少，结构简化，不仅改善了电动机的工艺性，而且电动机运行的可靠性提高，使用寿命延长。转子绕组中不存在电阻损耗，定子绕组中几乎不存在无功电流，电动机温升小，使整车冷却系统的负荷减小，进一步提高运行效率。

（3）永磁同步电动机的控制。

永磁同步电动机的控制技术从最初的基于稳态模型的标量控制发展到矢量控制、直接转矩控制、非线性控制、自适应控制、滑模变结构控制和智能控制，其中智能控制包括专

家系统智能控制、模糊逻辑智能控制和神经网络智能控制等。

内嵌式永磁同步电动机的无位置传感器矢量控制系统结合滑模观测器和高频电压信号注入法，在无位置传感器的内嵌式永磁同步电动机闭环矢量控制方式下平稳启动，并在低速和高速运行场合获得较准确的转子位置观察信息。这种控制方法的本质是通过坐标变换将交流电动机内部复杂耦合的非线性变量转换为相对坐标系静止的直流变量（如电流、磁链、电压等），找到约束条件，获得最佳控制策略。

4. 开关磁阻电动机及其控制系统

（1）开关磁阻电动机的结构及工作原理。

开关磁阻电动机驱动系统是高性能机电一体化系统，主要由开关磁阻电动机、功率变换器、传感器和控制器等组成。其中，开关磁阻电动机是主要组成部分，实现电能向机械能的转换；功率变换器是连接电源和电动机的开关器件，用来提供开关电动机所需电能，其结构形式与供电电压、电动机相数及主开关器件种类有关；传感器用来反馈位置信号及电流信号，并传输给控制器；控制器是系统的中枢，起决策和指挥作用，主要分析和处理传感器提供的转子位置、速度和电流反馈信息及外部输入的指令，进而采取相应的控制决策，控制功率变换器中主开关器件的工作状态，实现对开关磁阻电动机运行状态的控制。

虽然开关磁阻电动机有多种结构形式，但定子铁芯和转子铁芯均由硅钢片叠压而成。开关磁阻电动机的结构如图3.25所示。每个转子冲片都有一个齿槽，构成双凸极结构，定子和转子片上的齿槽数量不同，极数不同。开关磁阻电动机工作时，遵循磁阻最小原理——磁通总是沿磁阻最小的路径闭合，因此磁场扭曲产生磁阻性质的电磁转矩。

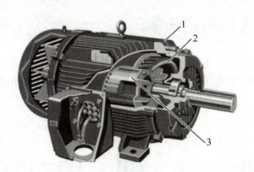

1—外壳；2—定子；3—转子
图3.25 开关磁阻电动机的结构

（2）开关磁阻电动机驱动系统的优缺点。

开关磁阻电动机驱动系统的优点如下：结构简单、可靠、紧凑、牢固，适合在较宽转速和转矩范围内及高温环境下高速运行；功率变换器结构简单，容错性强；可控参数多，调速性能好；启动转矩大，调速范围宽；效率高，功耗小，响应快，成本较低；等等。但存在转矩波动大、噪声大、需要位置检测器和系统非线性特性等缺点。

（3）开关磁阻电动机的控制。

由于开关磁阻电动机具有明显的非线性特性，系统难以建模，因此一般的线性控制方式不适用于采用开关磁阻电动机驱动系统，其主要**控制方式为模糊逻辑控制和神经网络控制**等。

混合动力电动客车用驱动电动机多为交流异步电动机和永磁同步电动机。但由于交流异步电动机技术成熟、价格低、可靠性和稳定性好，因此多应用于混合动力电动客车。永磁同步电动机的效率高、功率因数大、转矩惯量比大，得到许多企业的青睐。

3.4　混合动力电动汽车的动力装置

为解决现阶段纯电动汽车受动力蓄电池技术在质量比能量、使用寿命及基础设施投入等方面制约的问题，出现了一种适应当前实际需要的混合动力电动汽车。其将燃油发动机、电动机和储能器件（主要是高性能电池或超级电容器）与先进控制系统组合，用电动机补充提供汽车起动、加速所需转矩，回收汽车制动能量并储存在储能器件中，以大幅度降低油耗和减少污染物排放量。混合动力电动汽车用电动机的特点是要求动力源提供和吸收较大的瞬时功率，即承受较大的充电电流或放电电流。

混合动力传动系统

根据混合动力传动系统的连接方式，混合动力传动系统有三种基本构型，即串联式混合动力传动系统、并联式混合动力传动系统和混联式混合动力传动系统。

混合动力传动系统还可以根据混合度进行分类。混合度是指电动机的输出功率占整个系统输出功率的比重。混合动力传动系统根据混合度分为微混合动力传动系统、轻混合动力传动系统、中混合动力传动系统和完全混合动力传动系统。

3.4.1　串联式混合动力传动系统

通常串联式混合动力传动系统中的发动机/电动机和动力蓄电池组成双动力源，驱动电动机后，经驱动桥驱动汽车行驶。串联式混合动力传动系统的结构如图 3.26 所示。

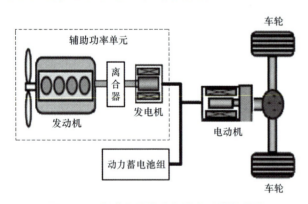

图 3.26　串联式混合动力传动系统的结构

串联式混合动力传动系统中的发动机仅用于发电，发出的电能供给电动机，由电动机驱动汽车行驶。发动机与发电机组成辅助功率单元（auxiliary power unit，APU），与电动机之间无机械连接，发动机不受汽车行驶工况的影响，可以稳定工作在高效区域，同时整车布置的自由度较大。动力蓄电池组还可单独向电动机提供电能，以实现市区低速运行工况的纯电动行驶。此外，当汽车在起步、加速、爬坡等工况下需要大功率时，动力蓄电池组可提供额外动力；当汽车减速、制动、停车时，发电机可为动力蓄电池组充电；在整个行驶过程中，动力蓄电池组起功率调峰作用，而发动机始终处于最佳工作状态，效率明显提高，油耗和污染量均大幅度下降。但是，串联式混合动力传动系统需要使用全功率电动机、发电机和发动机，且能量转换次数多，系统可靠性较差,整体效率不高。

串联式混合动力电动汽车有两种设计理念:①小发电单元+大容量动力蓄电池组,以动力蓄电池组的动力为主要驱动能量,小型发动机作为车载发电装置,用来延长续驶里程;②大发电单元+小动力蓄电池组,调节发动机的工作点,使发动机一直工作在高效区域,整车主要由发动机能量转换为电能。

串联式混合动力电动汽车有六种工作模式:①纯电动机驱动,发动机关闭,汽车从动力蓄电池组获得能量,驱动汽车行驶;②纯发动机驱动,汽车驱动功率来自由发动机和发电机组成的发电单元,动力蓄电池组不供电;③混合驱动,驱动电动机的能量同时来自发动机和发电机;④行车充电,发动机和发电机除向汽车提供行驶所需的功率外,还向动力蓄电池组充电;⑤制动能量回收,由牵引电动机作为发电机,回收减速或制动过程的能量并向动力蓄电池组充电;⑥停车充电,汽车停止行驶,牵引电动机不工作,发动机和发电机向动力蓄电池组充电。串联式混合动力电动汽车的六种工作模式如图 3.27 所示。

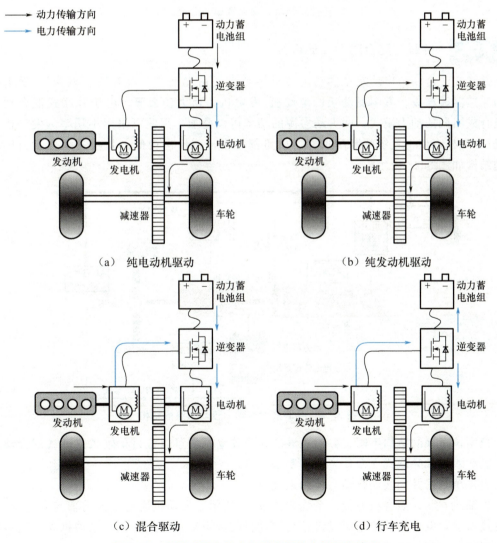

图 3.27 串联式混合动力电动汽车的六种工作模式

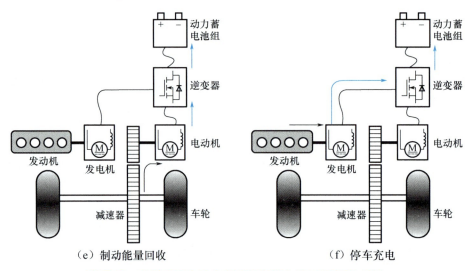

(e) 制动能量回收　　　　　　　　(f) 停车充电

图 3.27　串联式混合动力电动汽车的六种工作模式（续）

3.4.2　并联式混合动力传动系统

并联式混合动力电动汽车的动力传动系统主要由发动机、离合器、电动机/发电机和自动变速器等组成，其中发动机、电动机/发电机为两大动力源。由于并联式混合动力可以组合成不同的动力模式，两大动力源的功率可以叠加，因此可采用小功率的发动机＋电动机/发电机，使得系统的装配尺寸、质量都较小，造价也较低。并联式混合动力传动系统的结构如图 3.28 所示。

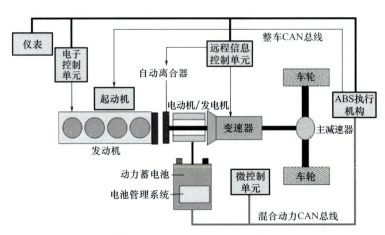

图 3.28　并联式混合动力传动系统的结构

根据输出轴的结构不同，并联式混合动力传动系统可以分为单轴式并联式混合动力传动系统和双轴式并联式混合动力传动系统。

（1）单轴式并联式混合动力传动系统。

单轴式并联式混合动力传动系统如图 3.29 所示，发动机通过主传动轴与变速器连接，在变速器前，电动机的转矩通过齿轮与发动机的转矩复合。发动机、电动机和变速器输入轴之间的转速成一定的比例关系。

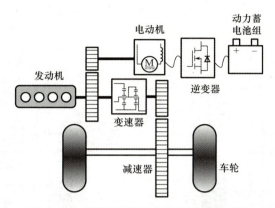

图 3.29 单轴式并联式混合动力传动系统

(2) 双轴式并联式混合动力传动系统。

双轴式并联式混合动力传动系统如图 3.30 所示,发动机和发电机分别与变速器连接,通过齿轮复合。在该系统中,分别调节发动机、电动机的转速,并进行转速复合,可使发动机的工况调节更加灵活。

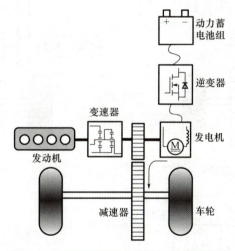

图 3.30 双轴式并联式混合动力传动系统

并联式混合动力电动汽车有六种工作模式:①纯电动机驱动,并联结构增加了一套电驱动系统,在电量充足的情况下,使用纯电动机驱动;②纯发动机驱动,当汽车匀速行驶,发动机在高效区域工作时,使用纯发动机驱动,可以获得较高的驱动效率;③混合驱动,在加速或爬坡工况下,汽车需要较大的驱动力,两个动力同时输出工作,进行功率复合,可以满足动力需求;④行车充电,当发动机输出功率大于路面负荷时,发动机的多余能量为动力蓄电池组充电;⑤制动能量回收,在汽车减速或制动过程中,电动机作为发电机使用,提供电制动力矩,同时回收电能并向动力蓄电池组充电;⑥停车充电,若停车前动力蓄电池组的电量不足,则为了保证下一次起动时可以使用纯电动机驱动,延长纯电动续驶里程,可以在汽车停驶时,由发动机向动力蓄电池组充电。并联式混合动力电动汽车的六种工作模式如图 3.31 所示。

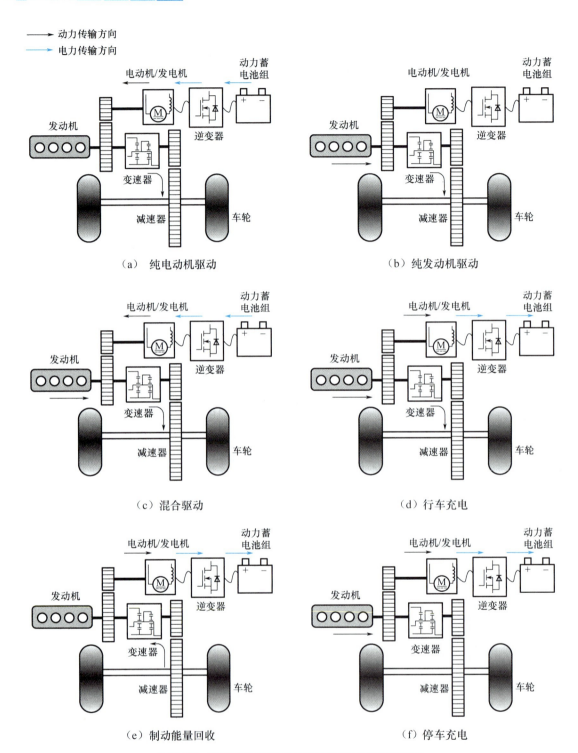

图 3.31 并联式混合动力电动汽车的六种工作模式

3.4.3 混联式混合动力传动系统

由于**混联式混合动力传动系统可以在串联式混合动力模式下工作，也可以在并联式混合动力模式下工作**，因此要求有一个比较复杂的传动系统和一个智能化的控制系统。

混联式混合动力传动系统兼具串联式混合动力传动系统和并联式混合动力传动系统的优点，通常是在串联式混合动力传动系统的基础上增加一套发电机构，发动机输出功率不仅可以与电动机的功率复合后直接驱动汽车行驶，还可以转换成电能储存在动力蓄电池组中，从而驱动电动机；在能量流的控制上具有更强的灵活性，可以实现油耗和排放量的最佳优化目标。混联式混合动力传动系统如图 3.32 所示，**一般以行星齿轮机构为动力复合装置**。

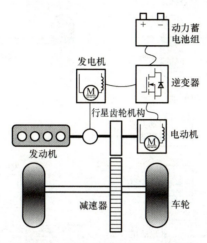

图 3.32 混联式混合动力传动系统

混联式混合动力传动系统还可在并联式混合动力传动系统的基础上，增加了电动机/发电机。混联式混合动力电动汽车由三个动力总成组成，三个动力总成以 50%～100% 的功率驱动汽车行驶。混联式混合动力电动汽车需要配置两套驱动系统，发动机传动系统需要安装离合器、变速器、传动轴和驱动桥等传动部件，还需要安装电动机/发电机、驱动电动机、减速器、动力蓄电池组，以及多能源的动力组合或协调发动机驱动与驱动电动机驱动力的专用装置。

混联式混合动力电动汽车有八种工作模式：①纯电动机驱动，利用动力蓄电池组的电能，由电动机单独驱动汽车行驶。②串联驱动，一是低速大功率驱动时，根据道路工况，由电动机驱动，消耗大量电能，需要发动机为动力蓄电池组充电；二是动力蓄电池组的电量不足，发动机需要及时为动力蓄电池组充电。③纯发动机驱动，当汽车匀速行驶，发动机在高效区域工作时，使用纯发动机驱动，可以获得较高的驱动效率，此时为巡航工况。④行车充电，一般在发动机的中速区域（发动机负荷较小、效率低）工作，可提高发动机的工作负荷和工作效率，并为动力蓄电池组充电。⑤停车充电，当动力蓄电池组的荷电状态低于限定值时，采用停车充电模式，发动机在经济区域以恒定功率带动集成发动机/发电机（integrated starter/generator，ISG）发电，为动力蓄电池组充电。⑥制动能量回收，在汽车减速或制动过程中，电动机作为发电机使用，提供电制动力矩，同时回收电能并向动力蓄电池组充电。⑦并联驱动，发动机和电动机同时工作，提供较大的动力输出。⑧全加速，发动机、发电机和电动机同时工作，提供较大的动力输出，可以获得最大驱动力，一般用于极限速度行驶和超车工况。混联式混合动力电动汽车的八种工作模式如图 3.33 所示。

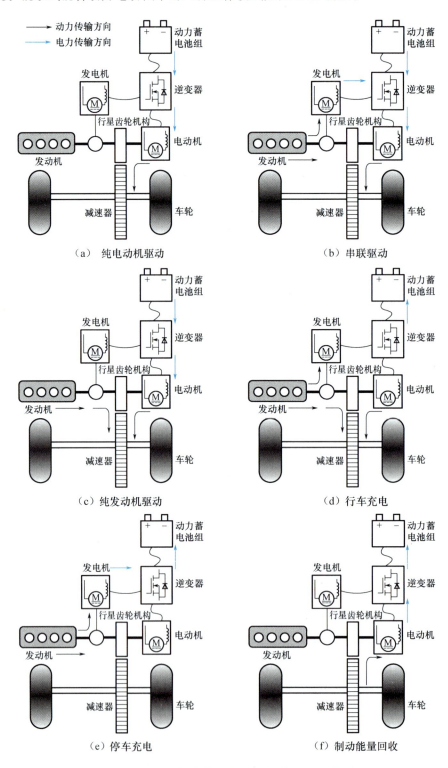

图 3.33　混联式混合动力电动汽车的八种工作模式

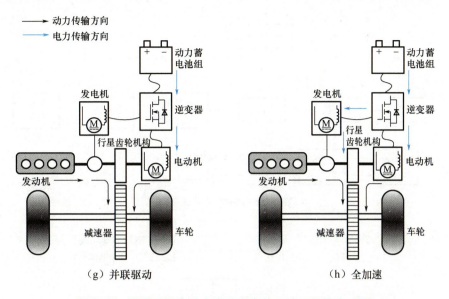

图 3.33 混联式混合动力电动汽车的八种工作模式（续）

3.4.4 插电式混合动力传动系统

插电式混合动力传动系统是可以使用电网为动力蓄电池组充电的混合动力传动系统，可以使汽车在纯电动模式下长距离行驶，也可以在全混合模式下行驶。插电式混合动力传动系统分为并联式插电式混合动力传动系统（图 3.34）、串联式插电式混合动力传动系统（图 3.35）和混联式插电式混合动力传动系统。

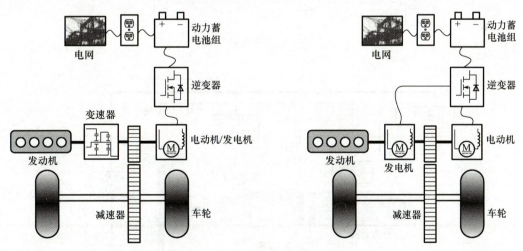

图 3.34 并联式插电式混合动力传动系统　　图 3.35 串联式插电式混合动力传动系统

混联式插电式混合动力传动系统分为切换式系统布局（图 3.36）和分路式系统布局（图 3.37）。

图 3.38 所示为同轴并联插电式混合动力传动系统的结构。

综合考虑动力蓄电池、电动机效率、成本因素及技术成熟度，在乘用车领域以日本丰田公司混合动力传动系统为代表的产品已经取得一定优势。

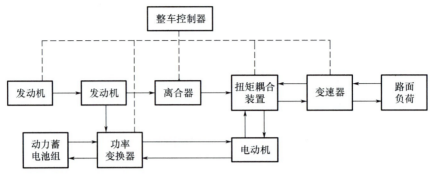

图 3.36 切换式系统布局

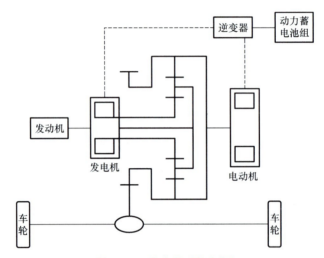

图 3.37 分路式系统布局

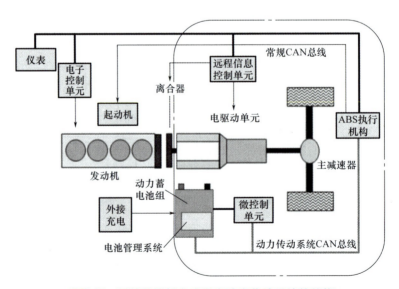

图 3.38 同轴并联插电式混合动力传动系统的结构

3.5 新能源汽车的动力辅助部件

在电动汽车的实际应用中,除了动力蓄电池、电动机等核心部件外,为了保证汽车正常行驶,还需要配置部分与电力驱动适应的辅助部件,以实现整车的各种功能,如需要电动空气压缩机提供制动气压源、高压转低压的功率变换器为整车控制模块及灯光等低压电器部件供电、解决安装空间及降低整车油耗的电子风扇、电动助力转系统为整车提供转向助力等,这些部件统称动力辅助部件。

3.5.1 电动空气压缩机

气压制动是动力制动系统的常见形式,因为可获得较大的制动力,所以广泛应用于质量大于8t的客车。一般燃油客车由发动机通过带传动或齿轮传动驱动空气压缩机产生压缩空气,用高压空气驱动气动执行元件,使整车制动或停车。而在电动客车上,由于取消了发动机或发动机功率较而无法连续运行,只能依靠电动机驱动空气压缩机,因此电动空气压缩机是电动客车的主要动力辅助部件。

常用车载电动空气压缩机有活塞式空气压缩机、螺杆式空气压缩机、叶片式空气压缩机和涡旋式空气压缩机等。

1. 活塞式空气压缩机

活塞式空气压缩机如图3.39所示。在电动机的驱动下,当曲轴旋转时,通过连杆的传动活塞做往复运动,由气缸内壁、气缸盖和活塞顶面构成的工作容积会发生周期性变化。当活塞从气缸盖处开始向下运动时,气缸内的工作容积逐渐增大,气体沿着进气管推开进气阀进入气缸,直到工作容积最大为止,进气阀关闭;当活塞反向运动时,气缸内的工作容积减小,气体压力升高,当气缸内的压力略高于排气压力时,排气阀打开,气体排出气缸,直到活塞运动到极限位置为止,排气阀关闭。当活塞再次反向运动时,重复上述过程。总之,曲轴旋转一周,活塞往复一次,气缸内相继进行吸气、压缩、排气的过程,即完成一个工作循环。再进行下一个工作循环,重复吸气—压缩—排气的过程。

图3.39 活塞式空气压缩机

2. 螺杆式空气压缩机

螺杆式空气压缩机分为单螺杆式空气压缩机和双螺杆式空气压缩机。单螺杆式空气压缩机是一种单轴容积式回转型压缩机,其外观及工作原理如图3.40所示。

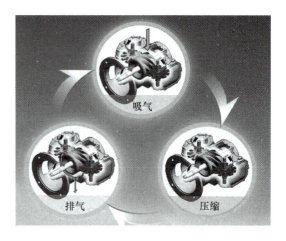

(a)外观　　　　　　　　　　　　(b)工作原理

图3.40　单螺杆式空气压缩机的外观及工作原理

其中,啮合副由一根蜗杆和两个平面布置的星轮组成,由蜗杆螺槽、星轮齿面及机壳内壁形成封闭的基元容积。单螺杆式空气压缩机的工作过程如下:电动机通过联轴器或传送带将动力传输到蜗杆,蜗杆带动星轮齿在蜗杆槽内移动,封闭的基元容积发生变化,气体输送压缩,当达到设计压力时,由主机壳上左右两侧对称的三角形排气口排至油气分离器。

双螺杆式空气压缩机的外观及结构如图3.41所示。双螺杆式空气压缩机采用高效带轮(或联轴器)传动,带动主机转动压缩空气,通过喷油对主机压缩腔进行冷却和润滑,

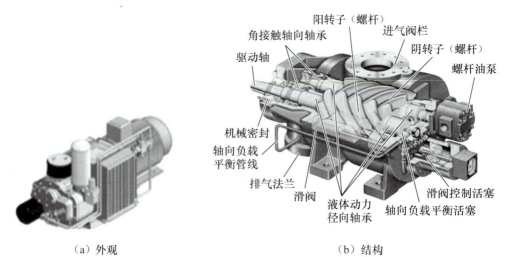

(a)外观　　　　　　　　　　　　(b)结构

图3.41　双螺杆式空气压缩机的外观及结构

压缩腔排出的由空气和油组成的混合气体经过粗分离和精分离得到压缩空气中的油,从而得到洁净的压缩空气。

双螺杆式空气压缩机的核心部件是压缩机主机,它属于容积式压缩机,空气压缩是靠安装在机壳内相互平行啮合的阴、阳转子(螺杆)齿槽的容积变化达到的。转子副在与其精密配合的机壳内转动,使转子齿槽之间的气体不断地产生周期性的容积变化,沿着转子轴线由吸气侧推向排出侧,完成吸气—压缩—排气过程。因此,双螺杆转子的型线技术决定了双螺杆式空气压缩机的档次。

(1)吸气过程。电动机驱动转子,转子的齿沟空间转至进气端壁开口时,空间大,外界的空气充满其中;当转子的进气侧端面转离机壳进气口时,齿沟间的空气被封闭在转子与机壳之间,完成吸气过程。

(2)压缩过程。当吸气过程结束时,转子齿峰与机壳形成的封闭容积随着转子角度的变化而减小,并螺旋移动。在此过程中,容积不断减小,气体不断被压缩,压力增大,温度升高;同时,因气压差变成雾状的润滑油被喷入压缩腔,从而达到压缩、降低温度和密封、润滑的作用。

(3)排气过程。当转子的封闭齿峰旋转到机壳排气口处时,被压缩的空气开始排放,直到齿峰与齿沟的啮合面移至排气端面,此时齿沟空间为零,即完成排气过程。与此同时,转子的另一对齿沟旋转至进气端,工作容积最大,开始吸气过程,进入下一个工作循环。

双螺杆式空气压缩机可靠性高、机组质量小、振动小、噪声小、操作方便、易损件少、运行效率高。

3. 叶片式空气压缩机

叶片式空气压缩机的外观及结构分别如图3.42和图3.43所示。叶片式空气压缩机主要由缸体、端盖、转子及叶片等组成,其中转子上开有若干径向凹槽(滑槽),叶片可在其中自由滑动。转子在气缸中偏心放置,当转子旋转时,叶片在离心力的作用下被甩出,并与气缸内壁通过油膜紧密接触,相邻两个叶片与气缸内壁形成一个封闭的空气腔——压缩腔。当转子转动时,压缩腔的体积随着叶片伸出量的变化而变化。在吸气过程中,空气经过滤器被吸入压缩腔,并与喷入主机内的润滑油混合;在压缩过程中,压缩腔的体积逐渐减小,压力逐渐增大,油气混合物通过排气口排出。如此周而复始,压缩空气被平稳地排出。

图 3.42 叶片式空气压缩机的外观

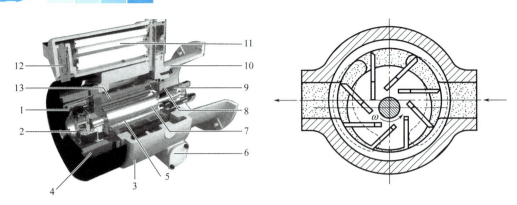

1—安全阀；2—吸气调节器；3—大端盖；4—空气过滤器；5—叶片；6—燃油滤清器；7—转子；
8—小端盖；9—联轴器；10—连接罩；11—油分芯；12—最小压力止回阀；13—耐磨定子环

图 3.43 叶片式空气压缩机的结构

叶片式空气压缩机压缩空气的流程如下：空气→空气过滤器→进气阀→空气端→油气分离器→最小压力止回阀→后冷却器→用气系统。

由于叶片式空气压缩机的泵体较小，因此多采用同轴直联布置方式，工作较平稳，振动较小；但因为采用润滑油密封，需要安装油气分离器和机油散热器，所以结构相对复杂。

4. 涡旋式空气压缩机

涡旋式空气压缩机如图 3.44 所示，由两个双函数方程型线的动、静盘相互啮合而成，在吸气—压缩—排气过程中，静盘固定在机架上，动盘由偏心轴驱动并受防自转机构的制约，围绕静盘基圆中心做半径很小的平面转动。气体通过空气滤芯吸入静盘的外围，随着偏心轴的旋转，气体在动、静盘啮合形成的若干月牙形压缩腔内被逐渐压缩，由静盘中心部件的轴向孔连续排出。涡旋式空气压缩机的工作原理如图 3.45 所示。

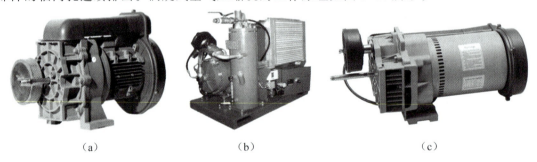

(a)   (b)   (c)

图 3.44 涡旋式空气压缩机

涡旋式空气压缩机的特点是可靠性高、噪声小、能耗低、维护费用低、泵体尺寸较小，多采用同轴直联方式，工作平稳。但与叶片式空气压缩机和单螺杆式空气压缩机相同，存在严重的油气混合现象，需要加装油气分离器和机油冷却器，以保证长时间安全、可靠运行，应用较少。

在上述四种空气压缩机中，因为活塞式空气压缩机噪声大，所以不适合在对舒适性要求较高的汽车上使用。市场上应用较多的是单螺杆式空气压缩机和叶片式空气压缩机。

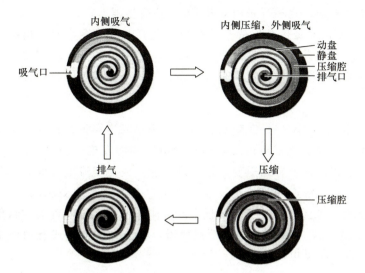

图 3.45 涡旋式空气压缩机的工作原理

3.5.2 功率变换器

新能源汽车的电子设备是极其复杂的电子系统,不仅包含许多作用不同的功能模块,而且所有功能模块对电源的要求及所需的功率等级、电压、电流、可靠性、电磁兼容性等指标不尽相同。为了满足不同模块的不同要求,**新能源汽车常采用 DC/DC 变换器、DC/AC 变换器和 AC/DC 变换器**,其中前两种应用较多。

1. DC/DC 变换器

(1) DC/DC 变换器的功用。

在新能源汽车的电子系统和电子设备中,直流母线不可能满足性能各异、种类繁多的元器件(包括集成组件)对直流电源的电压等级和稳定性等的要求,因而需要采用各种 DC/DC 变换器。其中,DC/DC 变换器的直流输入电源可来自系统中的电池,也可来自直流总线。由于新能源汽车的电压稳定性较差,且有较大的噪声分量,因此要使电子设备正常工作,需要使用一个 DC/DC 变换器,将变换范围宽的直流电压变换成稳定性良好的直流电压。

电动汽车用 DC/DC 变换器的主要功能是给车灯、电器控制设备、小型电器等附属设备供给电力和为汽车附属设备电源充电,其作用与内燃机汽车的交流发电机相似。内燃机汽车依靠发动机带动交流发电机发电并供给附属设备和其他设备,由于纯电动汽车和燃料电池电动汽车无发动机,而混合动力电动汽车的发动机不间断地工作,且多带有"自动停止怠速"设备,因此这类汽车无法使用交流发电机提供电源,需要靠主电池向附属设备及电源供电,DC/DC 变换器就成为必要设备。

(2) 双向 DC/DC 变换器在电动汽车上的应用。

大多数 DC/DC 变换器单向工作,即通过 DC/DC 变换器的能量流动是单向的。然而,对于需要能量双向流动的采用超级电容器的电动汽车,如果仍然使用单向 DC/DC 变换器,则需要将两个单向 DC/DC 变换器反方向并联,虽然可以达到能量双向流动的目的,但总体电路会变得非常复杂,此时可采用双向 DC/DC 变换器。

双向 DC/DC 变换器是指在保持变换器两端直流电压极性不变的情况下,根据实际需要完成能量双向流动的直流变换器。双向 DC/DC 变换器不仅可以方便地实现能量双向流动,而且使用的电力电子设备少,具有效率高、体积小和成本低等优势。

2. DC/AC 变换器

DC/AC 变换器也称 DC/AC 逆变器,是一种用功率半导体器件将直流电转换为恒压恒频交流电的装置,主要供交流负荷用电或交流电网并网发电。 DC/AC 变换器有有源逆变与无源逆变两种形式,其中有源逆变是指把直流逆变成与交流电源同频率的交流电并馈送到电网中的逆变器;无源逆变是指在逆变状态下,变换电路的交流侧不与交流电网连接,而直接与负荷连接,将直流电逆变成某频率或可调频率的交流电直接供给负荷。

电动汽车用 DC/AC 变换器多为无源逆变器,将动力蓄电池或燃料电池输出的直流电转换为交流电并供给驱动电动机等。

3. AC/DC 变换器

在电动汽车中,AC/DC 变换器的主要功能是将交流发电机释放的交流电转换成直流电,并供给汽车电器或储能设备。其能量流动可以是双向的,能量由电源流向负载称为"整流",由负载返回电源称为"有源逆变"。

1. 新能源汽车动力装置有哪几种?
2. 新能源汽车的 DC/DC 变换器有什么功用?
3. 双模式混合动力传动系统有什么特点?
4. 汽车用驱动电动机与工业电动机主要有什么区别?
5. 新能源汽车用电动机有哪几种?
6. 永磁同步电动机的工作原理是什么?

钛酸锂离子电池、磷酸铁锂离子电池、三元锂电池的性能比较

我国主流新能源汽车主要使用正极材料为磷酸铁锂或三元材料的动力蓄电池,二者在新能源客车、新能源乘用车领域各有优势。那么,在钛酸锂离子电池、磷酸铁锂离子电池、三元锂电池中,哪种比较好呢?

以磷酸铁锂-石墨烯、三元-石墨烯、三元-钛酸锂三种锂离子电池为例,从质量比能量来看,钛酸锂离子电池处于劣势。磷酸铁锂离子电池的实际质量比能量为 100~120W·h/kg,三元锂电池的实际质量比能量为 150~200W·h/kg,其中 TSLA 采用的镍钴铝三元电池的实际质量比能量更是达到 252W·h/kg,银隆钛酸锂离子电池的实际质量比能量为 90W·h/kg,仅为某些石墨类负极材料电池的一半。

从成本看,钛酸锂离子电池也没有优势。银隆钛酸锂离子电池的原材料包括氢氧化钛和氢氧化锂,其价格高于石墨类负极材料。磷酸铁锂离子电池、三元锂电池的成本为 1100~1200 元/(千瓦·时),而钛酸锂离子电池的成本为三元锂电池的 2~3 倍。

从电池的重要安全性指标考虑,钛酸锂离子电池一枝独秀。当钛酸锂作为负极材料时,电位平台高达 1.55V,比传统石墨负极材料高,虽然损失了一些质量比能量,但电池更加安全。

电池快速充电时,对负极电压的要求比较低,但如果过低,锂离子蓄电池就容易析出非常活泼的金属锂,这种锂离子不仅导电,还能与电解液发生反应而释放热量,生成可燃气体,引发火灾。钛酸锂因为电压高而可以防止出现负极电压为零的情况,也就可以间接防止锂析出,保证了电池的安全性。

思考: 在钛酸锂离子电池、磷酸铁锂离子电池、三元锂电池中,哪种电池的性能比较好?

线上资源

计算机端	[1] 电池网 http://www.cbea.com/ [2] 新能源网 http://www.china-nengyuan.com/tech/tech_list_10.html [3] 维科网·锂电 https://libattery.ofweek.com/
Android、iOS 端	二维码

第 4 章 发动机概论

学习要点	◇ 发动机的基本结构 ◇ 发动机的基本术语 ◇ 发动机的技术指标
导入案例	环境保护是绿色发展的动力
主体内容	◇ 发动机的类型及基本结构 ◇ 发动机的基本术语 ◇ 发动机的技术指标
案例讨论	传统发动机节能清洁技术

1950—1952 年,面对西方技术封锁,我国自主研发出多种发动机。单缸柴油机有吴淞机器厂(上海柴油机厂)的 1140 型柴油机,缸径为 140mm,行程为 210mm,压力为 446kPa,活塞速度为 5.25m/s,净重为 600kg。多缸中速柴油机有天津动力机厂的 4146 型柴油机,缸径为 146mm,行程为 204mm,活塞速度为 6.8m/s,净重为 1850 kg。从以上指标看,虽然这些柴油机不先进,但与 1949 年前的柴油机相比水平明显提高。

发动机概论 第4章

环境保护是绿色发展的动力

党的二十大报告将"人与自然和谐共生的现代化"上升到"中国式现代化"的内涵之一，再次明确了新时代中国生态文明建设的战略任务，总基调是推动绿色发展，促进人与自然和谐共生。

内燃机是实现节能减排较具潜力、效果较直观的产品，在一段时期内作为主流动力机械的地位不可动摇。为实现我国力争2030年二氧化碳排放量达到峰值的目标，内燃机工业节能减排任务艰巨、责任重大。

内燃机产品排放的大量二氧化碳和细微颗粒物等对大气环境产生严重影响，发达国家内燃机制造业节能减排技术的关注点从控制内燃机有害物质排放转向控制二氧化碳排放。从欧盟制定的汽车排放法规可以明显看到，2020年开始生产的乘用车二氧化碳排放量标准从130g/kg降低为95g/kg，温室气体排放控制正在取代有害物质排放法规，成为推动内燃机技术发展的主要驱动力。

多数混合动力电动汽车由发动机推动，能源来自电池及发动机。多数混合动力电动汽车无须从电网上充电，消耗燃油较少，加速表现较好，且比内燃机汽车环保。发动机作为新能源汽车发展阶段的过渡产品，有较大的应用空间。下面简单介绍发动机的基本构造、工作原理、电控系统。

应用较广泛的汽车发动机是四冲程往复活塞式内燃机，包括汽油机和柴油机，其中汽油机主要用于轿车、轻型客车、车型货车，而大、中型客车和中、重型载货汽车采用柴油机，少数轿车和轻型客车、轻型货车采用柴油机。

4.1 发动机的类型及基本结构

发动机由缸体、气缸盖、曲柄连杆机构、配气机构、燃油供给系统、冷却系统、润滑系统和起动系统等组成。发动机的工作过程有进气、压缩、做功和排气四个行程。

1. 发动机的类型

(1) 按燃料的不同，发动机可分为汽油机、柴油机和代用燃料发动机等。
(2) 按一个工作循环过程的不同，发动机可分为四冲程发动机和二冲程发动机。
(3) 按燃料着火方式的不同，发动机可分为压燃式发动机和点燃式发动机。
(4) 按进气方式的不同，发动机可分为自然吸气式发动机和增压式发动机。
(5) 按气缸数目的不同，发动机可分为单缸发动机和多缸发动机。
(6) 按气缸排列形式的不同，发动机可分为直列卧式发动机、直列立式

发动机的结构及工作原理

发动机、V形发动机、水平对置式发动机等，如图4.1所示。

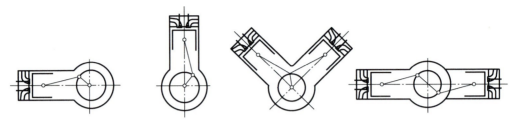

(a) 直列卧式发动机　(b) 直列立式发动机　(c) V形发动机　(d) 水平对置式发动机

图 4.1　按气缸排列形式分类的发动机

（7）按转速或活塞平均速度的不同，发动机可分为高速发动机（标定转速高于1000r/min或活塞平均速度高于9m/s）、中速发动机（标定转速为600～1000r/min或活塞平均速度为6～9m/s）和低速发动机（标定转速低于600r/min或活塞平均速度低于6m/s）。

2. 发动机的工作原理

发动机气缸中将热能转换为机械能的连续过程是一个工作循环，每个工作循环都包括进气、压缩、做功和排气四个行程，如图4.2所示。在活塞的一个工作循环中，活塞在上、下止点之间重复经历四个行程，曲轴旋转两周，即每个行程都有180°曲轴转角。但在实际进气行程中，进气门早于上止点开启，迟于下止点关闭；在排气行程中，排气门早于下止点开启，迟于上止点关闭，即进、排气行程所占的曲轴转角均超过180°。进气门早开晚关的目的是增大进入气缸内的空气量和减小进气行程中消耗的功；排气门早开晚关的目的是减小气缸内的残余废气量和排气行程消耗的功，减小残余废气量会相应地增大进气量。

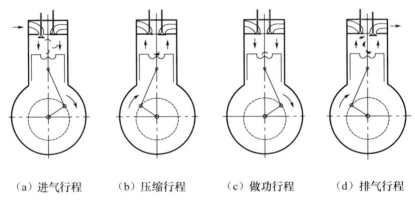

(a) 进气行程　(b) 压缩行程　(c) 做功行程　(d) 排气行程

图 4.2　发动机工作循环的四个行程

发动机的一个工作循环是由进气、压缩、做功和排气四个工作过程组成的封闭过程，周而复始地进行这些过程，发动机可以持续做功。

（1）进气行程［图4.2(a)］。活塞由曲轴带动从上止点向下止点运动（活塞顶最高点与曲轴回转中心距离最大时的位置，通常是活塞的最高位置，称为上止点，活塞顶最高点与曲轴回转中心距离最小时的位置，通常是活塞的最低位置，称为下止点），此时排气门关闭，进气门开启。

（2）压缩行程［图 4.2（b）］。进气门和排气门都关闭，活塞从下止点向上止点运动；气缸容积逐渐减小，气缸内混合气被压缩，其压力和温度同时升高。压缩终了时，可燃混合气压力为 0.8～1.5MPa，温度为 327～477℃。采用大压缩比 ε，可提高压缩终了时气缸内的压力和温度，从而提高燃烧速度和发动机热效率，但压缩比太大容易引起"爆燃"，一般取 $\varepsilon=8\sim11$。

（3）做功行程［图 4.2（c）］。压缩行程结束时，火花塞产生火花，点燃可燃混合气，火焰迅速传遍整个燃烧室，并放出大量热能；燃烧气体膨胀，压力和温度都升高；混合气压力推动活塞从上止点运动到下止点，并通过连杆推动曲轴旋转做功，此时进、排气门仍然关闭。燃烧最高压力为 3～6.5MPa，最高温度为 1927～2527℃。

做功终了时，混合气压力降低到 0.35～0.5MPa，气体温度降低到 927～1227℃。

（4）排气行程［图 4.2（d）］。进气门关闭，排气门开启；活塞从下止点向上止点运动。膨胀后的废气在自身剩余压力和活塞的推动下，经排气门排出气缸。排气行程结束后，残留在燃烧室的少量废气称为残余废气，残余废气压力为 0.105～0.12MPa，温度为 627～827℃。

活塞在上、下止点间重复经历四个行程（相当于曲轴旋转两周），完成一个工作循环的发动机称为四冲程发动机。

某四缸四冲程发动机的工作顺序是 1-3-4-2，其工作循环见表 4.1。

表 4.1　某四缸四冲程发动机的工作循环

曲轴转角/(°)	第一缸	第二缸	第三缸	第四缸
0～180	做功	排气	压缩	进气
180～360	排气	进气	做功	压缩
360～540	进气	压缩	排气	做功
540～720	压缩	做功	进气	排气

汽油机与柴油机的工作方式及工作情况分别见表 4.2 和表 4.3。

表 4.2　汽油机与柴油机的工作方式

类型	着火方式	混合气形成方式	功能件系统
汽油机	火花点燃	缸内汽油喷射	电喷系统
柴油机	压缩自燃	缸内柴油喷射	高压喷射柴油系统

表 4.3　汽油机与柴油机的工作情况

类型	工作特征		备注
	着火方式	混合气形成方式	
汽油机	高压火花点燃	进气道汽油喷射	
		缸外混合	

续表

类型	工作特征		备注
	着火方式	混合气形成方式	
柴油机	压缩自燃	缸内柴油高压喷射	电液控制喷射
其他燃料发动机	火花点燃	缸外混合或缸内喷射	在结构上与汽油机的不同之处在于燃料供给
	少量柴油引燃	缸外混合或缸内喷射	有柴油和气体燃料两套燃料供给系统

4.2 发动机的基本术语及技术指标

1. 发动机的基本术语

发动机的基本结构如图 4.3 所示。

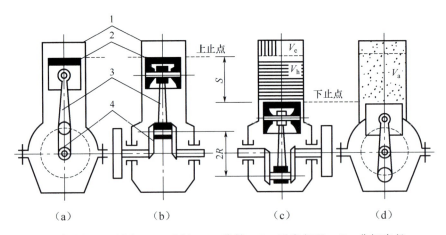

1—气缸；2—活塞；3—连杆；4—曲轴；S—活塞行程；R—曲柄半径

图 4.3 发动机的基本结构

（1）工作循环。在气缸内进行的将燃料燃烧的热能转换为机械能的连续过程（进气、压缩、做功和排气）称为发动机的工作循环。

（2）上、下止点。活塞顶最高点与曲轴回转中心距离最大处为上止点，活塞顶最高点与曲轴回转中心距离最小处为下止点。在上、下止点处，活塞的运动速度为零。

（3）活塞行程。上、下止点间的距离 S 称为活塞行程。

（4）曲柄半径。曲轴的回转半径 R 称为曲柄半径。显然，曲轴每回转一周，活塞都移动两个活塞行程。对于气缸中心线通过曲轴回转中心的发动机，$S=2R$。

（5）气缸工作容积。上、下止点间包容的气缸容积称为气缸工作容积，记作 V_h。

$$V_h = \frac{\pi D^2}{4 \times 10^6} S \tag{4-1}$$

式中，D 为气缸直径（mm）；S 为活塞行程（mm）。

（6）发动机排量。发动机所有气缸工作容积的总和称为发动机排量，记作 V_L。

$$V_L = iV_h \qquad (4-2)$$

式中，i 为气缸数量。

（7）燃烧室容积。活塞位于上止点时，活塞顶面以上、气缸盖底面以下及周围气缸体形成的空间称为燃烧室，其容积称为燃烧室容积，记作 V_c。

（8）气缸总容积。气缸工作容积与燃烧室容积之和称为气缸总容积，记作 V_a。

$$V_a = V_h + V_c \qquad (4-3)$$

（9）压缩比。气缸总容积与燃烧室容积之比称为压缩比，记作 ε。

$$\varepsilon = \frac{V_a}{V_c} = 1 + \frac{V_h}{V_c} \qquad (4-4)$$

压缩比表示活塞由下止点运动到上止点时，气缸内气体被压缩的程度。压缩比越大，压缩终了时气缸内的气体压力和温度就越高。汽油机的压缩比为 7～10，柴油机的压缩比为 15～22。

（10）工况。发动机在某时刻的运行状况简称工况，以该时刻发动机输出的有效功率和曲轴转速表示。曲轴转速为发动机转速。

2. 发动机的技术指标

发动机的性能指标有功率、转矩和油耗。功率决定了汽车的最高车速（相同质量下，汽车的功率越大，最高车速越高）。转矩决定了汽车的提速能力，相当于爆发力。发动机转矩最大时，汽车的提速能力最强。发动机的主要技术指标如下。

（1）动力性指标。

动力性指标是指内燃机对外做功能力的指标。

① 转矩 T：曲轴传递给汽车动力传动系统的转动力矩，单位为 N·m。

$$T = \frac{9550 P_e}{n} \qquad (4-5)$$

式中，T 为转矩（N·m）；P_e 为功率（kW）；n 为发动机转速（r/min）。

② 功率 P_e：发动机在单位时间对外输出的有效功率，单位为 kW。

$$P_e = \frac{T(2\pi n/60)}{1000} = \frac{T_e n}{9550} \qquad (4-6)$$

式中，T_e 为有效转矩（N·m）。

③ 发动机（曲轴）转速：曲轴每分钟的转数，通常用 n 表示，单位为 r/min（发动机铭牌上标明的功率和相应转速分别称为额定功率和额定转速）。

④ 平均有效压力 P_{me}：单位气缸工作容积释放的有效功，单位为 MPa。P_{me} 值越大，发动机的做功能力越强。

⑤ 升功率 P_L（强化指标）：发动机在标定工况下，单位发动机排量输出的有效功率，单位为 kW/L。P_L 值越大，发动机的做功能力越强，热负荷和机械负荷越大。

（2）经济性指标。

① 燃油消耗率：用于评价内燃机的经济性能。

② 有效燃油消耗率 b_e：发动机每释放 1kW 有效功率在 1h 内消耗的燃油量，单

位为 g/(kW·h)。

$$b_e = (B/P_e) \times 10^{-3} \tag{4-7}$$

式中，B 为每小时的燃油消耗量（kg/h）。

显然燃油消耗率越低，燃油经济性越好。

（3）环境性能指标。

排放有害气体：包括 CO、HC、NO_x、PM、CO_2。

噪声：世界各国都出台了限制噪声的法规。

（4）冷起动性能指标。

汽油机在 -10℃，柴油机在 -5℃ 以下，接通起动机 15s 内发动机能自行运转。

（5）发动机的速度特性。

发动机的速度特性是指发动机的 P_e、T_e、b_e。根据曲轴转速的变化规律，该特性可通过发动机试验台试验得到。

试验方法：首先保持一定的节气门开度，改变发动机的转速，经测定，计算出一系列相应 P_e、T_e、b_e 值；然后以发动机转速为横坐标，以 P_e、T_e、b_e 为纵坐标，按比例绘制发动机在该节气门开度下的速度特性曲线。

发动机外特性：节气门全开时测得的速度特性，代表发动机不同转速下的最高性能。发动机外特性曲线如图 4.4（a）所示，若功率曲线比较陡，则表明发动机的功率随着转速的提高而急剧上升，其峰顶对应的功率值为发动机技术参数中的"最大功率"。最大功率越大，汽车可能达到的最高车速越高。转矩曲线的两端比较低，中间凸起且比较平缓。实际上，中间凸起越高、越平缓，发动机的转矩特性越好，发动机的操纵性越好，越容易驱动汽车。如果在低速时拥有较大转矩，则汽车的起动性能好；如果在中高速时拥有较大转矩，当汽车高速行驶时性能较好。

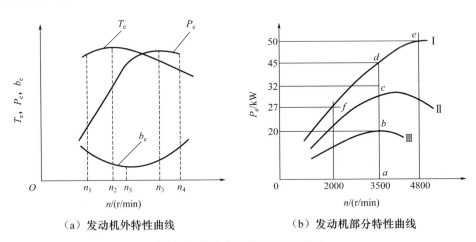

(a) 发动机外特性曲线　　(b) 发动机部分特性曲线

图 4.4　发动机的速度特性曲线

（6）发动机部分特性。

在节气门不同开度情况下得到的速度特性称为部分特性。图 4.4（b）所示为发动机部分特性曲线，表示发动机的一组特性曲线，其中 Ⅰ 为节气门全开时的速度特性，Ⅱ、Ⅲ 为节气门部分开启时的速度特性。在 a、b、c、d 四个工况下的负荷值如下。

a：负荷为 0，发动机空转

b：负荷 $= (20/45) \times 100\% = 44.4\%$。

c：负荷 $= (32/45) \times 100\% = 71.1\%$。

d：负荷 $= (45/45) \times 100\% = 100\%$。

注意：①全负荷并不意味着发动机的最大功率（全负荷≠最大功率）；②在相同转速下，节气门开度越大，负荷越大。

（7）发动机的工作状况（工况）。

发动机工况可用功率与曲轴转速或负荷与曲轴转速表示。

$$\text{发动机在某转速下的负荷} = \left(\frac{\text{发动机实际发出的功率}}{\text{在同一转速下可能发出的最大功率}}\right) \times 100\%$$

4.3 发动机的基本构成及型号编制规则

1. 发动机的基本构成

发动机由两大机构和五大系统构成，具体如下。

（1）两大机构。

① 曲柄连杆机构：用于进行热功转换。

② 配气机构：用于控制进、排气门的开启时刻及延续时间。

（2）五大系统。

① 燃料供给系统：汽油机由燃料供给系统向气缸供给汽油与空气的混合气。柴油机由喷油泵提供雾状柴油，通过喷油器喷入气缸。

② 点火系统（汽油机特有）：当压缩行程接近上止点时，点火系统在火花塞电极间产生电火花，以点燃混合气。

③ 冷却系统：降低气缸及高温部件的高温，使发动机保持正常的工作温度。

④ 润滑系统：减小相对运动部件的摩擦阻力，减轻磨损。

⑤ 起动系统：用外力转动发动机曲轴，以达到燃烧做功所需的条件。

（3）发动机的基本结构。

发动机的基本结构如图 4.5 所示。发动机活塞运动的空间称为气缸，气缸内表面为圆柱形。在气缸内做往复运动的活塞通过活塞销与连杆的一端铰接，连杆的另一端与曲轴相连，构成曲柄连杆机构。因此，当活塞 8 在气缸 10 内做往复运动时，连杆 7 推动曲轴 3 转动。同时，气缸的容积增大再减小，不断循环。气缸的顶端用气缸盖 11 封闭。在气缸盖 11 上装有进气门 24 和排气门 15，进气门和排气门倒挂在气缸盖上。通过进气门和排气门的开闭实现向气缸内充气和向气缸外排气。进气门和排气门的开闭由凸轮轴 16 控制。凸轮轴 16 由曲轴 3 通过同步带 5、齿轮或链条驱动。

构成气缸的零件称为气缸体，支承曲轴的零件称为曲轴箱，气缸体与曲轴箱统称为机体。

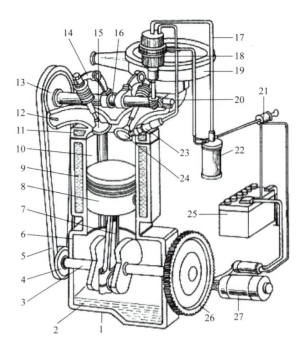

1—油底壳；2—机油；3—曲轴；4—曲轴同步带轮；5—同步带；6—曲轴箱；7—连杆；
8—活塞；9—水套；10—气缸；11—气缸盖；12—排气管；13—凸轮轴同步带轮；14—摇臂；
15—排气门；16—凸轮轴；17—高压线；18—分电器；19—空气滤清器；20—进气管；21—启动开关；
22—点火线圈；23—火花塞；24—进气门；25—动力蓄电池；26—飞轮；27—起动机

图 4.5　发动机的基本结构

① 机体组。

机体组主要由气缸体、气缸盖、曲轴箱和气缸垫等组成。机体是构成发动机的主要骨架，是发动机各机构和各系统的安装基础，其内、外安装发动机的主要零部件和附件，承受发动机工作中受到的各种载荷，并保证足够的强度和刚度。

② 曲柄连杆机构。

曲柄连杆机构主要由活塞、连杆组和曲轴飞轮组等组成，是发动机实现工作循环、完成能量转换、产生动力并将活塞的往复直线运动转换为曲轴旋转运动，从而对外输出动力的运动机构。发动机通过曲柄连杆机构把燃料燃烧后产生的热能转换为机械能。发动机工作时，曲柄连杆机构在做功行程把活塞的往复直线运动转换为曲轴旋转运动，对外输出动力；在其他三个行程，曲柄连杆机构把曲轴的旋转运动转换为活塞的往复直线运动，并且消耗部分功，保证发动机周而复始地工作。

③ 配气机构。

配气机构由进气门、排气门、气门弹簧、挺杆、凸轮轴和正时齿轮等组成，其作用是将新鲜气体及时充入气缸，并将燃烧产生的废气及时排出气缸。

④ 供油系统。

供油系统由燃油箱、输油泵、柴油滤清器、喷油泵或供油泵、喷油器、高压油管、低压油管及回油管等组成，其作用是按规定时刻向缸内喷入定量雾化柴油，以调节发动机输出功率和转速。

⑤ 冷却系统。

冷却系统有水冷式冷却系统和风冷式冷却系统两类，客车发动机一般采用水冷式冷却系统。水冷式冷却系统由水泵、散热器、风扇、节温器和水套（在机体内）等组成，其作用是利用冷却水循环将高温零件的热量通过散热器扩散到空气中，从而维持发动机运行所需的正常工作温度。

⑥ 润滑系统。

润滑系统主要由机油泵、机油滤清器、机油集滤器、限压阀、油底壳、曲轴箱通风装置、机油冷却器、主油道及机油油管组成，其作用是在发动机工作过程中为关键运动部件（如曲轴、主轴承、连杆轴承）的摩擦副表面提供一定压力和流量的洁净机油，并在其表面形成油膜，从而减小摩擦阻力，降低功耗，延长摩擦副的使用寿命。

⑦ 起动系统。

起动系统由动力蓄电池、发电机、起动机、起动继电器及各种线路等组成，其作用是使静止的发动机起动并进入自行运转状态。

2. 发动机的型号编制规则

我国对发动机名称和型号编制方法参照 GB/T 725—2008《内燃机产品名称和型号编制规则》。其中规定：发动机型号由阿拉伯数字（以下简称数字）、汉语拼音字母或国际通用的英文缩略字母（以下简称字母）组成。型号编制应优先选用国家标准中规定的字母，允许制造商根据需要选用其他字母，但不得与国家标准中规定的字母重复，符号可重叠使用，但应按图 4.6 所示顺序表示。对于引进的发动机产品，允许保留原产品型号或在原型号基础上进行扩展，国产化的产品宜按本标准的规定编制。同时，发动机的型号应简明，第二部分规定的符号应一致，不得随意更改。

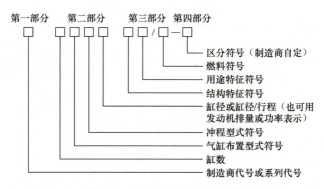

图 4.6 发动机型号表示方法

第一部分：为制造商代号或系列代号，由制造商根据需要选择相应 1～3 位字母表示。

第二部分，由气缸数、气缸布置形式符号、冲程型式符号、缸径或缸径/行程组成。气缸数用 1～2 位数字表示，气缸布置型式符号见表 4.4，当冲程形式为四冲程时，符号省略；当冲程形式为二冲程时，用 E 表示。缸径符号一般用缸径或缸径/行程数字表示，也可用发动机排量或功率表示，其单位由制造商自定。

第三部分，由结构特征符号（表 4.5）、用途特征符号（表 4.6）、燃料符号组成。

第四部分,区分符号。当同系列产品需要区分时,允许制造商选用适当符号表示。第三部分与第四部分可用"—"分隔。

表 4.4 气缸布置型式符号

符 号	含 义
无符号	多缸直列及单缸
V	V 形
P	卧式
H	H 形
X	X 形

注:其他布置型式见 GB/T 1883.1—2005。

表 4.5 结构特征符号

符 号	结构特征
无符号	冷却液冷却
F	风冷
N	凝气冷却
S	十字头式
Z	增压
ZL	增压中冷
DZ	可倒转

表 4.6 用途特征符号

符 号	用 途
无符号	通用型及固定动力(或制造商自定)
T	拖拉机
M	摩托车
G	工程机械
Q	汽车
J	铁路机车
D	发电机组
C	船用主机、右机基本型
CZ	船用主机、左机基本型
Y	农用三轮车(或其他农用车)
L	林业机械

注:内燃机左机和右机的定义按 GB/T 726—1994 的规定。

思考题

1. 发动机有哪几种?
2. 说明发动机的基本组成。
3. 发动机有哪些技术指标?
4. 汽油机与柴油机的工作特征分别是什么?
5. 发动机排放哪几种有害气体?
6. 画出发动机的速度特性曲线,并说明意义。

案例讨论

传统发动机节能清洁技术

在节能减排任务较重的情况下,实现有效节能减排的一种可行方法是深挖内燃机汽车用发动机的潜力,可以采用先进的燃油喷射系统,以及高性能增压器、废气再循环(exhaust gas re-circulation,EGR)阀、废气余热利用装置等关键零部件;另外,使用恰当的发动机材料,通过提高运动件加工质量也可以减少摩擦损失。从技术角度看,应在提高各零部件的精度、可靠性、耐久性的基础上,提高增压器、燃油系统、后处理装置的协同性;在零部件的使用方面,可以在发动机内部采用"高密封、低摩擦"技术,以提高传统发动机的节油性。应用轻量化材料,节油率约为10%;应用缸内直喷技术,节油率约为8%;应用EGR技术,节油率为2%~10%;应用起停技术,节油率为2%~4%;降低摩擦损失,节油率为2%~5%;利用余热能,节油率约为8%。美国能源部曾提出乘用车采用混合动力和先进的发动机技术(轻量化、高增压、先进燃烧技术等)可节能40%以上。

思考:传统发动机还有未来吗?

计算机端	[1] 潍柴 https://www.weichai.com/ [2] 新能源网 http://www.china-nengyuan.com/tech/tech_list_10.html [3] 搜狐汽车 http://auto.sohu.com/s2006/zhishi-fadongji/#dianping
Android、iOS端	二维码

第5章 发动机电控系统

线下资源

学习要点	◇ 汽油机电控燃油喷射系统 ◇ 柴油机电控燃油喷射系统 ◇ 汽油机点火系统 ◇ 发动机排放控制 ◇ 发动机故障诊断系统
导入案例	排放标准升级，发动机进入电控时代
主体内容	◇ 汽油机电控燃油喷射系统 ◇ 柴油机电控燃油喷射系统 ◇ 汽油机点火系统 ◇ 发动机排放控制 ◇ 发动机故障诊断系统
案例讨论	玉柴电控发动机应用匹配技术路线

课程引导

党的二十大报告中指出，要建设现代化产业体系，坚持把发展经济的着力点放在实体经济上，推进新型工业化，加快建设数字中国。如今，"数字化""数字孪生""数据中台""数字协同"成为汽车行业聚焦的热点，在数字化转型中找到自己的定位成为汽车行业内关心的问题。

控制系统相当于发动机的大脑，指挥发动机的五大系统工作，但由于核心技术缺失，长期以来发动机电控技术一直被国外公司垄断。如何打破技术垄断，提升我国内燃机行业的技术自主能力和产品竞争力呢？加快智能控制技术研发可以推动我国内燃机行业在电控技术方面跨越式发展，从而不被国外公司"卡脖子"。

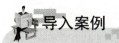

导入案例

排放标准升级，发动机进入电控时代

与机械控制的位置控制方式不同，电控发动机通过电子控制单元控制发动机的进气、喷油、点火等工作过程，电子控制单元的决策依据是事先植入的程序和算法，这些程序和算法通过查表法（将一些固定数据存储到程序存储器中，当程序需要时读取）实现。这些程序类似于表格，每个表格都代表一个控制策略或一个算法，而这个表格是发动机出厂前通过各种试验计算出来的，表格越多，控制策略越复杂。获得表格的过程就是发动机的标定。

由于我国第三阶段机动车污染物排放标准对排放限值的要求不高，因此对发动机控制的精确性和外部环境的适应性要求较低，控制算法相对简单；我国第四阶段机动车污染物排放标准更加重视发动机进气系统的管理，由于进气系统属于柔性系统，无论是在控制进度还是在控制响应方面都比燃油系统难，因此引入气路管理后，控制算法更加复杂；从我国第五阶段机动车污染物排放标准开始，仅靠查表法已经不能满足要求，需要在发动机上应用更先进的控制理论；在我国第六阶段机动车污染物排放标准中，发动机需要控制的部件越来越多，不断出现新的控制理论和算法。

发动机电子控制系统（engine electronic control system，EECS）通过电子控制手段对发动机点火、喷油、废气排放等进行优化控制，使发动机在最佳工况下工作，达到提高性能、安全、节能、降低废气排放量的目的。

5.1 汽油机电控燃油喷射系统

汽油机电控燃油喷射系统是采用电子控制方式，在一定压力下，按照发动机循环工况的要求，通过喷油器将一定数量的汽油直接喷入气缸或进气道内的汽油机燃油供给装置。

发动机燃油喷射系统

汽油机电控燃油喷射系统克服了传统化油器式发动机对空气燃料比（简称空燃比）控制不精确、不能满足发动机各种过渡工况对混合气浓度要求的不足，可以提高发动机充气效率、改善雾化质量和燃烧质量、有效节省能源和降低排放量、使动态响应迅速。因此，汽油喷射式发动机具有较好的动力性、经济性和排放性，汽车的起动性和加速性明显改善。

5.1.1 汽油机电控燃油喷射系统的组成

汽油机电控燃料喷射系统一般由三个子系统组成，即空气供给系统、燃油供给系统和电子控制系统，如图5.1所示。

101

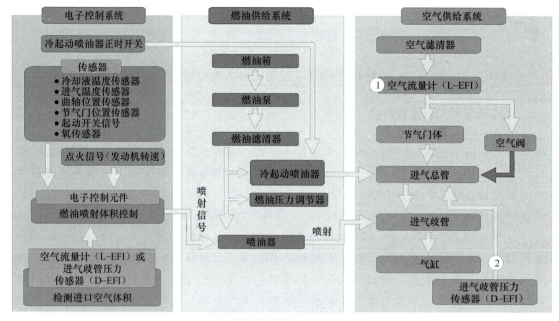

图 5.1 汽油机电控燃油喷射系统的组成

1. 空气供给系统

空气供给系统主要由空气滤清器、空气流量计、进气歧管压力传感器（未标）、温度传感器（未标）、节气门体、节气门位置传感器（未标）等组成，如图 5.2 所示。空气供给系统的作用是提供、控制、计量发动机工作时所需的空气量。

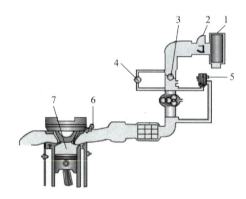

1—空气滤清器；2—空气流量计；3—节气门体；4—怠速空气控制阀；
5—进气旁通阀；6—喷油器；7—气缸

图 5.2 空气供给系统结构

空气经空气滤清器过滤后，用空气流量计测量，然后通过节气门体到达稳压箱并分配给各缸进气管。在进气管内，从喷油器中喷出的燃油与空气混合后被压入气缸内燃烧。

（1）空气滤清器。

空气滤清器的主要功能是滤除空气中的杂质和灰尘，让洁净的空气进入气缸，以及减小进气噪声。按结构形式分类，空气滤清器可分为油浴空气滤清器、纸滤芯空气滤清器、离心空气滤清器和复合空气滤清器等。其中，纸滤芯空气滤清器广泛应用于汽车发动机。

（2）空气流量计。

空气流量计安装在空气滤清器与节气门体之间，其作用是测量进入发动机的空气流量，并将测量结果转换为电信号传输给电子控制单元。电子控制单元根据进气量信号、发动机转速信号等计算出最佳喷油量，以获得与发动机运行工况适应的浓度最佳的可燃混合气。进气量信号是确定基本喷油量的主要信号。

空气流量计可分为热线空气流量计、热膜空气流量计和卡门涡旋空气流量计等，前两者应用较广泛。

（3）进气歧管压力传感器。

速度-密度型空气流量检测系统中没有空气流量计，而是利用进气歧管压力传感器测量节气门体后进气管内的绝对压力。电子控制单元根据发动机转速和进气压力信号，并参考进气温度信号计算出发动机的进气量。进气歧管压力传感器种类较多，根据信号转换原理的不同，可分为半导体压敏电阻式进气歧管压力传感器、电容式进气歧管压力传感器、膜盒式进气歧管压力传感器和表面弹性波式进气歧管压力传感器等，其中前两者应用较广泛。

（4）温度传感器。

发动机的进气温度会影响进气密度，并进一步影响进气量；冷却液温度和燃油温度也是发动机的重要工况参数。所以，电控燃油喷射系统采用温度传感器检测冷却液、进气和燃油等的温度，且大多采用电阻随着温度升高而减小的负温度系数热敏电阻式温度传感器。汽油机用温度传感器和柴油机用温度传感器的结构相同或相似。

（5）节气门体。

节气门体的结构如图5.3所示。节气门体的主要作用是通过改变节气门的开度来改变进气通道的截面面积，从而控制发动机的运转工况，并通过节气门位置传感器检测节气门的开度和开闭速度。

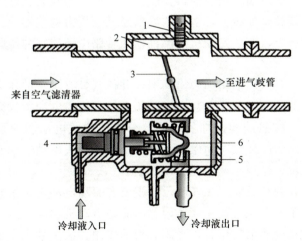

1—怠速调整螺钉；2—怠速旁通气道；3—节气门；4—温度传感器；5—弹簧；6—阀门

图5.3 节气门体的结构

(6)节气门位置传感器。

节气门位置传感器安装在节气门体上,其作用是将节气门的开度转换为电压信号并传输给电子控制单元,以判断发动机的运行工况。

2. 燃油供给系统

燃油供给系统的作用是向发动机提供各种工况所需的燃油。大多中、小型客车用汽油机的燃油供给系统均采用进气道燃油喷射系统,其一般由电动燃油泵、高压燃油泵、燃油分配管、燃油压力调节器和喷油器等组成,如图5.4所示。

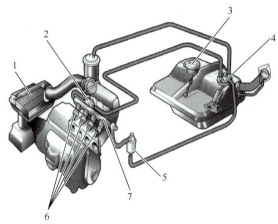

1—空气滤清器;2—燃油压力调节器;3—燃油计量单元;4—电动燃油泵;
5—高压燃油泵;6—喷油器;7—燃油分配管

图 5.4 进气道燃油喷射系统的结构

发动机工作时,电动燃油泵从燃油箱中吸出燃油,经燃油滤清器过滤掉杂质和水分后,流入燃油分配管,然后输送到喷油器。燃油压力调节器安装在燃油分配管上,并根据进气歧管的气体压力调整燃油压力,多余的燃油经燃油压力调节器流回燃油箱。为减小由燃油压力脉动造成的影响,有些发动机的燃油输送管路中还装有油压脉动阻尼器。

(1)电动燃油泵。

电动燃油泵的作用是从燃油箱中吸出燃油,并使其具有规定的压力。电动燃油泵有很多种,根据安装位置的不同,分为安装在燃油箱内的内置式电动燃油泵和安装在供油管中的外置式电动燃油泵;按照结构原理的不同,分为滚柱式电动燃油泵、涡轮式电动燃油泵、转子式电动燃油泵和叶片式电动燃油泵等。由于内置式电动燃油泵安装管路简单、不易产生气阻和漏油现象、噪声小,因此应用广泛。

滚柱式电动燃油泵的组成如图5.5所示,主要有驱动电动机、滚柱泵、限压阀和单向阀等。装有滚柱的转子偏心地安装在泵体内,由驱动电动机驱动,滚柱安装在转子的径向凹槽内。当滚柱式电动燃油泵工作时,受离心力的作用,滚柱紧压在泵体的内表面;受惯性力的作用,滚柱只与转子凹槽的一个侧面接触,于是在转子、滚柱和泵体之间形成多个工作腔;在转子的旋转过程中,进油口处的容积逐渐增大,成为低压进油腔,出油口处的容积逐渐减小,成为高压出油腔;转子不断旋转,燃油被连续输送到出油口。

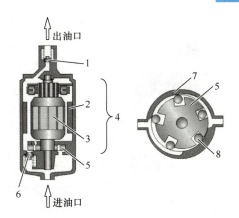

1—单向阀；2—磁铁；3—电枢；4—驱动电动机；5—转子；
6—限压阀；7—滚柱泵；8—滚柱

图 5.5　滚柱式电动燃油泵的组成

为防止由油路堵塞引起油压过高现象，在滚柱式电动燃油泵上安装限压阀。当滚柱式电动燃油泵出油口处压力超过 0.45MPa 时，限压阀打开，部分高压燃油流回滚柱式电动燃油泵进入油腔。出油口处单向阀的作用是在发动机停止工作时避免燃油倒流，并可保持管路中具有一定的压力，便于再次启动。

滚柱式电动燃油泵工作时，噪声大，泵体内表面和转子容易磨损，使用寿命较短，因此多作为外置式电动燃油泵。

（2）高压燃油泵。

高压燃油泵应用于缸内直喷燃油系统，它将来自低压油路中低压燃油泵的燃油压力提高到喷射所需的压力（最高压力为 20MPa）。供油压力随发动机工况点的变化而变化，供油量与供油压力无关。图 5.6 所示为柱塞式高压燃油泵的组成，包括柱塞、电磁阀、脉动缓冲器和限压阀等。高压燃油泵安装在发动机缸盖上，由凸轮轴直接驱动。

1—出油口；2—进油口；3—限压阀；4—脉动缓冲器；
5—电磁阀；6—柱塞

图 5.6　柱塞式高压燃油泵的组成

（3）燃油分配管。

进气道燃油喷射系统中的燃油分配管如图 5.7 所示。燃油分配管主要用于储存一定压力的燃油、缓和燃油的压力波动，以及将燃油以相同压力输送并分配给发动机的所有喷油器。

图 5.7 进气道燃油喷射系统中的燃油分配管

（4）燃油压力调节器。

喷油器的喷油量除了与喷油持续时间有关外，还与喷油压力有关。在进气道燃油喷射系统中，喷油器的喷油压力是燃油总管中的燃油压力与进气歧管压力之差，即使燃油总管中的燃油压力不变，喷油压力也会随进气歧管压力的变化而变化，使得喷油量受发动机负荷和转速的影响。燃油压力调节器通常安装在燃油总管上，其作用是根据进气歧管压力的变化调节系统燃油压力，保持燃油压力恒定，使得喷油器的喷油量只取决于喷油器的开启时间。

燃油压力调节器的结构如图 5.8 所示。

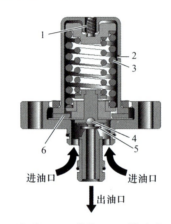

1—调整螺钉；2—通气孔；3—弹簧；4—燃油腔；5—球阀；6—膜片

图 5.8 燃油压力调节器的结构

（5）喷油器。

喷油器的作用是根据电子控制单元发出的控制信号，将一定量的燃油喷入进气道或气缸。喷油器是发动机的执行机构。

① PFI 喷油器。

进气道燃油喷射系统的喷油器（PFI 喷油器）通常为电磁式喷油器。PFI 喷油器的结构如图 5.9 所示，主要有喷油嘴、轴针、电磁阀和弹簧等。当 PFI 喷油器通电时，在电磁力的作用下，电磁阀衔铁克服弹簧力，带动轴针将喷油嘴打开，燃油从喷油器中喷出；喷油器断电后，电磁力迅速减小，弹簧力推动轴针将喷油嘴关闭，结束喷射。

② GDI 喷油器。

缸内直喷燃油系统的喷油器（GDI 喷油器）按驱动方式的不同，可分为电磁式 GDI 喷油器和压电式 GDI 喷油器。电磁式 GDI 喷油器的结构如图 5.10 所示。电磁式 GDI 喷油器的喷射过程与 PFI 喷油器基本相同，通过为线圈通电打开针阀。当有电流通过线圈时，电磁场吸引针阀，使其离开针阀座，打开喷油嘴；当没有电流通过线圈时，针阀在弹簧力

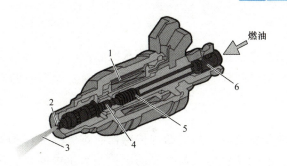

1—电磁阀；2—喷油嘴；3—喷雾；4—轴针；5—弹簧；6—滤芯
图 5.9　PFI 喷油器的结构

的作用下关闭。压电式 GDI 喷油器的结构如图 5.11 所示，主要有三个功能组件——喷油嘴、压电执行器和耦合元件，针阀直接由压电堆操控，实现喷油器的开启和关闭。

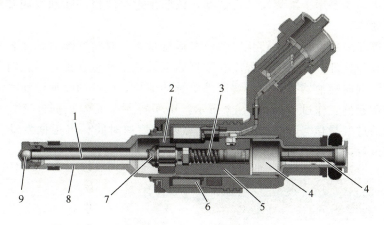

1—针阀杆；2—电磁衔铁；3，7—弹簧；4—滤芯；5—铁芯；
6—线圈；8—针阀壳体；9—球阀
图 5.10　电磁式 GDI 喷油器的结构

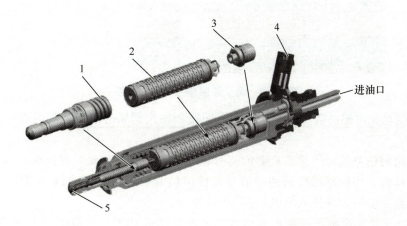

1—针阀组件；2—压电执行器；3—耦合元件；4—电连接；5—喷油嘴
图 5.11　压电式 GDI 喷油器的结构

3. 电子控制系统

电子控制系统的功能是根据发动机的运转状况和汽车的运行状态，确定最佳燃油喷射量。一般用喷油器的喷射时间控制供给发动机的燃油量，喷射时间由电子控制单元计算和控制。

（1）传感器。

检测发动机工况的传感器有冷却液温度传感器、进气温度传感器、曲轴位置传感器和节气门位置传感器等。曲轴位置传感器是发动机控制系统中的重要传感器，用来检测曲轴位置和转速，以确定发动机的喷油时刻和点火时刻。曲轴位置传感器通常安装在分电器内，也有安装在曲轴前端或凸轮轴前端的。常用曲轴位置传感器有电磁感应式曲轴位置传感器、霍尔效应式曲轴位置传感器和光电式曲轴位置传感器。

（2）电子控制单元。

电子控制单元主要用于采集发动机数据，按照预定程序控制喷油时间和喷油量，从而实现最高燃烧效率。

电子控制单元采集发动机运转状况和汽车运行状态，对空气流量计及各种传感器传来的信号进行运算和处理，根据内存程序和数据确定最佳喷油量和最佳喷油时间，然后输出指令，在特定时刻向喷油器提供一定宽度的电脉冲信号，以控制喷油量和喷油时间。

电子控制单元的工作过程如图 5.12 所示。电子控制单元先根据进气歧管压力传感器或空气流量计的进气量信号和发动机转速计算基本喷油时间，再根据发动机的冷却液温度、节气门开度等进行修正，确定当前工况的最佳喷油时间。

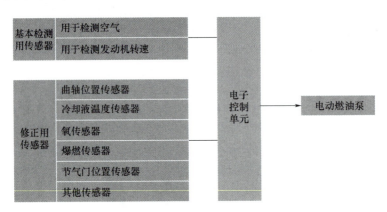

图 5.12　电子控制单元的工作过程

电子控制单元内部由微型计算机、输入回路和输出回路等组成，其组成框图如图 5.13 所示。

输入回路的任务是对传感器检测的信号进行滤波、整形和放大等处理，经过 I/O 接口送入微型计算机。当传感器检测到的信号是模拟信号时，还需要通过 A/D 变换器将模拟信号转换为数字信号，并送入 CPU 进行运算处理。

微型计算机是整个电子控制单元的核心，主要包括 CPU、存储器和 I/O 接口等。CPU 完成各种输入信号的运算处理和逻辑判断，确定最佳控制量，输出控制信号；存储器用于存取各种固定不变和实时变化的数据；I/O 接口保证了 CPU 与传感器、执行器的正常通信。

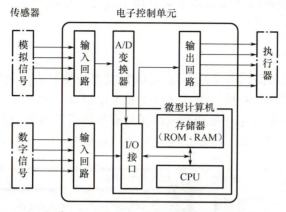

图 5.13　电子控制单元的组成框图

输出回路将控制指令转换为控制信号，驱动喷油器和电动燃油泵等执行器工作。

5.1.2　常用汽油机电控燃油喷射系统

1. D 型燃油喷射系统

D 型燃油喷射系统如图 5.14 所示。它是最早应用于汽车发动机的电控多点间歇式燃油喷射系统。其基本特点是以进气管压力和发动机转速为基本控制参数，控制喷油器的基本喷油量。燃油箱内的燃油被电动燃油泵吸出并加压至约 0.35MPa，经燃油滤清器滤除杂质后，送至燃油分配管；燃油分配管与安装在各气缸进气歧管上的喷油器相通；

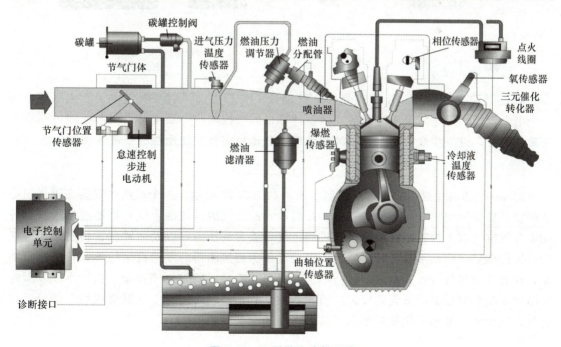

图 5.14　D 型燃油喷射系统

在燃油分配管的末端装有燃油压力调节器，用来调节并保持油压；多余燃油经回油管返回燃油箱。

2. L型燃油喷射系统

L型燃油喷射系统如图5.15所示。它是以D型燃油喷射系统为基础，20世纪70年代发展起来的多点间歇式燃油喷射系统。其构造和工作原理与D型燃油喷射系统基本相同，不同之处在于L型燃油喷射系统采用空气流量计直接测量发动机的进气量，并以发动机的进气量和转速为基本控制参数，提高了喷油量的控制精度。

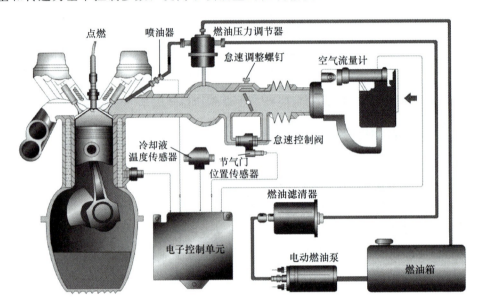

图5.15 L型燃油喷射系统

3. M型燃油喷射系统

M型燃油喷射系统如图5.16所示。其结合了L型燃油喷射系统与电子点火系统，用一个由大规模集成电路组成的数字式微型计算机同时控制两个系统，实现燃油喷射与点火的最佳配合，进一步改善了发动机的起动性、急速稳定性、加速性、经济性和排放性。

4. Mono型燃油喷射系统

Mono型燃油喷射系统是单点喷射系统，如图5.17所示。一个或两个安装在进气门体上的喷油器将燃油喷入前方的进气管，并与吸入的空气混合成混合气，再通过进气歧管分配至各气缸。电子控制单元根据发动机的进气量或进气压力，以及曲轴位置传感器、节气门位置传感器、冷却液温度传感器及进气温度传感器等测得的发动机运行参数计算出喷油量，在各气缸进气行程开始之前进行喷油，并通过喷油时间控制喷油量。由于Mono型燃油喷射系统的喷油器距节气门较远，喷入的燃油有足够的时间与空气混合成均匀的可燃混合气，因此对喷油的雾化质量要求不高，可采用较低的喷射压力。

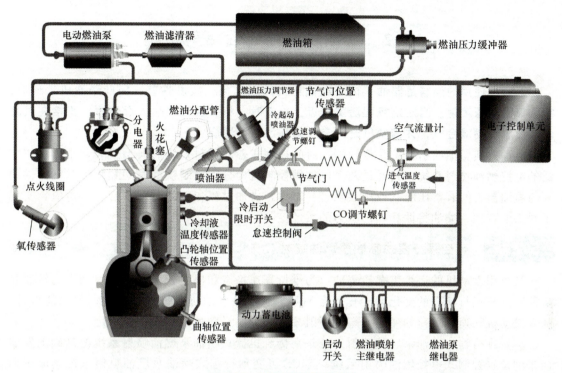

图 5.16 M 型燃油喷射系统

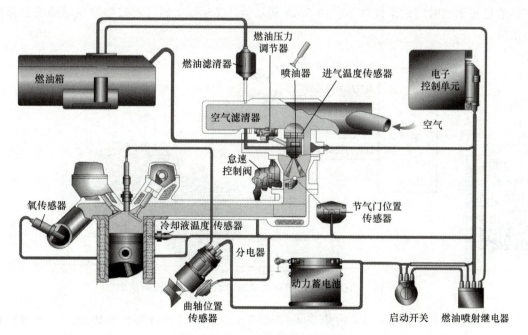

图 5.17 Mono 型燃油喷射系统

5.2 柴油机电控燃油喷射系统

柴油机使用的燃料是柴油，由于柴油比汽油黏度大、蒸发性差，因此柴油机工作时，需要采用高压喷射。当压缩行程活塞接近上止点时，将雾状柴油喷入燃烧室，直接在气缸内部形成可燃混合气，并借助气缸内空气的高温自行燃烧。

电控共轨燃油喷射系统是供油喷油时间控制式燃油喷射系统的典型代表，是应用较广泛的电控燃油喷射系统。其通过两套电磁阀控制机构分别控制供油时间和喷油时间，供油泵与喷油器之间有蓄压腔（或称共轨管）结构，供油过程和喷油过程不必一一对应，实现了对供油特性、喷油特性和喷油压力的柔性控制。

5.2.1 可变预行程式喷油泵燃油喷射系统

汽车用发动机的运行工况较复杂，为维持车速稳定和保持较低油耗，发动机的转速和负荷随汽车运行状态的变化而变化。燃油喷射系统是发动机中控制燃油喷射的功能部件，随着发动机转速和负荷的变化，燃油喷射系统的喷油量和喷油时间相应变化。

可变预行程式喷油泵燃油喷射系统是在传统机械式喷油泵燃油喷射系统的基础上发展而来的位置控制式电控燃油喷射系统。TICS可变预行程式喷油泵燃油喷射系集成了两套电磁执行机构，以替代机械式提前器和调速器，分别控制拉杆和燃油量来控制套筒，实现供油量和供油时间的柔性调节。图 5.18 所示为 TICS 可变预行程式喷油泵燃油喷射系统的组成。

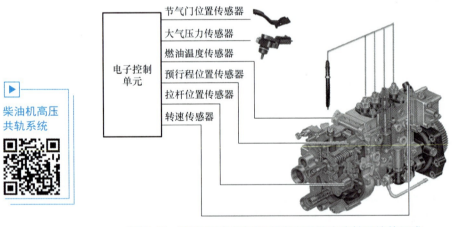

图 5.18　TICS 可变预行程式喷油泵燃油喷射系统的组成

TICS 可变预行程式喷油泵内集成了拉杆位置传感器和预行程位置传感器，可对拉杆位置和燃油量调节套筒转动位置进行反馈控制。电子控制单元根据转速传感器、大气压力传感器、节气门位置传感器和燃油温度传感器传递的状态参数信息，计算当前工况所需的拉杆行程和燃油量控制套筒转角，并发送调节拉杆和燃油量控制套筒的电流控制波形；拉杆位置传感器和预行程位置传感器附近的电磁执行器适时产生电磁力，驱动拉杆和燃油量控制套筒运动，根据两个位置传感器反馈的位置信息来反馈电磁力关闭的时间，实现对供油量和供油时间的双重调节。受结构的限制，TICS可变预行程式喷油泵对供油量和供油时间的调节范围较小。

5.2.2 电控单体泵式燃油喷射系统

随着快速响应电磁铁及电子控制技术的飞速发展，人们研制出通过直接驱动开关阀控制喷油泵进油通断的电控单体泵式燃油喷射系统。电控单体泵中没有结构复杂的调速器和可变预行程执行机构，且不需要在柱塞上加工功能斜槽，结构简单。

电控单体泵的结构如图5.19所示，图中放大部分为喷油量控制单元。电控单体泵的工作原理如下：当凸轮轴驱动柱塞上行到供油始点位置（由电子控制单元根据各传感器状态参数信息进行判断并发出指令），右侧的电磁铁接收电子控制单元的控制电流信号并产生电磁力，将进油阀吸合至关闭状态，此时柱塞头部的燃油高压腔与进油低压腔断开，燃油高压腔内的燃油随柱塞上行被不断加压，当超过出油阀开启压力时，燃油被输送到高压油管和喷油器，直至超过喷油器开启压力后被喷入燃烧室。由于供油时间和喷射时间部分重叠，喷射压力不但与喷油凸轮型线、发动机转速、喷油量有关，而且与供油压力波的传递和反射叠加有关，因而无法精确控制喷射压力。

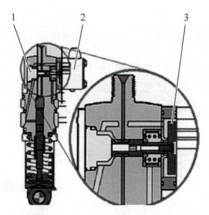

1—柱塞套；2—电磁铁；3—进油阀
图 5.19 电控单体泵的结构

5.2.3 电控单体泵喷嘴燃油喷射系统

电控单体泵喷嘴燃油喷射系统简称电控泵喷嘴，其结构如图5.20所示，柱塞与喷油嘴连接，在泵体的侧面有电磁阀。电控泵喷嘴直接安装在发动机缸盖内，由顶置凸轮轴驱动摇臂，使柱塞运动，当柱塞下行时，如果电磁阀通电，则柱塞腔与低压腔相通，燃油泄回低压腔，柱塞腔内不会产生高压；如果电磁阀通电关闭，则柱塞腔与低压腔断开，燃油被柱塞压缩，当燃油压力超过针阀开启压力时，喷油嘴开始喷油；如果电磁阀断电，则电磁阀回位弹簧使电磁阀打开，柱塞腔的燃油泄回低压腔，针阀关闭，喷油嘴停止喷油。电控泵喷嘴对喷油正时和喷油量的调节取决于电磁阀的通电时刻及持续时间，电磁阀多次通断可以实现多次喷射，而且电磁阀与针阀位置接近，对喷油量和喷油正时的控制精度较高。电控泵喷嘴中设有高压油管，喷油延迟时间非常短，且结构紧凑，系统能量损失小，可以产生很高的喷射压力。但与电控单体泵式燃油喷射系统相似，电控泵喷嘴的喷射压力无法随运行工况的变化而精确调节。

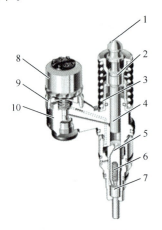

1—顶杆；2—柱塞；3—柱塞弹簧；4—喷油器体；5—过渡块；6—针阀弹簧；
7—喷油嘴；8—电磁阀；9—电磁阀弹簧；10—滑阀

图 5.20　电控泵喷嘴的结构

5.2.4　电控共轨燃油喷射系统

电控共轨燃油喷射系统的供油过程与喷油过程相互独立，结合对蓄压腔内轨压的反馈控制，可以精确调节全工况的喷油次数、喷油量、喷油正时和喷射压力。图 5.21 所示为电控共轨燃油喷射系统的工作原理。由共轨供油泵集成的输油泵将燃油从燃油箱吸出，经

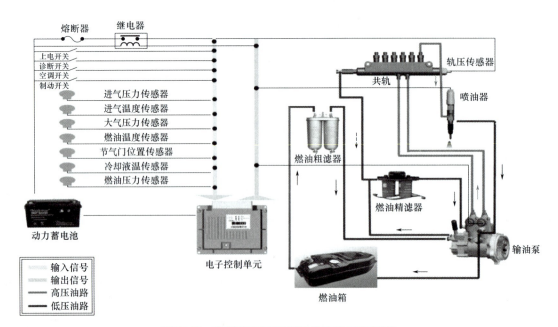

图 5.21　电控共轨燃油喷射系统的工作原理

过带油水分离器的燃油粗滤器后到达输油泵,由输油泵加压后流出,经燃油精滤器进入共轨供油泵的低压腔,一部分燃油在低压腔加压形成高压燃油,并从共轨供油泵出油阀口流经高压油管汇集到共轨管的蓄压室,为喷油器高压喷射提供稳定、持续的高压燃油源;另一部分燃油从输油泵上安装的溢流阀与喷油器回油一起流回燃油箱。电控共轨燃油喷射系统的电子控制单元采集各传感器实时检测的柴油机和共轨燃油喷射系统的状态参数信息,通过内置控制策略及储备数据发出精确的电脉冲信号,使相应的共轨供油泵电磁阀、喷油器电磁阀等产生电磁力,驱动相应的执行器动作,按需对供油量、轨压、喷油角度和喷油量进行反馈调节。

电控共轨燃油喷射

(1)共轨供油泵。

HP3/4共轨供油泵的结构和工作原理如图5.22所示。HP3/4共轨供油泵主要由泵油机构(柱塞、偏心凸轮、凸轮轴等)、吸入控制阀和输油泵等组成。其中,柱塞用来对燃油加压,偏心凸轮使柱塞做上下运动,凸轮轴使凸轮转动,输油泵将燃油从燃油箱吸出,并导入柱塞。

HP3/4共轨供油泵内部的输油泵从燃油箱内吸出燃油,经过燃油滤清器后,经过吸入控制阀调整燃油量,再通过单向吸入阀进入柱塞上方的加压室,经柱塞加压后,通过单向出油阀进入共轨。

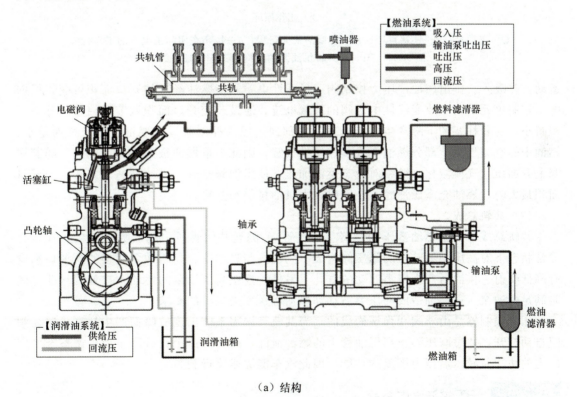

(a)结构

图 5.22　HP3/4 共轨供油泵的结构和工作原理

调节供油量的原理如下:柱塞根据发动机驱动的凸轮轴及偏心凸轮的运动做上下往复

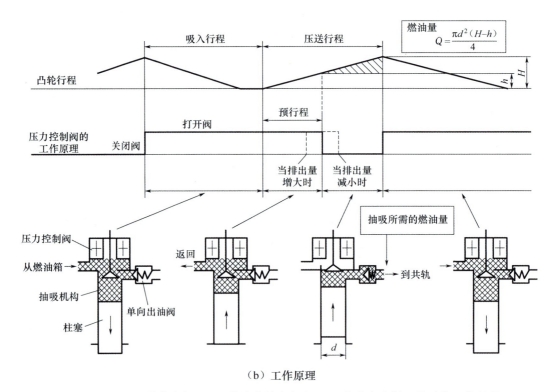

（b）工作原理

Q—燃油量；d—柱塞直径；H—柱塞的最大行程；h—柱塞在实际工况下的工作行程

图 5.22　HP3/4 共轨供油泵的结构和工作原理（续）

运动，并吸入、排出燃油；压力控制阀通过线性电磁阀使燃油经过的开口面积可变，根据电子控制单元的指令改变线性电磁阀的加载电流，通过改变开口面积调节燃油量。开口面积减小，随着柱塞的下降产生负压，从开口部通过吸入控制阀导入燃油。由于燃油量小，燃油中的空气气化，部分燃油变成蒸汽填满气缸，因此少量燃油被充填在压油腔。随着柱塞上升加压，气体液化，继续对液态燃油加压，使出油阀打开，燃油被送入共轨。当开口面积最大时，燃油充满压油腔，柱塞以最大供油量供给共轨。

（2）共轨总成。

共轨总成主要由燃油蓄压的容器（共轨管）、测量共轨管压力的压力传感器、在压力异常状态下对高压燃油减压的限压阀构成。同时，与喷油器、高压油泵连接的燃油口都设有降低喷射、供油时产生压力波动的量孔。另外，连接高压油泵的燃油入口处的量孔可同时满足燃油泵压送燃油造成的压力波动和燃油压送损失减少的要求。

压力限制器是由球阀和弹簧构成的，当共轨管内因系统出现故障而产生超高压时，阀门自动打开，通过减压防止高压油管中的燃油泄漏。此外，由于具有降压后可调整至设定压力的功能及减压后压力恢复的功能，因此汽车能够避险行驶。

5.2.5　PT 燃油喷射系统

图 5.23 所示为 PT 燃油喷射系统的结构。PT 燃油泵从燃油箱吸出燃油，燃油经燃油滤清器以较低的压力流入喷油器。供油压力由 PT 燃油泵内的调速器和节流阀控制，喷油

器的喷油量和喷油时间由发动机凸轮轴和推杆摇臂机构控制。因此，PT 燃油喷射系统的喷油量是由供油压力和凸轮驱动喷油器柱塞开启计量孔的时间共同决定的。

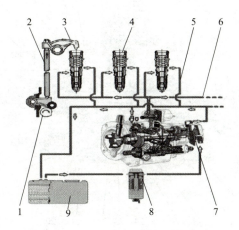

1—凸轮轴；2—推杆；3—喷油摇臂；4—喷油器；5—回油管；
6—低压输油管；7—PT 燃油泵；8—燃油滤清器；9—燃油箱

图 5.23　PT 燃油喷射系统的结构

PT 燃油喷射系统由燃油箱、燃油滤清器、PT 燃油泵、低压输油管、喷油器、喷油摇臂、推杆、凸轮轴和回油管等组成。其中，PT 燃油泵包括齿轮泵、磁性滤清器、脉冲膜片减振器、调速器、节流轴和电磁阀等。根据发动机的用途，PT 燃油泵的调速器有全程式调速器和两极式调速器两种。此外，PT 燃油泵还有冒烟限制器、电子调速器、空气信号衰减器等辅助装置。

在 PT 系列燃油泵中，具有两极调速功能的 PT 燃油泵应用较广泛，其结构也较具代表性。根据配套柴油机型的需要，在 PT 燃油泵的基础上，有带全程调速作用的 PT VS 燃油泵和图 5.24 中带控制空燃比装置的 PT AFC 燃油泵。

PT AFC 燃油泵的基本结构如图 5.24 所示。PT AFC 燃油泵的基本功能是从燃油箱吸出燃油，并向喷油器提供燃油，调节并控制柴油机不同工况下的转速和负荷。

当柴油机运转时，PT AFC 燃油泵通过驱动轴 30 获得动力，齿轮泵 12 从进油口 16 吸入燃油并加压，克服燃油滤清器 7 及油路的流动阻力进入齿轮泵腔，与齿轮泵出油口端相通处有脉冲减振器 14，在脉冲减振器的作用下，喷油产生的压力波动降低到最小值，以确保系统供油平稳。齿轮泵出油口流出的燃油经过燃油滤清器 7 过滤后，从进油道 22 进入泵体。

当调速器工作时，总有部分燃油从调速器柱塞套的回油通道经压力调节阀 15 流回齿轮泵的进油腔。燃油的回油过程必须克服压力调节阀内部的预紧力。压力调节阀有两个作用：一是使燃油在进油口低压腔内始终保持一定的正压力；二是压力调节阀的压力（3.4～4.1Pa）可以阻挡空气流入油路。

齿轮泵流出的燃油进入调速器。调速器的功能是根据柴油机的工况提供相应的燃油量。

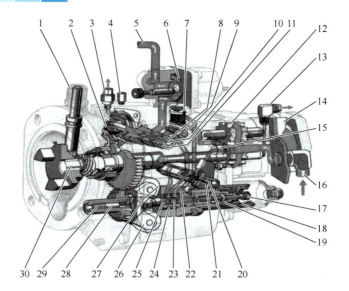

1—转速表驱动轴；2—AFC活塞；3—AFC回油接头；4—AFC空气阀；5—PT燃油泵出油管；
6—电磁阀；7—燃油滤清器；8—AFC燃油柱塞套；9—AFC无空气调节螺钉；10—AFC柱塞；
11—AFC弹簧；12—齿轮泵；13—单向阀；14—脉冲减振器；15—压力调节阀；16—进油口；
17—怠速调节螺钉；18—调速弹簧；19—怠速弹簧；20—燃油量调节螺钉；21—节流轴；
22—进油道；23—节流阀主出油道；24—怠速油道；25—调速器柱塞；26—调速器飞块；
27—扭矩弹簧；28—飞块辅助柱塞；29—飞块辅助柱塞弹簧；30—驱动轴

图 5.24　PT AFC 燃油泵的基本结构

5.3　汽油发动机点火系统

汽油发动机气缸内的可燃混合气只有点火才能燃烧。点火系统的作用是根据发动机点火顺序，在规定时刻供给火花塞足够能量的直流高压电，使其两电极间产生电火花来点燃混合气，使发动机做功。

汽油机点火系统的工作原理

击穿火花塞两电极间隙产生的电火花所需的电压，称为击穿电压。为使发动机在各种工况下均能可靠点火，击穿电压为 15～20kV。

汽油发动机的点火系统采用单线制连接。由于电子设备在现代汽车上应用广泛，因此国内外汽车几乎都采用负极搭铁。

从发动机的曲轴在外力作用下开始转动，到发动机开始自动怠速运转的过程是发动机的起动过程。发动机起动所需的曲轴转速和转矩分别称为起动转速和起动转矩。在 0～20℃下，汽车用汽油发动机的起动转速为 30～40r/min。为了使发动机在更低的温度下顺利、可靠起动，要求起动转速不低于 70r/min。要求汽车用柴油机的起动转速较高，为 150～300r/min，否则柴油雾化不良，混合气质量不好，发动机起动困难。由于柴油机的压缩比比汽油机大，因此其起动转矩也大。

5.3.1 汽油发动机的点火要求

1. 汽油发动机的点火时刻

发动机工作时，点火时刻对发动机的性能有很大影响，应当在活塞到达压缩行程上止点之前点火，使气体压力在活塞到达上止点后10°～15°时达到最大值，混合气燃烧产生的热能在做功行程中被充分利用，以提高发动机的功率。

从火花塞发出电火花到活塞移动到上止点对应的曲轴转角，称为点火提前角。使发动机获得最佳动力性、最佳经济性和最佳排放量的点火提前角，称为最佳点火提前角。发动机工作时，最佳点火提前角不是固定值，随很多因素的改变而改变。影响点火提前角的主要因素是发动机的转速和负荷。

当发动机转速一定时，随着节气门开度的增大，发动机负荷增大，点火提前角应适当减小；当发动机负荷减小时，点火提前角应当增大；当节气门开度一定时，点火提前角应随发动机转速的升高而增大。

2. 微机控制点火系统

微机控制点火系统使发动机在任何工况下都处于最佳点火时刻，可进一步改善发动机的动力性，减少空气污染。根据是否有分电器，微机控制点火系统分为有分电器微机控制点火系统和无分电器微机控制点火系统，其中无分电器微机控制点火系统是主流点火系统。

点火系统的原理是采用微机控制技术，根据发动机转速和负荷传感器的信号控制点火提前角，精确控制发动机在各种工况下的最佳点火时刻。

点火系统分为二极管分配式点火系统和点火线圈分配式点火系统两大类。点火线圈分配式点火系统由微机直接将点火线圈产生的高压电输送至各缸火花塞，它有同时点火和单独点火两种点火形式。

图5.25所示为同时点火的点火线圈分配式无分电器微机控制点火系统的组成。该点火系统采用两个气缸共用一个点火线圈的布置形式，在曲轴处获得发动机转速和活塞处于上止点的信号。

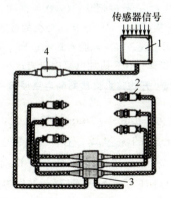

1—电子控制单元；2—火花塞；3—双点火线圈；4—电子控制单元终端能量输出极

图5.25 同时点火的点火线圈分配式无分电器微机控制点火系统的组成

当六缸发动机工作时,若第一缸活塞处于压缩行程上止点,则第六缸活塞处于排气行程上止点。在第一缸火花塞跳火的瞬间,第六缸火花塞也跳火,即两缸同时跳火。但第六缸活塞处于排气行程,气缸内的压力接近大气压力,虽然火花塞跳火,但不起点火作用,即产生废火。此时,绝大部分高压电的点火能量消耗在第一缸火花塞,废火对发动机的工作没有影响。

当电控点火系统的发动机工作时,点火线圈的工作状态受电子控制单元终端能量输出极的控制。

5.3.2 汽油发动机点火系统的结构

1. 点火线圈

点火线圈是将电源的低压电转换为高压电的基本元件,由初级线圈、次级线圈和铁芯等组成。点火线圈分为开磁路点火线圈和闭磁路点火线圈。

开磁路点火线圈的电路原理和结构如图5.26所示。点火线圈的铁芯由若干片涂有绝缘漆的硅钢片叠压而成,初级线圈和次级线圈都套装在铁芯上。

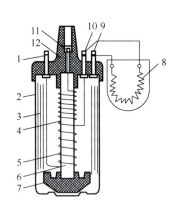
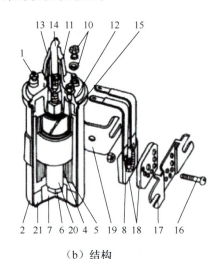

(a)电路原理　　　　　　　　(b)结构

1—"-"接线柱;2—外壳;3—导磁钢套;4—次级线圈;5—初级线圈;6—铁芯;
7—绝缘座;8—附加电阻;9—"+"接线柱;10—连接起动机的接线柱;11—高压线接头;12—胶木盖;
13—橡胶罩;14—高压阻尼线;15—橡胶密封圈;16—螺钉;17—附加电阻盖;
18—附加电阻瓷质绝缘体;19—附加电阻固定架;20—绝缘纸;21—封料

图5.26 开磁路点火线圈的电路原理和结构

点火线圈的次级线圈用直径为0.06～0.1mm的漆包线,在绝缘纸管上绕11000～23000匝;初级线圈用直径为0.5～1mm的漆包线,在二次绕组绝缘层的外侧绕240～370匝。由于流过一次绕组的电流较大,发热量大,因此绕在二次绕组外可利于散热。两个绕组的外面都包有绝缘纸。在一次绕组外还套有导磁钢套3,以减小磁路的磁阻,并使一次绕组的热量易散出。

两个线圈连同铁芯浸渍石蜡和松香的混合物后装入外壳2,并支承在绝缘座7上。二次绕组的一端与一次绕组的一端焊接，焊点在点火线圈内部；二次绕组的另一端焊接在胶木盖12中央的高压线接头11上。一次绕组的两端分别与"－"接线柱1和"＋"接线柱10连接。在外壳内充填防潮的胶状绝缘物或变压器油，用胶木盖盖好，并加以密封。

附加电阻8接在"＋"接线柱9和连接超动机的接线柱10之间。有些汽车使用的点火线圈没有附加电阻和"＋"接线柱9，连接超动机的接线柱10直接连接点火开关；有些汽车使用的点火线圈上虽无附加电阻，但连接起动机的接线柱10通过一根专用的附加电阻线连接电源。在连接起动机的接线柱10上还接有一根导线，导线的另一端连接在起动机附加电阻的短路接线柱上，以便在起动发动机时将附加电阻短路，改善起动时的点火性能。

开磁路点火线圈采用柱形铁芯，一次绕组在铁芯中产生的磁通通过导磁钢套3形成磁回路，铁芯上部和下部的磁力线从空气穿过，磁路的磁阻大，泄漏的磁通量大，磁路损失大，点火线圈的转换效率低。

闭磁路点火线圈的组成如图5.27（a）所示，闭磁路点火线圈将一次绕组和二次绕组都绕在"口"字形铁芯［图5.27（b）］或"日"字形铁芯［图5.27（c）］上。一次绕组在铁芯中产生的磁通通过铁芯形成闭合磁路，泄漏的磁通量和磁路损失减小，点火线圈的转换效率高。

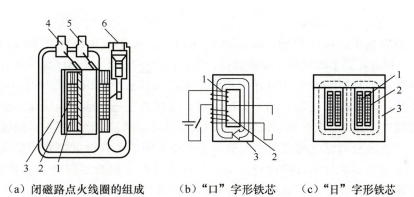

（a）闭磁路点火线圈的组成　　（b）"口"字形铁芯　　（c）"日"字形铁芯

1—初级线圈；2—次级线圈；3—铁芯；4—"＋"接线柱；5—"－"接线柱；6—高压导线插孔

图5.27　闭磁路点火线圈

2. 分电器

分电器由断电器、配电器、电容器和点火提前调节装置等组成。

3. 火花塞

火花塞将点火线圈产生的脉冲高压电引入燃烧室，并在其两个电极之间产生电火花，以点燃混合气。

火花塞的组成如图5.28所示。弯曲的侧电极9焊接在火花塞壳体5的底端，直接搭铁。绝缘体2固定在壳体内并加以密封，绝缘体下部与壳体之间装有密封垫圈7。中心电极11装入绝缘体的中心孔，用密封剂6密封。高压导线接头套接在接线螺母1的上端。电极材料一般采用镍锰合金或镍锰硅合金。

火花塞绝缘体纯铜垫圈8以下的锥形部分称为火花塞的绝缘体裙部。绝缘体裙部10在发动机工作时直接与燃烧的气体接触，吸收大量热。吸入的热经纯铜垫圈8、壳体传递到气

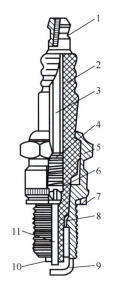

1—接线螺母；2—绝缘体；3—接线螺杆；4—垫圈；5—火花塞壳体；6—密封剂；
7—密封垫圈；8—纯铜垫圈；9—侧电极；10—绝缘体裙部；11—中心电极

图 5.28 火花塞的组成

缸盖并扩散到空气中。试验表明，发动机工作时，若火花塞绝缘体裙部 10 的温度保持 500～600℃，则落在其上的油粒立即被烧掉，不容易产生积炭，该温度称为火花塞的自净温度。当绝缘体裙部 10 的温度低于自净温度时，火花塞容易产生积炭，点火不可靠，甚至不能着火；若绝缘体裙部 10 的温度高于自净温度，则混合气与炽热的绝缘体接触时，可能在火花塞间隙跳火前自行着火，称为炽热点火，从而出现早燃、爆燃等不正常的燃烧现象。

火花塞中心电极与侧电极之间的间隙称为火花塞间隙，其对火花塞和发动机的工作有很大影响。火花塞间隙过小，则火花微弱，并且容易产生积炭而漏电；火花塞间隙过大，则所需击穿电压大，发动机不易起动，并且转速高时容易发生"缺火"现象。一般火花塞间隙为 0.6～0.8mm。

近年来，为了适应发动机排气净化的要求，利于稀混合气的燃烧，火花塞间隙有增大的趋势，特别是采用高能电子点火装置后，其增大至 1.2mm。

5.3.3 电子点火系统的工作原理

电子点火系统可以改善发动机的高速性能，当火花塞积炭时仍具有较强的跳火能力，可以减小触点火花，延长触点的使用寿命，还可以取消触点，进一步改善点火性能。因此，电子点火系统可以提高发动机的动力性、经济性，并减少空气污染。

电子点火系统分为有触点电子点火系统和无触点电子点火系统（简称无触点点火系统），其中有触点电子点火系统应用很少。

无触点点火系统利用各种传感器代替断电器的触点，产生点火信号，控制点火系统工作。因此，当点火系统工作时，不会出现与触点有关的故障。

无触点点火系统按传感器的形式不同，分为磁脉冲式无触点点火系统、霍尔效应式无触点点火系统、光电式无触点点火系统等。下面介绍霍尔效应

电子点火系统的工作原理

式无触点点火系统。

霍尔效应式无触点点火系统由分电器、放大器、点火线圈和火花塞等组成。利用霍尔元件的霍尔效应制成霍尔传感器,产生点火信号,控制点火系统工作。

对于霍尔元件,由霍尔效应产生的霍尔电压与通过的电流与外加磁场的磁感应强度成正比,与基片的厚度成反比,可用下式表示:

$$U_H = \frac{R_H}{d} IB \qquad (6-1)$$

式中,R_H 为霍尔系数;d 为基片厚度;I 为电流;B 为外加磁场的磁感应强度。

由式(6-1)可知,当 I 为定值时,U_H 与磁感应强度 B 成正比。根据霍尔效应可制成霍尔传感器,准确控制发动机气缸的点火时间。

图 5.29 所示为霍尔效应式无触点点火系统的工作原理框图。

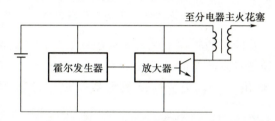

图 5.29　霍尔效应式无触点点火系统的工作原理框图

分电器的结构如图 5.30 所示。霍尔传感器与触发叶轮、分火头制成一体并由分电器轴带动,其上有与气缸数量相等的叶片。触发开关由霍尔集成电路和带导磁板的永久磁铁组成。霍尔集成电路的外层为霍尔元件,同一基板的其他部分制成放大回路。触发叶轮的叶片在霍尔集成电路与带导磁板的永久磁铁之间转动。

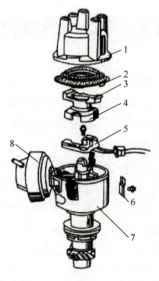

1—分电器盖;2—防尘罩;3—分火头;4—触发叶轮;5—触发开关;
6—固定板;7—分电器外壳;8—真空点火提前调节装置

图 5.30　分电器的结构

霍尔传感器的工作原理如图 5.31 所示。

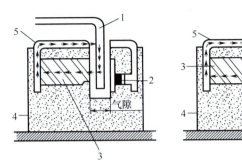

（a）触发叶轮的叶片进入气隙　（b）触发叶轮的叶片离开气隙

1—触发叶轮的叶片；2—霍尔集成块；3—永久磁铁；4—霍尔传感器；5—导板

图 5.31　霍尔传感器的工作原理

触发叶轮转动，当触发叶轮的叶片 1 进入永久磁铁 3 与霍尔集成块 2 空气隙时，作用在霍尔集成电路中的磁场被触发叶轮的叶片 1 旁路，如图 5.31（a）所示。此时不产生霍尔电压，霍尔传感器不输出信号，集成电路放大器输出极导通，接通点火线圈的一次电路。

当触发叶轮的叶片离开气隙时，永久磁铁 3 的磁力线通过导板 5 到达霍尔集成块 2，如图 5.31（b）所示。此时霍尔电压升高，霍尔传感器输出信号，集成电路放大器输出极断开，切断点火线圈的初级电流，次级线圈中感应出高压电动势。

霍尔效应式无触点点火系统的点火正时精度高，耐久性好，不受温度、湿度、灰尘、油污的影响，不需要保养与维护，使用寿命长。

5.4　发动机排放控制

随着排放法规越来越严格，发动机排放控制成为关键。对于缸内直喷柴油机，由于燃油喷入气缸的时间很短，并在极短的时间内与大量空气混合后燃烧，因此缸内存在易生成碳烟颗粒的浓混合气区域与易生成 NO_x 的稀混合气区域，**柴油机除了需要控制 HC 和 CO，还要解决 NO_x 排放和颗粒排放的问题**。

5.4.1　HC 及 CO 控制技术

汽车排放系统

在浓混合气区域，柴油受热裂解，部分与 O_2 反应生成 HC、CO 和 CO_2，局部缺氧导致 HC 和 CO 较多，但 HC 和 CO 易与 O_2 发生氧化反应，HC 与 O_2 反应生成 H_2O 和 CO_2，CO 则直接氧化成 CO_2。在柴油机排气管上加装氧化型催化转化器（diesel oxidation catalyst，DOC）可以显著降低 HC 和 CO 的排放量，它主要以铂（Pt）和钯（Pd）等贵金属为催化剂。图 5.32 所示为氧化型催化转化器的结构和外形。

氧化型催化转化器的 HC 和 CO 转换效率均超过 90%，但对 HC 的转换受入口温度和催化剂低温起燃性能的影响，在低速、小负荷工况下，由于排气温度过低，因此 HC 无法充分反应，实际转换效率约为 80%。

(a) 结构　　　　　　　(b) 外形

图 5.32　氧化型催化转化器的结构和外形

5.4.2　NO_x 控制技术

压燃式柴油机缸内燃烧生成 NO_x 的过程极其复杂，其中 NO 含量超过 80%，主要取决于两个 NO 生成过程，一个是热 NO 生成过程（柴油机 NO 主要由此过程生成），其反应过程为链反应过程，主要反应过程如下：

$$O_2 \longrightarrow 2O$$
$$O+N_2 \longrightarrow NO+N$$
$$N+O_2 \longrightarrow NO+O$$

热 NO 生成过程主要受缸内燃烧温度、燃烧持续时间的影响，当温度超过 1200℃ 时，NO_x 排放量随温度的升高急剧增大。发动机燃烧室的最高温度超过 2000℃，在如此高的温度条件下，将生成大量 NO_x。

另一个是快速 NO 生成过程，主要发生在局部混合气过浓的区域。该生成过程反应复杂，HC 和 CO 作为主要反应物与 N_2 反应生成的中间产物，与氧原子（O）、氧分子（O_2）及氢氧自由基（OH）氧化反应生成 NO，同时增大了干碳烟排放量。快速 NO 生成过程受温度的影响较小，主要受反应物浓度及比例的影响。快速 NO 生成过程产生的 NO 排放量在柴油机 NO_x 排放量中占比较小，一般小于 5%。

N_2 经氧化反应生成 NO_x 的主要因素为高温、富氧和持续时间，柴油机燃烧过程中预混合期内形成的混合气也是导致 NO_x 排放量较大的一个因素。因此，主要围绕改变生成条件和降低生成率研究降低柴油机 NO_x 排放量的技术。

1. 废气再循环

废气再循环（exhaust gas recirculation，EGR）技术是降低柴油机 NO_x 排放量的有效措施，其基本原理是在发动机排气歧管中，把部分燃烧过的废气通过废气再循环阀引入进气管与新鲜空气混合，然后进入燃烧室再次燃烧。 由于引入废气的比热大，降低了混合气的氧浓度，在相同放热量的情况下，缸内混合气温升比纯新鲜空气低，从而降低了燃烧过程中的最高温度；同时，引入的废气使混合气中的氧含量与燃油量之比降低，使得 NO_x 排放量下降。若排放水平要求和废气再循环率都不高，则一般采用不带冷却系统的高压废气再循环。随着排放法规的日益严格，在我国第五阶段机动车污染物排放标准中，平均废气再循环率约为 10%，这就要求采用冷却器对废气进行冷却，将温度冷却至 200℃ 以内后，将废气引入进气系统。根据引入方式的不同，废气再循环系统可以分为低压废气再循环系统（图 5.33）和高压废气再循环系统（图 5.34）。

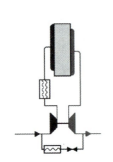
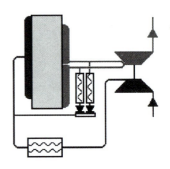

图 5.33　低压废气再循环系统　　　　　图 5.34　高压废气再循环系统

（1）基本组成部件。

无论是高压废气再循环系统还是低压废气再循环系统，关键零部件都是废气再循环阀（图 5.35）和废气再循环冷却器（图 5.36）。

（a）气动废气再循环阀　　　　　（b）电动废气再循环阀

图 5.35　废气再循环阀

（a）管壳式冷却器　　　　　（b）板翅式冷却器

图 5.36　废气再循环冷却器

冷却废气再循环技术广泛应用在轻型柴油机和中型柴油机上，以满足对 NO_x 排放量的要求。但随着现代汽车用发动机增压度的提高，在某些工况点，进气中冷后的压力比涡前压力（排气歧管废气对涡轮做功前的压力）高，需要采取一定措施将废气引入进气系统，主要采用单向阀、节气门、文丘里管、可变截面增压器和废气增压泵等。单向阀及节气门如图5.37所示。

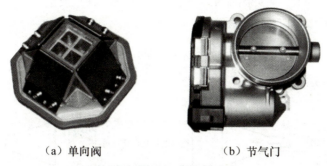

（a）单向阀　　　　　（b）节气门

图5.37　单向阀及节气门

（2）控制策略。

基本废气再循环率取决于发动机的转速与负荷，在各种工况下，都需要综合考虑发动机的动力性、经济性和排放要求并进行折中处理。

控制策略用于控制进入气缸参与燃烧的废气量。对于中小排量发动机，由于废气流量范围较小，流量传感器要求精度高，因此可选择新鲜空气流量作为控制对象参数；较大排量发动机的废气流量范围较大，可直接选择废气流量作为控制对象参数。

以新鲜空气流量为控制对象参数的控制策略结构如图5.38所示。整个流程包括前馈控制模块（废气再循环阀控制开度基本值计算）、期望值计算模块（修正后理论进气量需求）、自适应控制模块（空气流量进气控制器）、废气再循环阀开度控制器、监测模块和关闭模块等。

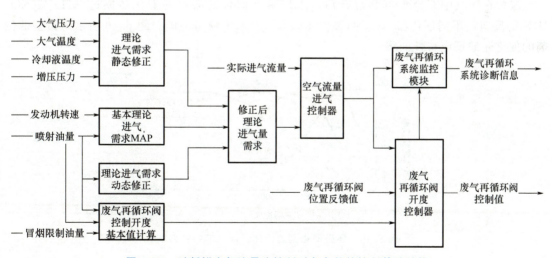

图5.38　以新鲜空气流量为控制对象参数的控制策略结构

2. 选择性催化还原

选择性催化还原（selective catalytic reduction，SCR）系统是一种柴油机机外净化系统。它使用强还原剂（CO、HC、尿素等）将废气中的 NO_x 转化为 N_2 和 O_2，通常选择浓度为32.5%的尿素溶液为还原剂,将还原剂喷射到排气管中,在气流和高温的作用下,尿素溶液分解为CO_2和NH_3,其中NH_3附着在承载催化剂的载体上,与废气中的NO_x发生反应,生成N_2和O_2;多余的NH_3经过氨捕获器与O_2反应,生成N_2和H_2O。选择性催化还原反应原理如图5.39所示。

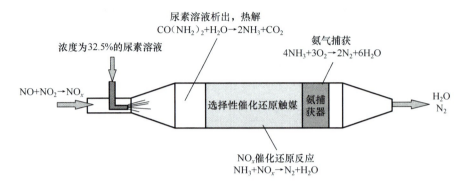

图5.39　选择性催化还原反应原理

国内外大多选择性催化还原技术的原理是将液态标准尿素溶液喷入发动机尾气,利用尾气温度水解NH_3和H_2O,一般水解反应温度高于180℃,水解反应方程如下:

$$CO(NH_2)_2 + H_2O \longrightarrow 2NH_3 + CO_2$$

水解后的NH_3与NO、NO_2的反应方程如下:

$$2NH_3 + NO + NO_2 \longrightarrow 2N_2 + 3H_2O$$
$$4NH_3 + 4NO + O_2 \longrightarrow 4N_2 + 6H_2O$$
$$8NH_3 + 6NO_2 \longrightarrow 7N_2 + 12H_2O$$

尿素在尾气中充分水解和混合后,采用带有催化剂涂层的催化器促进NH_3与NO、NO_2的反应,不同催化器NO_x的催化还原水平及温度窗口不同。图5.40所示为典型催化剂的催化还原反应特性曲线。

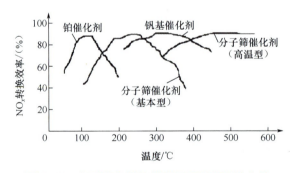

图5.40　典型催化剂的催化还原反应特性曲线

由于发动机实际运行过程中的环境温度变化大、运行工况点覆盖区域广,因此总管排气温度最低可低于150℃,最高可达到550℃。若排气温度高,则NO_x排放水平高,要求选择性催化还原系统的催化剂在高温下有较高的转换效率。从图5.40中四种催化剂的催化还原反应特性曲线可以看出,铂催化剂的温度窗口过窄;分子筛催化剂(基本型)的高温转换效率低;钒基催化剂在较大的温度区间内可以获得较高的转换效率,但超过500℃

会严重失活，同时使用钒基催化剂的过程中有少量 V_2O_5 溢出，会对环境和人体造成严重危害；分子筛催化剂（高温型）的高温转换效率高，在低温情况下，可以通过前置氧化型催化转化器改善低温性能。研究表明，柴油机尾气中的 NO_2 占比约为 20%，在选择性催化还原催化器前加装前置氧化型催化转化器可以提高 NO_2 的占比，达到 50% 以上，从而提高选择性催化还原系统的转化效率。由于钒基催化剂具有危害性，因此国外主要采用分子筛催化剂，但其成本比钒基催化剂高。

NH_3 经过催化器表面，在催化剂的作用下将 NO_x 还原成 N_2 等，但总有一部分 NH_3 随尾气泄漏，常采用后置氧化型催化转化器对泄漏的 NH_3 进行氧化，主要反应方程如下：

$$4NH_3 + 3O_2 \longrightarrow 2N_2 + 6H_2O$$
$$2NH_3 + 2O_2 \longrightarrow N_2O + 3H_2O$$

（1）选择性催化还原系统的组成。

选择性催化还原系统的组成如图 5.41 所示。

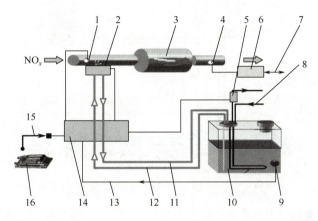

1—废气温度传感器；2—喷嘴；3—选择性催化还原催化剂；4—NO_x 传感器；5—开关阀；
6—ECU NO_x 传感器的控制器；7，15—CAN 总线；8—冷却水加热管路；
9—尿素液位和温度传感器；10—尿素罐；11—回液管；12—管路加热丝；13—进液管；
14—尿素计量泵和电子控制单元；16—发动机控制器

图 5.41 选择性催化还原系统的组成

① 传感器。选择性催化还原系统使用废气温度传感器监控废气和催化器的温度，使用尿素液位和温度传感器监控尿素溶液状态，使用 NO_x 传感器监控 NO_x 的排放控制效果。

② 尿素定量供给系统。尿素定量供给系统是选择性催化还原系统的核心，包括尿素计量泵、喷嘴和电子控制单元，根据工况计算和调节喷射压力，精确控制尿素喷射量。

③ 加热系统。选择性催化还原系统引入发动机冷却液对尿素溶液进行加热，通过加热电阻丝对管路中的尿素溶液进行加热，防止低温尿素结晶。

选择性催化还原系统主要分为空气辅助式尿素溶液喷射系统和无空气辅助式尿素溶液喷射系统。其中，空气辅助式尿素溶液喷射系统只控制计量泵柱塞往复运动的频率，在喷射过程中，需要利用空气进行辅助雾化，通过夹气喷射促进雾化，以使雾化滴径最小；喷射结束时，可以利用空气将系统残余尿素溶液吹尽，防止尿素结晶。无空气辅助式尿素溶液喷射系统采用尿素计量泵将尿素泵入共轨，维持一定的压力，控制尿素喷嘴电磁阀的开启时间和频率，在喷射过程中完全利用尿素供应单元的供尿素溶液压力进行喷射雾化，雾化平均滴径比空气辅助式尿素溶液喷射系统的大。此外，需要在系统中设计反抽功能，以在喷射结束后对残余尿素进行反抽，防止尿素结晶。

（2）博世公司的 Denoxtronic 无空气辅助式尿素溶液喷射系统。

图 5.42 所示为博世公司的 Denoxtronic 无空气辅助式尿素溶液喷射系统，其结构较简单，尿素溶液从添蓝液体罐 7 经预滤后到达添蓝喷嘴 15，使用电动泵建立并保持一定的尿素喷射压力，通过控制添蓝喷嘴 15 的计量阀开启时间精确计量尿素。由于添蓝喷嘴 15 靠近排气管，需要对喷嘴上的电磁阀进行强制冷却，以保证电磁特性的稳定性和喷嘴的可靠性。喷射结束后，需要控制尿素计量泵内的反抽单元，对残余尿素溶液进行反抽。

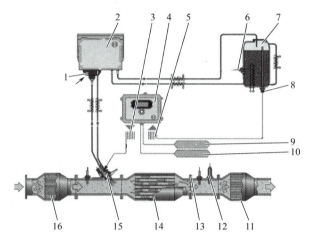

1—滤清器；2—供应单元；3—执行信号；4—定量控制单元；5—接收信号；
6—温度传感器；7—添蓝液体罐；8—液面传感器；9—发动机 CAN 总线；10—诊断 CAN 总线；
11—氨逃逸催化器；12—废气传感器；13—温度传感器；14—选择性催化还原催化器；
15—添蓝喷嘴；16—催化氧化器

图 5.42 博世公司的 Denoxtronic 无空气辅助式尿素溶液喷射系统

当汽车在城市工况下行驶时，选择性催化还原系统降低 NO_x 含量的效果明显下降，因为在城市工况下，汽车无法保持持续稳定的运转状态，频繁停车、起步和怠速运转无法保证排气温度达到尿素分解的温度（通常低于 200℃）。因此，选择性催化还原系统不会喷射尿素（低于 200℃）或喷射后尿素不能很好地分解为 NH_3，并且管壁结晶、不断堆积，堵塞排气系统及尿素喷嘴，导致催化还原反应无法进行或不能有效地反应。

佛吉亚公司的 ASDS 技术如图 5.43 所示。

ASDS 技术解决了氨的储存安全问题，通过吸附方式将氨转化为固态形式，这种固体的氨储存物称为 AdAmmine。将 AdAmmine 放入一个不锈钢金属筒，消耗完 NH_3 后，可在工厂或服务站内加注 NH_3。在实际工作中，AdAmmine 经电加热或发动机冷却液释放热量加热后释放 NH_3，用于催化还原。与传统采用汽车用尿素选择性催化还原系统工作时所需的最低温度相比，采用 ASDS 技术可以在更低的排气温度下释放 NH_3（最低温度为 120℃，配合低温反应选择性催化还原催化剂，如沸石基），可以在 140s 后开始释放。

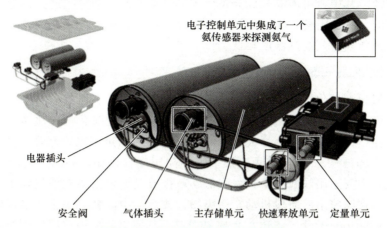

图 5.43 佛吉亚公司的 ASDS 技术

(3) 稀薄氮氧化物捕集技术。

电子控制单元根据稀薄氮氧化物捕集器（lean NO_x trap，LNT）的前、后温度传感器及 NO 浓度传感器等的信号，控制 LNT 交替循环，通过捕集和还原两个工作阶段来降低 NO 排放量，如图 5.44 所示。当电子控制单元判断出 LNT 未达到 NO 吸附饱和状态时，控制 LNT 继续捕集吸附 NO，一般持续约 60s；当判断出 LNT 载体达到饱和状态时，控制 LNT 进行还原再生，一般持续 2～5s。

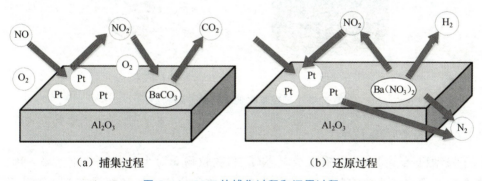

(a) 捕集过程　　　　　　　(b) 还原过程

图 5.44 LNT 的捕集过程和还原过程

捕集阶段是指 LNT 在稀燃条件下吸附尾气中的 NO，以 $Ba(NO_3)_2$ 形式暂时储存在载体上的阶段。在稀燃条件下，LNT 吸附 NO 的化学反应方程如下：

$$2NO + O_2 \longrightarrow 2NO_2$$
$$2BaCO_3 + 4NO_2 + O_2 \longrightarrow 2Ba(NO_3)_2 + 2CO_2$$

在富燃条件下，LNT 将储存在载体上的 $Ba(NO_3)_2$ 还原成 N_2。为创造还原所需的富燃气氛，可采用缸内喷射燃油或在尾气管中直接喷射还原剂（燃油或 H_2）两种方式。由于 LNT 体积较小，因此在轻型发动机上得到了一定的应用。

5.4.3　颗粒控制技术

柴油机排气微粒的主要成分为可溶有机成分（soluble organic fraction，SOF）、干碳烟颗粒和硫酸盐。其中，可溶有机成分是由碳氢燃油或润滑油分子通过部分氧化或部分分解经冷凝形成的，一般附着在干碳烟颗粒的表面。可溶有机成分主要受燃料多环芳烃的含量和燃烧系统的影响，其起燃温度较低。

1. 氧化型催化转化器＋颗粒氧化催化器技术

一般采用氧化型催化转化器可以将柴油机尾气中的可溶有机成分清除干净。

对于轻型汽车用发动机，由于尾气温度较低，因此采用氧化型催化转化器可以使用硫含量稍高的燃油，但排气背压会增大（20～25kPa）。为满足国家第六阶段机动车污染物排放标准的NO_x限值要求，一般采用喷油推迟和高压废气再循环技术，但会提高裸机颗粒排放量。因此，需要采用颗粒捕集技术降低颗粒排放量。根据颗粒捕集效率要求和实际燃油硫含量水平，在国家第六阶段机动车污染物排放标准中，轻型车主要采用颗粒氧化催化器（particle oxidation catalyst，POC）捕集颗粒，其捕集效率根据尾气颗粒成分的不同为20%～30%，且具有较高可靠性。颗粒氧化催化器的外形和结构如图5.45所示。

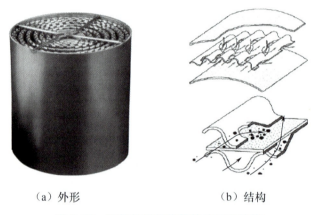

（a）外形　　　　　　　（b）结构

图 5.45　颗粒氧化催化器的外形和结构

2. 壁流式颗粒捕集技术

由于发动机尾气排放中的有害成分NO_x和颗粒物会对大气造成严重污染，因此世界各国都制定了严格的排放控制标准。我国已经实施国家第六阶段机动车污染物排放标准，无须采用壁流式颗粒捕集器（diesel particulate filter，DPF）控制颗粒成分，但部分地区强制实施的地方标准对颗粒数目、质量提出了严苛的要求，如PN颗粒数应控制在6×10^{11}颗/千米以内，需要采用DPF进行尾气处理，以达到颗粒排放控制的要求。柴油颗粒过滤器是发动机尾气后处理的一部分，通常与柴油氧化催化器组合使用，位于废气再循环系统和选择性催化还原系统之间。发动机排气通过壁流式颗粒捕集器时，经壁流式颗粒捕集器的特殊物理处理进行过滤，截留其中的颗粒物，从而净化排气。

颗粒捕集再生技术分为主动再生（热再生）技术和被动再生（催化再生）技术。

主动再生技术是使颗粒物中的主要成分——碳在高温环境下与O_2进行化学反应，生成CO_2的技术。主动再生由外界提供热量，根据不同的提供热量方式，可分为微波加热再生、电加热再生、喷油助燃再生和逆向喷气再生等。中、重型柴油机主要采用喷油助燃再生方式实现颗粒捕集再生。主动再生的技术难点在于提高和控制尾气温度。

被动再生技术是使颗粒物中的主要成分——碳在中温环境下与 NO_2 进行化学反应，生成 CO_2 的技术。一部分 NO_2 来自排气本身，另一部分 NO_2 是由 NO 氧化生成的。被动再生根据催化技术的不同，可分为催化剂再生、添加剂再生和连续再生等。不同催化器入口温度下的 NO 转化效率如图 5.46 所示。

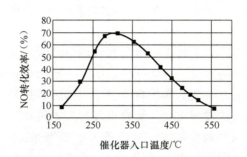

图 5.46　不同催化器入口温度下的 NO 转化效率

（1）工作原理。

图 5.47 所示为壁流式颗粒捕集器的工作原理。

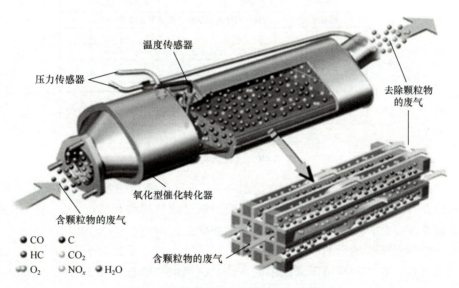

图 5.47　壁流式颗粒捕集器的工作原理

壁流式颗粒捕集器是一种捕集效率超过 90% 的尾气颗粒处理系统，可以捕集发动机尾气中的碳烟颗粒，当达到一定条件（如背压、压差、油耗、排温和续驶里程等）时，触发再生控制系统对颗粒进行主动再生。被捕集的碳烟颗粒主要有以下两种再生过程。

① 若催化器载体上无催化剂涂层，则与 O_2 发生反应的起燃温度较高（超过 650℃）；若有催化剂涂层，则与 O_2 发生反应的起燃温度可下降 100℃，与 O_2 的化学反应方程如下：

$$C + O_2 \longrightarrow CO_2$$

② 与 O_2 相比，尾气中的 NO_x 具有更强的氧化能力，特别是 NO_2，其与干碳烟的化学反应方程如下：

$$C + 2NO_2 \longrightarrow CO_2 + 2NO$$

若催化器载体上有催化剂涂层,则与尾气中 NO_x 的反应温度可降至450℃,发动机裸机尾气中的 NO_2 占比为5%~20%,因此,一般在被动连续再生系统的催化器前安装柴油氧化催化器,通过柴油氧化催化器提高壁流式颗粒捕集器入口的 NO_2 含量,以实现连续被动再生;主动再生系统前置柴油氧化催化器可以增大主动再生间隔,降低再生能耗。

(2) 基本控制策略。

对于主动再生系统来说,确定再生时机是颗粒捕集控制的关键问题。确定再生时机就是确定沉积在载体内颗粒物的质量。在实际应用中,一般间接地用排气背压表示过滤器捕捉的颗粒物质量。与再生触发有关的参数有通过压差传感器信号计算的碳烟质量、模型输出的碳烟质量、发动机输出的碳烟质量、续驶里程和发动机运行时间等。先进的再生系统可以根据不同工况选择不同的触发等级。过滤器再生等级如图5.48所示,当汽车高速行驶时,采用低碳烟再生触发等级;当工况较差时,采用延迟碳烟触发等级。

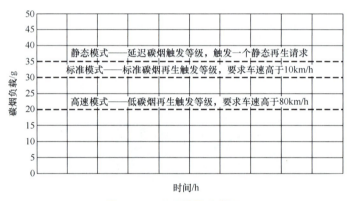

图5.48 过滤器再生等级

① 颗粒物饱和状态检测包括两个过程:一是通过压差传感器反馈的壁流式颗粒捕集器两端压力差计算过滤器中的碳烟质量,从而判断过滤器的饱和情况;二是建立壁流式颗粒捕集器碳烟质量估算模型,估算过滤器的饱和状态。

压差传感器受干扰的影响较大,特别是当压差较小时,干扰影响尤为明显。为保证检测结果的准确性,在不同环境下采用不同方法。碳烟饱和状态检测如图5.49所示。

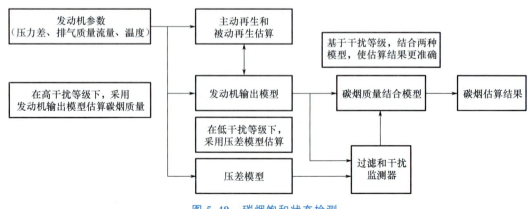

图5.49 碳烟饱和状态检测

② 主动再生控制。主动再生控制的排气温度为 550～650℃，当柴油机工作时，只有在高速和满负荷下才能达到该温度。为了提高排气温度，在发动机内部采用控制进气歧管压力和缸内后喷两种方法。

5.5 发动机故障诊断系统

在汽车行驶过程中，车载自诊断（on-board diagnostics，OBD）系统实时监测发动机工作状态和尾气排放的情况。当出现故障时，车载自诊断系统记录故障信息，并根据法规激活故障指示灯或者执行限扭矩等动作。借助通用诊断仪得到电子控制单元中的故障码和故障信息，维修人员可以根据故障码的提示有针对性地排查故障。

1. OBD 标准

（1）故障码。

OBD 系统要求汽车检测到故障后，通过标准诊断仪读取统一的故障码。SAE J2012 定义了满足美国 OBD Ⅱ 标准的标准化故障码，ISO 15031-6:2015 定义了满足欧洲车载自诊断（european on-board diagnostics，EOBD）标准的标准化故障码，二者的内容基本一致。

SAE J2012 规定了 5 位标准故障码，每位都有统一的规定，如第 1 位是字母，后面 4 位是数字。故障码的组成及其定义见表 5.1。

表 5.1 故障码的组成及其定义

位　数	显示的内容	定　义
1	P	发动机和变速器组成的动力传动系统
	B	车身电控系统
	C	汽车底盘电控系统
	U	未定义的其他系统
	0	SAE 定义检测的故障码
	1	厂家定义检测的故障码
	2	厂家定义检测的故障码
	3	厂家定义检测的故障码
	0	空气计量或排放辅助控制系统
	1	燃油控制或进气测定系统
	2	燃油控制或进气测定系统
	3	点火正时控制系统
	4	废气控制或二次空气喷射
	5	怠速控制系统
	6	电子控制单元

续表

位 数	显示的内容	定义
	7	自动变速器控制系统
	8	自动变速器控制系统
	9	自动变速器控制系统
4 和 5	01～99	与故障相关的系统器件名称

(2) 诊断接头。

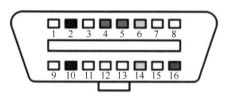

图 5.50 诊断接头的端口

OBD 系统规定了每辆车都装有一个标准形状和尺寸的 16 针诊断接口,其信号分配和位置相同(安装在仪表板下,在仪表板左边与汽车中心线右侧相距 300mm 的某处)。诊断接头的端口如图 5.50 所示,具体定义如下:针 7 和针 15 为 ISO 9141-2 数据传输;针 2 和针 10 为 SAE J1850 数据传输;针 4 为车辆地;针 5 为信号地;针 6 为高 CAN 总线;针 14 为低 CAN 总线;针 16 为电源正极;针 1、针 3、针 8、针 9、针 11、针 12、针 13 均没有指派。

2. OBD 系统的功能

OBD 协议对与排放相关的系统部件有详细的监控要求,如果相关部件发生故障,使得排放超过 OBD 协议,则需要点亮故障指示灯来提示驾驶人进行维修,出现更严重的故障时需要进行扭矩限制等。OBD 系统的框架结构如图 5.51 所示。OBD 系统的功能可以分为故障诊断模块、OBD 逻辑模块及故障处理模块。

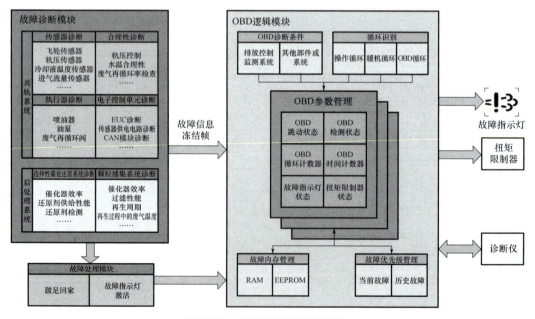

图 5.51 OBD 系统的框架结构

(1) 故障诊断模块。

柴油机故障诊断系统应保证传感器信号的准确性，对传感器进行短路、断路诊断。柴油机故障诊断系统主要采用基于传感器信号及基于模型的合理性诊断方法。在汽车行驶过程中，故障诊断系统监测系统的输入信号和输出信号，所有监测到的故障都会被记录到电控系统的存储器中，可以通过通用诊断仪读取存储的故障。诊断系统还包括以下内容。

① 燃油系统诊断。燃油系统诊断主要包括液力系统压力控制、喷油量控制及喷射时间控制。对液压系统共轨压力控制来讲，主要诊断共轨压力传感器信号可信度、共轨压力合理性检测和油泵供油能力检测等。喷射油量和喷射定时主要通过检测喷油器控制电路及曲轴传感器、凸轮传感器信号可信度和发动机转速波动综合判断。

② 缺缸诊断。缺缸诊断主要采用发动机瞬时转速判断法。首先通过曲轴转角信号计算发动机循环间的平均转速和各点火气缸的瞬时角加速度，然后与根据平均转速和节气门位置计算的角加速度阈值进行比较，大于阈值说明发生了缺缸。

③ 废气再循环系统诊断。废气再循环系统主要检测废气再循环阀、冷却器和废气再循环率。对废气再循环阀进行电路诊断和位置调节功能性诊断；对冷却器需要增加冷却废气温度传感器，通过测量废气冷却后的温度检测冷却系统的冷却能力；可以通过控制新鲜空气量或者废气量调节废气再循环率，诊断时，主要检测废气再循环率与目标值的偏差是否超过阈值，同时实时监测废气再循环率的调节响应速度。

④ 颗粒捕集系统诊断。颗粒捕集系统诊断主要检测催化器效率、过滤性能、再生周期、再生过程中的废气温度。如果催化器有故障或者使用假的催化器代替，则催化器前后压差与期望值变化不符，可确认颗粒捕集系统存在故障。同时，需要监控再生周期，如果再生频率过高或者过低，则说明系统存在故障。颗粒捕集系统诊断的工作原理如图 5.52 所示。

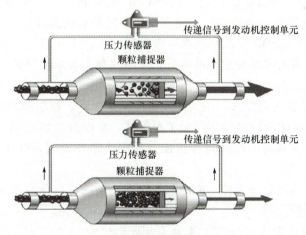

图 5.52 颗粒捕集系统诊断的工作原理

⑤ 选择性催化还原系统诊断。

选择性催化还原系统诊断主要检测催化器效率、还原剂供给性能、还原剂检测等。还原剂供给性能可分为还原剂压力控制、还原剂供给泵、还原剂喷射阀及相应传感器的诊断。还原剂检测主要是指监测尿素液位。选择性催化还原系统诊断的工作原理如图 5.53 所示。

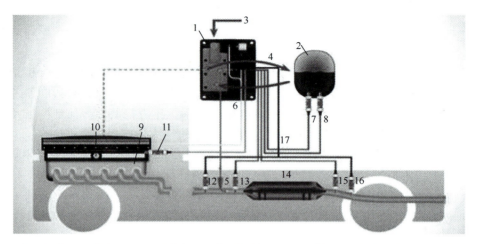

1—NO$_x$ 单元；2—尿素罐；3—空气；4—传热线路；5—喷油嘴；6—功率线路；7—尿素水平；
8—尿素温度；9—发动机；10—扭矩限制器；11—MAF 传感器；12—NO$_x$ 传感器（上游）；
13—催化剂入口温度；14—催化剂；15—催化剂出口温度；16—NO$_x$ 传感器（下游）；
17—CAN 总线

图 5.53　选择性催化还原系统诊断的工作原理

⑥ 电子控制单元诊断。电子控制单元诊断主要进行 ECU 诊断、传感器供电电路诊断、CAN 模块诊断。

（2）OBD 逻辑模块。

OBD 逻辑模块主要包括 OBD 诊断条件，循环识别（包括操作循环、暖机循环和 OBD 循环等），故障内存管理，故障优先级管理，OBD 参数管理等。每个故障都有相应的 OBD 参数组，每个故障的 OBD 参数组管理都包括 OBD 跳动状态、OBD 检测状态、OBD 循环计数器、OBD 时间计算器、故障指示灯状态、扭矩限制器状态等。

① OBD 诊断条件。OBD 系统必须在一定的环境条件下运行。当汽车在规定条件之外行驶时，系统性能可能出现某种程度的降低，在向驾驶人显示故障信号之前，排放量超出法规规定的阈值。

② 循环识别。根据法规要求，识别发动机的操作循环、暖机循环和 OBD 循环。

操作循环是指确认熄灭故障指示灯的工况循环，它由发动机起动、发动机运转、发动机停机和到下次发动机起动的时间过程组成。在操作循环期间，OBD 系统实施全过程监测，以发现故障。

暖机循环是指发动机充分运转，使冷却液温度比发动机启动时至少上升 22 K，并达到最低温度 343 K 的过程。

OBD 循环是指与法规规定的 ESC 循环有相同顺序的 13 个工况，但每个工况的时间都减少为 60 s。

③ 故障内存管理。为了记录 OBD 故障的相关信息，对每个 OBD 故障都建立一个故障信息结构体，包括故障 ID、OBD 故障状态、OBD 检测状态、各循环计数器、时间计数器、冻结帧等信息。

④ 故障优先级管理。根据故障对排放的影响程度，分配不同的优先级。优先级与

OBD 故障结构体中的故障 ID 对应。优先级越高，故障 ID 越小，先诊断对应的 OBD 逻辑。一般预设 5 个当前故障、5 个历史故障和 5 个确认过程中故障。在 ECU 下电时刻，需要把 OBD 结构体信息写到 ECU 的带电可擦可编程只读存储器（electrically erasable programmable read-only memory, EEPROM）中，如果当前故障数或者历史故障超过 5 个，则用优先级高的故障代替优先级低的故障。

⑤ OBD 参数管理。OBD 参数管理根据实时信息及预设策略，更新 OBD 故障结构体的内容，主要包括根据故障标志位确定 OBD 跳动状态，根据 OBD 运行条件等确定 OBD 检测状态，同时确定 OBD 故障结构体中的循环计数及时间累加。确认 OBD 故障为当前故障后，执行激活故障指示灯的动作，并根据标定数据的不同，确认是否需要激活扭矩限制器。扭矩限制器有 3 种工作方式：①确认故障为当前故障后，由于产生的故障不会引起排放超标，因此不会激活扭矩限制器；②立即激活扭矩限制器；③50h 后激活扭矩限制器。

（3）故障处理模块。故障处理包括两部分，一是出于安全考虑进行的故障处理，主要是跛足回家；二是根据法规要求进行的故障指示灯激活操作。

所谓跛足回家，就是汽车出现严重的系统错误时在紧急模式下行驶，而不是彻底停车。为了应对不同的错误，在跛足回家模式下有不同的处理方式，包括通过降低高怠速点限制发动机转速、限制最大扭矩、限制装配共轨系统的发动机轨压。

加州空气资源委员会（california air resources board, CARB）和美国国家环境保护局（environmental protection agency, EPA）规定，当有故障发生时，故障指示灯必须在故障发生后的 2 个驾驶循环内点亮。在欧洲车载诊断技术中，要求故障指示灯在故障发生的 3 个驾驶循环内点亮，如果故障消失，则故障信息至少保存 40 个暖机循环或者连续 24h 后熄灭。

1. 汽油机电控燃油喷射系统有哪几种？
2. 柴油机电控燃油喷射系统有哪几种？
3. 电控共轨燃油喷射系统是如何工作的？
4. 汽油发动机电子点火系统的基本组成是怎样的？
5. 点火系统的基本功用和基本要求分别是什么？
6. 什么是点火提前角？
7. 发动机排放控制系统的基本组成是怎样的？
8. 发动机车载诊断系统的基本组成是怎样的？

玉柴电控发动机应用匹配技术路线

随着排放标准的持续升级，人们对燃油经济性的要求越来越高，也越来越需要精确控制发动机。加上电子技术的发展，发动机电控技术逐渐成熟，成为发动机的核心技术。

在发动机电控技术进入我国商用车柴油机领域之初，相关技术基本由国外供应商垄断,为了保证自身利益最大化,其对国内发动机企业设置了很多限制,使得国内发动机企业无法触及核心技术,所有与电控技术相关的应用、匹配、标定都不得不依靠国外供应商,且需要支付巨额开发费用。

从1999年开始,广西玉柴机器集团有限公司(以下简称"玉柴")除了开发电控发动机产品,还致力于研究电控系统集成技术、电控发动机标定技术、电控发动机应用匹配技术,通过自主摸索及与高校、院所合作共同探索等方式,率先掌握了电控发动机的集成技术、标定技术和应用匹配技术,打破了国外供应商的技术垄断,将原有千万级的开发费用削减到百万级、十万级甚至免费。

随着对电控技术研究的深入,玉柴不满足于电控发动机标定技术和应用匹配技术的研究,开始研究控制器,特别是控制器软件开发。控制器是电控系统的核心,相当于电控系统的指挥系统,如果掌握了控制策略,就拥有了电控系统匹配、应用的自主权。

此外,在研究电控系统集成技术的过程中,玉柴不再只是将国外供应商提供的打包方案简单地应用到发动机上,而是开始进行自主零部件设计、选型,自主集成整个系统的开发,对系统技术方案和系统零部件的选型拥有充分的话语权、决策权和主动权。

思考: 电控发动机的标定技术和应用匹配技术的作用分别是什么?

线上资源

计算机端	[1] 潍柴网 https://www.weichai.com/ [2] 维科网·智能汽车 https://www.ofweek.com/auto [3] 搜狐汽车 http://auto.sohu.com/s2006/zhishi-fadongji/#dianping
Android、iOS端	二维码

第 6 章　新能源汽车底盘

线下资源

学习要点	◇ 纯电动汽车底盘 ◇ 混合动力电动汽车底盘 ◇ 燃料电池电动汽车底盘
导入案例	新能源汽车的三大核心部件
主体内容	◇ 纯电动汽车底盘 ◇ 混合动力电动汽车底盘 ◇ 燃料电池电动汽车底盘
案例讨论	电动汽车底盘的技术形态

课程引导

党的二十大报告指出："建设现代化产业体系。坚持把发展经济的着力点放在实体经济上，推进新型工业化，加快建设制造强国、质量强国、航天强国、交通强国、网络强国、数字中国。"建设制造强国，就绕不开汽车强国的建设。

我国新能源汽车产业竞争优势不明显，虽然智能电动汽车不再需要发动机和变速器，但换个角度理解，门槛降低意味着企业要设计出差异化的产品更难。事实上，从内燃机汽车到智能电动汽车，降低的只是动力传动系统的门槛，而对车身、底盘、电气系统及制动、转向等基本功能的要求没有降低。如果我们自身产业基础不牢，核心技术掌控不够，则同样存在从先发到被人赶超甚至落后的危险。我国对新能源汽车及智能网联汽车部分核心部件的自主研发能力有待提高。例如，车规级芯片、中高端车用传感器等高附加值、高技术含量产品被国外企业垄断；车载操作系统、车用设计与模拟仿真软件等软件平台基本被国外企业掌控。

新能源汽车底盘的组成

> **导入案例**
>
> **新能源汽车的三大核心部件**
>
> 内燃机汽车的三大核心部件是发动机、变速器、底盘，国外汽车企业发展多年，发动机、变速器、底盘方面的技术占绝对优势。我国汽车企业近几年拥有了自己的核心技术。
>
> 新能源汽车上没有发动机，只有一个简单的单级变速器，底盘用来承载动力蓄电池，内燃机汽车的三大核心部件技术在新能源汽车上没有用武之地。
>
> 新能源汽车的核心技术是电动机、电控系统、动力蓄电池。
>
> 从蓄电池技术来说，大部分自主品牌的主机厂都没有自己的电芯与动力蓄电池设计能力，大多需要采购。当然，跨国企业也没有自己的电芯，但是其拥有生产动力蓄电池组件和管理系统的能力。

底盘技术水平决定了汽车的性能和质量。设计底盘的关键在于满足整车性能的各项指标。通常底盘包括动力传动系统、转向系统、悬架系统、制动系统和车轮等，与这些系统直接相关的整车性能有制动性、操纵稳定性和平顺性。底盘性能决定了汽车的可靠性、舒适性、安全性、动力性和经济性。

内燃机汽车的重要组成部分是汽车发动机，纯电动汽车和氢燃料汽车的底盘没有发动机，且转向系统、制动系统具有独特的设计特色。混合动力电动汽车增加了电动机驱动模式，其动力传动形式和控制方式也有较大变化。

底盘是整车的基体，支承汽车动力装置、车身等零部件，同时分配和传递汽车动力装置的动力，使汽车按照驾驶人的意志行驶（加速、减速、转向、制动等）。

6.1 纯电动汽车底盘

纯电动汽车底盘结构

纯电动汽车是由动力蓄电池的能量使电动机通过动力传动系统驱动车轮的。动力蓄电池提供电流，通过能源子系统调节后输出到电动机，电动机提供输出转矩，经机械传动装置驱动车轮，从而驱动汽车行驶。图6.1所示为纯电动汽车的工作流程框图。

图6.2所示为纯电动汽车底盘的组成。纯电动汽车应用受限的主要原因是动力蓄电池普遍价格高、使用寿命短、外形尺寸和质量大、充电时间长等。

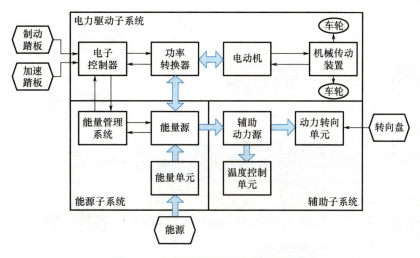

图 6.1　纯电动汽车的工作流程框图

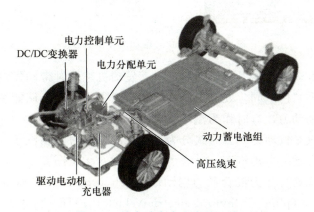

图 6.2　纯电动汽车底盘的组成

6.2　混合动力电动汽车底盘

混合动力电动汽车是内燃机汽车向纯电动汽车过渡的产品，保留了内燃机汽车的发动机总成，同时增加了电动机、储能元件和电力电子元件等，将动力传递到车轮，提供驱动汽车行驶的能量，由两种形式的能量转换实现，汽车上装有能量储存装置，可以释放能量，也可以回收能量。

混合动力电动汽车由发动机、电动机/发电机、动力蓄电池、变速器等组成，如图 6.3 所示。其操控装置保留了内燃机汽车的基本装置，包括发动机控制装置、加速踏板、制动踏板、离合器、变速器的操纵装置等。

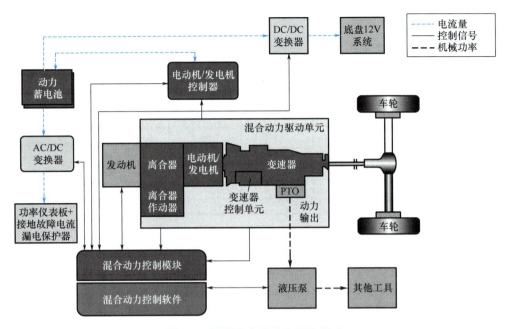

图 6.3 混合动力电动汽车的组成

汽车起动时，电动机作为发动机的起动机，发动机工作时带动发电机发电，为动力蓄电池充电。混合动力结构不同，发电机的功率和布置方式不同。储能装置根据汽车的实际工况，有时作为辅助动力，有时作为汽车制动时的能量回收装置。

混合动力电动汽车按动力耦合方式分为串联式混合动力电动汽车、并联式混合动力电动汽车和混联式混合动力电动汽车，其底盘分别如图 6.4 至图 6.6 所示。混联式混合动力电动汽车按驱动方式又可分为混合动力电动汽车（hybrid electric vehicle，HEV）和插电式混合动力电动汽车（plug-in hybrid electric vehicle，PHEV）。混合动力电动汽车的驱动系统连接如图 6.7 所示。

图 6.4 串联式混合动力电动汽车底盘

图 6.5 并联式混合动力电动汽车底盘

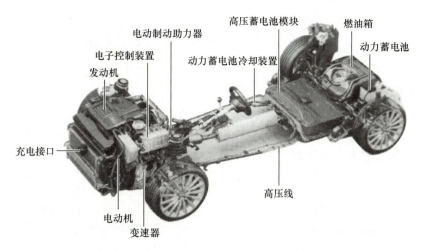

图 6.6 混联式混合动力电动汽车底盘

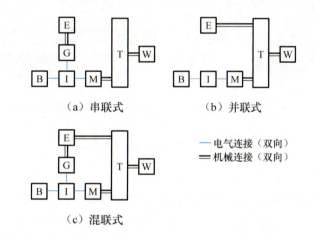

B—动力蓄电池；E—发动机；G—发电机；I—逆变器；M—电动机；
T—传动系统；W—驱动轮

图 6.7 混合动力电动汽车的驱动系统连接

串联式混合动力电动汽车的能量流向如下：发动机带动发电机发电，电能传输至电动机并转换为机械能，驱动汽车行驶。在串联式混合动力系统中，动蓄电池相当于蓄能器，在发电机与电动机之间调节能量。

并联式混合动力电动汽车的能量路径有两条，具有两套驱动系统，即发动机驱动系统和电动机驱动系统。两套驱动系统可以根据汽车的工况联合驱动或独立驱动。

混联式混合动力系统兼具有并联驱动模式和串联式驱动模式的特点，结构设计复杂，传动过程中需要通过一组齿轮耦合机构实现能量合流或能量分流。

混合动力电动汽车的主要特点如下：采用小排量发动机，降低了燃油消耗；将制动和下坡时的能量回收到动力蓄电池中再次利用，降低了燃油消耗；在繁华市区，可关闭发动机，由电动机单独驱动，实现零排放。

6.3 燃料电池电动汽车底盘

燃料电池电动汽车的工作原理是利用氢气和空气中的氧，在催化剂的作用下，在燃料电池中经电化学反应产生电能，驱动汽车行驶。燃料电池电动汽车的主要特点如下：燃料电池的能量转换效率为60%～80%，是内燃机的2～3倍；燃料电池零排放，不会污染环境。氢燃料来源不依赖石油燃料。燃料电池电动汽车底盘的组成如图6.8所示。

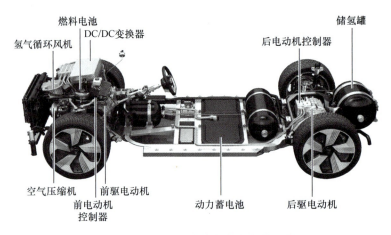

图 6.8　燃料电池电动汽车底盘的组成

燃料电池电动汽车的整体结构与内燃机汽车相似，主要区别是驱动方式和燃料，其由燃料电池供电的电动机直接驱动汽车行驶，储氢罐中的氢气燃料替代汽油和柴油，氢气压力为35～70MPa。燃料电池电动汽车底盘的基本结构如图6.9所示。

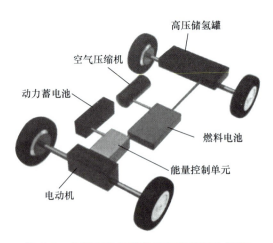

图 6.9　燃料电池电动汽车底盘的基本结构

6.4　新能源汽车底盘组成

汽车底盘由传动系统、悬架系统、转向系统和制动系统组成，接收汽车动力传动装置的动力，保证汽车按照驾驶人的意图行驶。

1. 传动系统

传动系统的工作原理是将发动机发出的动力传递到驱动轮，使汽车在不同工况下正常行驶，并具有良好的经济性和动力性。

汽车在行驶过程中需要具有减速、变速、倒车、中断传动、差速作用等功能。

（1）减速：传动系统使驱动轮的转速降低为发动机转速的若干分之一，相应驱动轮得到的转矩增大到发动机转矩的若干倍。

（2）变速：使发动机在有利的转速范围内工作，且汽车牵引力在足够大的范围内变化。

（3）倒车：在传动系统的变速器中加设倒挡，使汽车能在某些情况下倒车。

（4）中断传动：发动机只能在无负荷情况下起动，且起动后的转速需要保持在最低稳定转速以上。因此，汽车起动前，需要切断发动机与驱动轮之间的传动路线。

（5）差速作用：汽车转弯时，左、右车轮滚动的距离不同，传动系统的差速作用可以使左、右两车轮以不同的角速度旋转。

不同汽车的底盘组成稍有不同。如载货汽车及部分轿车的底盘由离合器、手动变速器、万向传动装置、驱动桥等组成；现代轿车中越来越多地采用自动变速器，其底盘包括自动变速器、万向传动装置、驱动桥等，即用自动变速器取代了离合器和手动变速器；越野汽车还装有分动器。

2. 悬架系统

悬架系统用于支承、安装汽车的零部件总成，传递和承受车上、车下的载荷，以保证汽车正常行驶。悬架系统的组成如图 6.10 所示。

3. 转向系统

转向系统用于保证汽车按照驾驶人选定的方向行驶，主要由转向操纵机构、转向器、转向传动机构组成。现代汽车普遍采用动力转向装置。转向系统的组成如图 6.11 所示。

4. 制动系统

制动系统可使汽车减速、停车及可靠驻停，一般包括行车制动系统和驻车制动系统两套相互独立的制动系统，每套制动系统都包括制动器和制动传动机构。一般制动系统都装有防抱死制动系统。制动系统的组成如图 6.12 所示。

转向系统和制动系统都是由驾驶人控制的，可以合称控制系统。

现代汽车中电子控制技术的应用越来越广泛，如普遍在底盘采用电子控制自动变速

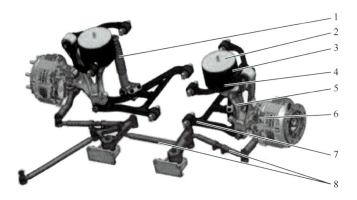

1—减振器；2—与车架连接的气囊上盖板；3—空气弹簧；4—上横臂；5—气囊下支座；
6—轮边驱动系统（断开式车桥）；7—下横臂；8—转向杆

图 6.10 悬架系统的组成

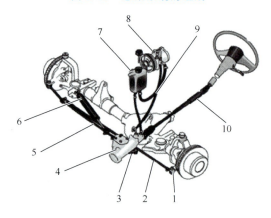

1—转向节臂；2—横拉杆；3—转向摇臂；4—整体式转向器；5—直拉杆；
6—减振器；7—燃油箱；8—燃油泵；9—燃油管；10—转向轴

图 6.11 转向系统的组成

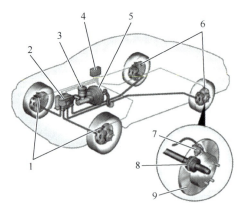

1，6，7—车轮传感器；2—阀总成；3—制动主缸；4—控制模块；
5—制动泵；8—齿盘；9—制动盘

图 6.12 制动系统的组成

器、电子控制防滑差速器、电子控制防抱死制动系统、电子控制悬架系统、电子控制转向系统等。

1. 新能源汽车底盘的基本组成是怎样的？
2. 汽车传动系统的功能是什么？
3. 针对内燃机汽车，要提升自动驾驶水平，主要改造哪些底盘系统？
4. 为什么说混合动力电动汽车是内燃机汽车向纯电动汽车过渡的产品？

电动汽车底盘的技术形态

如今主流电动汽车底盘都是专门设计开发的电动汽车专用底盘。特斯拉提出"船坞底盘"概念，并将锂离子蓄电池扁平化，与车厢地板融为一体，有些品牌的电动汽车借鉴了这种布局。

汽车底盘技术包括制动系统、转向系统、悬架系统、传动系统等的技术。

（1）电控制动。制动系统是对汽车某部分（主要是车轮）施加一定的压力，从而对其进行强制制动的装置，主要用于保证安全性和改变汽车的速度。

（2）转向模式选择。内燃机汽车的转向系统需要由发动机带动，提供液压助力，内燃机汽车普遍使用电动助力转向（electric power steering，EPS）。采用具有电子控制单元控制器的电动助力转向系统可以实现主动控制，不用驾驶人控制转向盘，即可使汽车自动转向。

（3）高度可控悬架。当遇到凹凸不平的路面时，驾驶人可能希望汽车底盘根据路面的高度调整高度。电动汽车电动机的涉水性比内燃机汽车好。

思考：线控转向和线控制动是否可以成为新能源汽车的标准配置？

计算机端	[1] 新能源汽车网 http：//www.chinanev.net/
	[2] 网易汽车 http：//product.auto.163.com/
	[3] 搜狐汽车 https：//www.sohu.com/tag/67952
Android、iOS端	二维码

第7章 新能源汽车传动系统

线下资源

学习要点	◇ 离合器构造 ◇ 变速器构造 ◇ 驱动桥构造 ◇ 万向传动装置构造
导入案例	电动汽车电动机在零转速下输出最大扭矩的润滑
主体内容	◇ 离合器构造 ◇ 变速器构造 ◇ 驱动桥构造
案例讨论	电动汽车多挡变速器的必要性

课程引导

党的二十大报告提出"着力提升产业链供应链韧性和安全水平"。在当前全球大变局中，产业供应链的韧性和安全水平对国家经济安全、产业安全影响深远。

我国坚持"纯电驱动"发展战略，开发电动汽车动力系统技术平台，超前研究下一代技术，完善电动汽车产业链，支撑电动汽车产业化发展；坚持"三纵三横"总体研发布局，即纵向发展燃料电池电动汽车、混合动力电动汽车、纯电动力汽车，横向发展动力电池和电池组管理系统、电机驱动系统和控制单元、多能源动力总成系统。整体规划针对世界新能源汽车发展的最新趋势和我国新能源汽车产业的实际状况，从基础科学问题、系统集成技术、共性核心技术及集成开发与示范四方面设定并攻关各专项中的重点任务。

导入案例

电动汽车电动机在零转速下输出最大转矩的润滑

电动汽车电动机在零转速下输出最大转矩对润滑提出了特殊的挑战。单速电动汽车通常搭载能将电动机速度转化为车轮速度的减速齿轮,在实质性的转动发生之前(变速器处于低温),齿轮系上的每对齿轮承受的接触压力都是最大值。因为当齿轮静止不动时,润滑油脱离齿轮表面,无法起到保护作用,所以零转速的影响很大。因为传统抗磨损添加剂的化学特性只有在高温条件下才会激活,所以低温的影响也很大。

电动汽车电动机可在零转速下输出最大转矩,润滑剂在临界条件下工作,提供有限的保护,面临的挑战是尽可能快地使电动汽车润滑油进入流体动力学范围。

汽车发动机与驱动轮之间的动力传递装置称为传动系统。新能源汽车动力装置输出的动力通过传动系统传递到车轮。传动系统应保证汽车具有在所有行驶条件下所需的牵引力、车速及其协调变化等功能,使汽车具有良好的动力性和燃油经济性;还应保证汽车倒车及左、右驱动轮适应差速要求,并使动力传递根据需要平稳地接合或彻底、迅速地分离。

7.1 纯电动汽车传动系统

纯电动汽车的驱动方式决定了传动系统的布置形式,主要有传统驱动方式、电动机-驱动桥组合驱动方式、电动机-驱动桥整体式驱动方式、电动车轮分布驱动方式,如图 7.1 所示。

1. 传统驱动方式

传统驱动方式用电动机取代内燃机汽车的发动机,如图 7.1(a)所示,其他传动元件不变。

2. 电动机-驱动桥组合驱动方式

电动机-驱动桥组合驱动方式如图 7.1(b)所示。电动机、减速器、驱动桥的轴相互平行,组成一个驱动整体。减速器也可以采用两挡变速器。

图 7.2 所示为特斯拉 Model S 电动汽车的驱动桥结构,电动机、变速器和驱动变频器组成驱动总成。在标准驱动模式下,驱动变频器为电动机输入 900A 的电流,电动机转速为 6500~9000r/min,输出功率为 270kW,输出转矩为 415N·m;在加速和爬坡驱动模式下,驱动变频器为电动机提供 1200A 的电流,电动机转速为 5500~9000r/min,输出功率为 310kW,输出转矩为 590N·m。

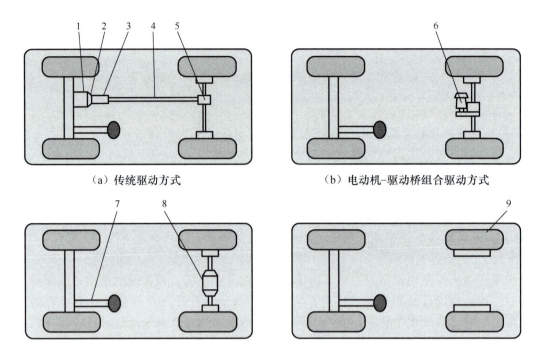

（a）传统驱动方式　　　　　　　（b）电动机-驱动桥组合驱动方式

（c）电动机-驱动桥整体式驱动方式　　（d）电动车轮分布驱动方式

1—电动机；2—离合器；3—变速器；4—传动轴；5—驱动桥；6—电动机-驱动桥分总成组合驱动方式；
7—转向器；8—电动机-驱动桥集成式驱动方式；9—电动车轮

图 7.1　纯电动汽车的驱动方式

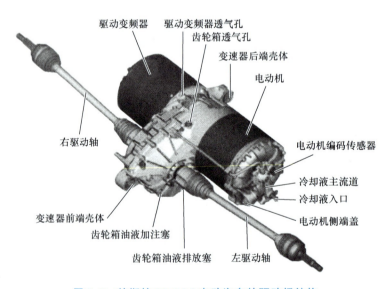

图 7.2　特斯拉 Model S 电动汽车的驱动桥结构

纯电动汽车的常用传动方案如图 7.3 所示。电动机的动力经两挡变速器，再经主传动、差速器、半轴传输到车轮。

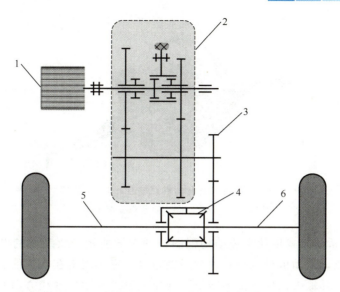

1—电动机；2—变速器；3—主传动；4—差速器 5,6—半轴

图 7.3 纯电动汽车的常用传动方案

电动机-驱动桥组合驱动方式有许多演变结构。图 7.4 所示为某电动汽车的传动系统，电动机的动力通过变速器、前传动装置、后传动装置、分动器、差速器和半轴。

1—后传动装置；2—分动器；3—前传动装置；4—动力传动轴；5—电动机；
6—变速器；7—半轴；8—差速器；9—主传动装置

图 7.4 某电动汽车的传动系统

3. 电动机-驱动桥整体式驱动方式

电动机-驱动桥整体式驱动方式的原理是将电动机控制器、电动机和减速器集成一体，并将电动机和减速器安装在同一轴线上，电动机输出轴驱动减速器的主传动装置，主传动装置再将动力传输到差速器，差速器的两个输出齿轮分别与左、右半轴连接，动力通过半轴传输到左、右传动轴，驱动车轮转动，从而驱动汽车行驶。电动机-驱动桥整体式传动系统如图 7.5 所示。

电动机控制器根据汽车工况需求，通过电子控制单元控制电动机的励磁电流，控制电动机转矩和转速，满足汽车行驶要求。电动机控制器安装在电动机壳体上，节省了电动机控制器与电动机之间的铜线，降低了成本。

1—电动机；2—电动机控制器；3—减速器

图 7.5　电动机-驱动桥整体式传动系统

电动机-驱动桥整体式传动系统结构框图如图 7.6 所示。驱动桥的电动机带有定子和转子的电动机总成，电动机总成与驱动桥同轴布置，定子固定在汽车的底盘车架上。驱动桥装有减速装置，其输入构件连接到转子。减速装置沿驱动桥轴线方向布置，与电动机集成一体。电动机的另一侧装有差速器，差速器的输入部件通过空心轴连接到减速装置的输出端。空心轴延伸穿过电动机的转子。差速器采用常规的机械差速器结构，其将电动机的驱动力矩分配到左、右输出轴上。左、右输出轴分别连接到传动轴，再连接到左、右驱动轮上。

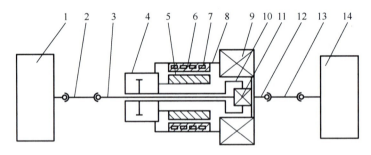

1—左驱动轮；2，13—传动轴；3，12—输出轴；4—减速装置；5—转子；6—冷却液通道；
7—定子；8—电动机总成；9—电动机控制器；10—空心轴；11—差速器；14—右驱动轮

图 7.6　电动机-驱动桥整体式传动系统结构框图

4. 电动车轮分布驱动方式

电动车轮的原理是直接将电动机安装到车轮里。电动车轮主要有两种结构：一种是内定子外转子结构，外转子直接安装到车轮轮毂上，由于这种结构没有减速装置实现减速，因此要求电动机为低速大转矩电动机；另一种是内转子外定子结构，转子作为输出轴与减速比固定的行星齿轮变速装置的太阳轮连接，车轮轮毂与齿圈连接，可以提供较大减速比，输出转矩较大。电动车轮的结构如图 7.7 所示。电动车轮总成如图 7.8 所示。

电动机的动力通过轮边变速器或者直接传输到车轮，可以实现四轮驱动或两轮驱动。独立电驱动传动系统如图 7.9 所示。

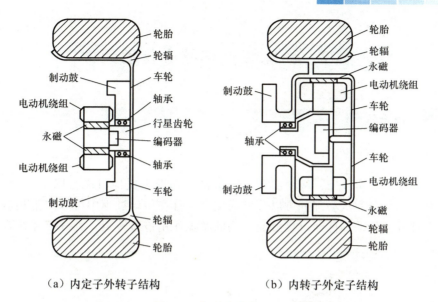

（a）内定子外转子结构　　（b）内转子外定子结构

图 7.7　电动车轮的结构

1—定子；2—轴承；3—转子；4—车轮；5—磁芯与动力电控装置；
6—悬架支架；7—制动器

图 7.8　电动车轮总成

1—电动车轮；2—悬架支架；3—动力蓄电池及车架；4—悬架弹性元件

图 7.9　独立电驱动传动系统

7.2 新能源汽车核心传动元件

7.2.1 离合器

1. 离合器的组成

离合器主要由主动部分、从动部分、压紧机构和操纵机构组成。图7.10所示为离合器系统,其主动部分和从动部分可以分离或接合,且在传动过程中可以产生相对转动。离合器的主动部件与从动部件通过接触面之间的摩擦作用传递转矩,其分离和接合通过操纵机构完成。

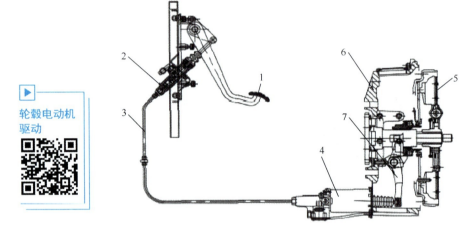

1—踏板;2—总泵;3—管路;4—助力缸;5—从动盘;6—离合器盖;7—分离拨叉

图7.10 离合器系统

2. 离合器的作用

混合动力电动汽车的离合器安装在发动机与发电机之间,作为传动系统中的一个独立总成,主要用来分离或接合两者之间的动力联系。离合器的作用如下。

(1)保证汽车平稳起动。

保证汽车平稳起动是离合器的首要作用。汽车起动时是从完全静止逐渐加速的,如果传动系统与发动机刚性连接,则因惯性作用对发动机产生很大的阻力矩,使发动机瞬时转速急剧下降到最低稳定转速(300~500r/min)以下,发动机熄火而不能工作,导致汽车不能起动。

在传动系统中安装离合器,在发动机起动后、汽车起动前,驾驶人先踩下离合器踏板,将离合器分离,使发动机与传动系统脱开,再将变速器挂上挡,逐渐松开离合器踏板,使离合器逐渐接合,由于离合器的接合紧密程度逐渐增大,因此发动机经传动系统传递给驱动轮的转矩逐渐增大,当牵引力足以克服起动阻力时,汽车开始行驶并逐渐加速。

(2) 实现平顺换挡。

在汽车行驶过程中,为适应不断变化的行驶条件,需要经常更换变速器挡位。在换挡前,需要踩下离合器踏板,中断动力传动,便于使原挡位的啮合副脱开,同时使新挡位啮合副啮合部位的速度逐渐趋向同步,啮合时的冲击力大大减小,实现平顺换挡。

(3) 防止传动系统过载。

当汽车紧急制动时,若没有离合器,则发动机将因与传动系统刚性连接而急剧降低转速,所有运动件都产生很大的惯性力矩,对传动系统产生超过承载能力的载荷而损坏机件。安装离合器后,可以依靠离合器主动部分与从动部分之间可能产生的相对运动解决该问题。

3. 离合器的分类

离合器有多种分类方法,一般按从动盘的数量、压紧弹簧的结构形式及布置分类。

(1) 按从动盘的数量分类。

按从动盘的数量,离合器可分为单片离合器、双片离合器和多片离合器。单片离合器(图 7.11)具有结构简单、轴向尺寸紧凑、散热良好、维修和调整方便、从动部分转动惯量小、分离彻底、接合较平顺等优点。

由于双片离合器(图 7.12)的摩擦面增加,因此传递转矩的能力较强,在传递相同转矩的情况下,径向尺寸和踏板力较小,接合较平顺;但中间压盘通风散热不良,起动负载不均匀,容易烧坏摩擦片,同时分离不彻底。双片离合器适用于传递转矩较大且径向尺寸受到限制的场合。

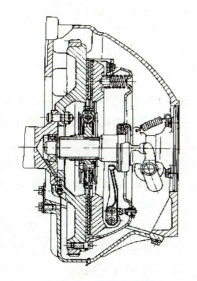

图 7.11 单片离合器

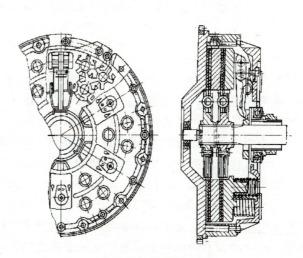

图 7.12 双片离合器

多片离合器多为湿式离合器,以往主要用于行星齿轮变速器换挡机构,具有接合平顺、摩擦表面温度较低、磨损量较小、使用寿命长等优点;但因分离不彻底、轴向尺寸和质量大,故主要应用于重型牵引车和自卸车。

（2）按压紧弹簧的结构形式及布置分类。

按压紧弹簧的结构形式及布置，离合器可分为周置弹簧离合器、中央弹簧离合器和膜片弹簧离合器。离合器压紧弹簧有圆柱螺旋弹簧、矩形断面的圆锥螺旋弹簧和膜片弹簧等，一般采用沿圆周布置、中央布置和倾斜布置等形式。

① 周置弹簧离合器。周置弹簧离合器的压紧弹簧采用圆柱螺旋弹簧且均匀布置在一个圆周上，有的重型汽车将压紧弹簧布置在同心的两个圆周上。周置弹簧离合器结构简单、制造方便，应用广泛。周置弹簧离合器的组成如图 7.13 所示。

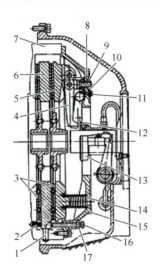

1—定位块；2—分离弹簧；3—从动盘；4—分离杠杆；5—压盘；6—中间压盘；
7—飞轮；8—支承销；9—调整螺母；10—压片；11，17—紧定螺母；12—分离轴承；
13—分离套筒；14—压紧弹簧；15—离合器盖；16—限位螺钉

图 7.13　周置弹簧离合器的组成

② 中央弹簧离合器。中央弹簧离合器采用一个矩形断面的圆锥螺旋弹簧或 1~2 个圆柱螺旋弹簧做压簧，且布置在离合器的中心。由于压簧不与压盘直接接触，因此压盘受摩擦产生的热量不会直接传递给弹簧，弹簧不会出现回火失效现象。由于压簧的压紧力经杠杆系作用于压盘，并按杠杆比放大，因此可用弹簧得到足够的压盘压紧力，使操纵轻便。采用圆柱螺旋弹簧，中央弹簧离合器的轴向尺寸较大；采用矩形断面的圆锥螺旋弹簧，轴向尺寸明显减小，但制造困难。中央弹簧离合器的组成如图 7.14 所示。

③ 膜片弹簧离合器（图 7.15）。作为压紧弹簧的膜片弹簧是由弹簧钢制成的，具有截锥形薄壁膜片，在锥面上有许多径向切槽，形成弹性杠杆，未切槽的大端截锥部分起弹簧作用。膜片弹簧的两侧有支承圈，支承圈借助固定在离合器盖上的铆钉安装定位。当离合器盖未固定到飞轮上时，膜片弹簧不受力而处于自由状态；当离合器盖用螺栓固定到飞轮上时，离合器盖靠向飞轮，后支承圈压向膜片弹簧，使其产生弹性变形，锥顶角增大，甚至膜片弹簧几乎变平；同时，在膜片弹簧的大端对压盘产生压紧力，使离合器处于接合状态。当离合器分离时，分离轴承前移，使膜片弹簧压向前支承圈，膜片弹簧大端后移，并通过分离钩拉动压盘，使离合器分离。

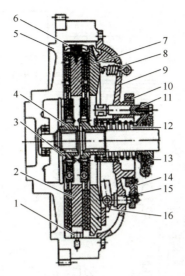

1—传动销；2—中间压盘；3，4—从动盘；5—飞轮；6—分离摆杆；7—压盘；
8—分离弹簧；9—离合器盖；10—调整环；11—传动杆；12—中央（压紧）弹簧；
13—分离套筒；14—平衡盘；15—支承销；16—压紧杠杆

图 7.14　中央弹簧离合器的组成

4. 自动离合器系统

自动离合器系统主要由信号输入部件、执行部件和自动离合器控制器组成，如图 7.16 所示。

信号输入部件包括离合器位置传感器、变速杆传感器、挡位传感器、车速传感器、节气门位置传感器、发动机转速传感器、压力开关、车门开关、发动机机罩开关、制动开关等，将传感器信号和开关信号输入自动离合器控制器。

图 7.15　膜片弹簧离合器

执行部件有液压泵继电器、起动继电器、电磁阀和报警蜂鸣器等。

自动离合器控制器控制执行部件工作，实现离合器精确控制。当驾驶人接通点火开关时，离合器自动断开，发动机起动。挂上挡，离合器预位；踩下加速踏板，离合器接合，汽车平稳起动。在汽车行驶过程中移动变速杆，离合器自动断开与接合，实现顺利换挡。汽车制动，离合器预位，发动机不会熄火。断开点火开关，离合器慢慢自动接合。在车门打开、发动机机罩打开等情况下，离合器断开，汽车不能行驶。

自动离合器系统是通过机械、电子、液压实现自动控制离合器断开和接合的独立系统，主要为手动挡汽车设计，加装时不改变原车结构。自动离合器控制器根据汽车状态（车速、转速、制动、换挡），结合驾驶人意图，模拟优秀的驾驶技术，用最佳时间与最佳速度控制离合器驱动机构，使离合器快速断开和平稳接合，使起动与换挡平顺，同时避免空油与熄火；通过语音提示引导驾驶人正确操作，达到降低油耗、保护发动机的目的。

离合器作为传动系统中的重要部件，起着传递或者中断动力的作用。对于装有机械式变速器的汽车，驾驶人需在汽车起动或者换挡时踩下离合器踏板，再慢慢松开离合器踏

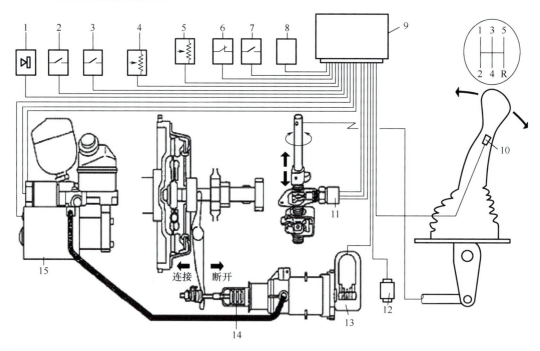

1—报警蜂鸣器；2—制动开关；3—液压泵继电器/起动继电器；4—节气门位置传感器；
5—发动机转速传感器；6—发动机机罩开关；7—车门开关；8—"M"接头；
9—自动离合器控制器；10—变速杆传感器；11—挡位传感器；12—车速传感器；
13—离合器位置传感器；14—离合器分泵缸；15—液压泵组件、电磁阀、压力开关

图 7.16 自动离合器系统的组成

板，完成离合器的接合过程。为了减轻驾驶人的疲劳程度，自动离合器应运而生。传统意义上的自动离合器只控制离合器的断开与接合过程，自动离合器控制器可以同时控制节气门开度及变速杆。自动离合器控制器的控制逻辑如图 7.17 所示。

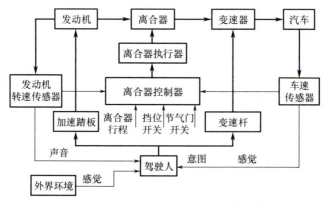

图 7.17 自动离合器控制器的控制逻辑

自动离合器的工作过程主要由传感器信号采集、离合器控制器逻辑判断及执行机构动作组成。图 7.18 所示为电动机式自动离合器的组成。自动离合器控制器实时监控各传感器的状态，当移动变速杆时，自动离合器控制器立刻发出信号，驱动电动机执行机构，使离合

器快速断开,并根据位移传感器的信号确定离合器位置;松开变速杆,自动离合器控制器根据发动机转速、车速及节气门开度等信号进行判断,按照一定的控制策略使离合器快速、平稳接合。

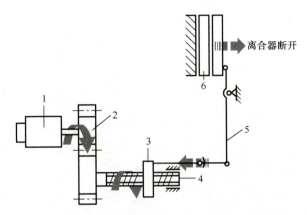

1—电动机;2—齿轮减速机构;3—丝杠螺母;4—丝杠;5—分离杠杆;6—离合器

图 7.18　电动机式自动离合器的组成

7.2.2　变速器

变速器是新能源汽车传动系统的核心,其主要功能是改变传动系统速比,使电动机的转速与转矩变化范围增大,以适应起动、加速、爬坡等工况。

在单动力源驱动下,新能源汽车的变速器主要是机械减速器和电控机械变速器等;在多动力源驱动下,新能源汽车的变速器主要是电控无级变速器(e-CVT)、机电耦合装置、混合动力传动变速器、机械式自动变速器等。

1. 电控无级变速器

电控无级变速器提供无级变速的前进挡和倒挡,允许汽车通过电动机、发动机或两者协同驱动。两个能量源都通过变速器的齿轮装置传递动力。

电控无级变速器主要由四根平行的轴、齿轮、超速离合器、牵引电动机和发电机/电动机组成,如图 7.19 所示。变速器输入轴通过转矩限制器连接发动机飞轮,发动机飞轮连接发动机曲轴。输入轴通过超速离合器与超速齿轮连接。发动机动力通过输入轴传递到超速齿轮和副轴,然后传递至差速器的主减速器主动齿轮,提供驱动转矩。电动机轴连接至牵引电动机,牵引电动机的动力通过电动机传递到电动机轴齿轮和副轴,然后传递至差速器的主减速器主动齿轮,提供驱动转矩。发电机轴连接发动机,发动机的动力通过输入轴与发电机轴连接,输入动力,使用发电机为高压蓄电池充电。

电控无级变速器控制系统主要包括变速器控制单元、传感器、开关(末标)和换挡电磁阀,如图 7.20 所示。变速器控制单元从传感器、开关和其他控制单元接收输入信号、处理数据,并输出信号到发动机控制系统和换挡控制系统。变速器控制单元根据各传感器和其他控制单元的信息决定驱动模式,并驱动换挡电磁阀 A 和换挡电磁阀 B,以接合、断开超速离合器。

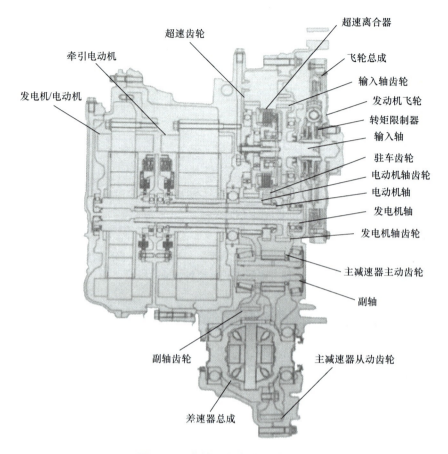

图 7.19 电控无级变速器的组成

2. 机电耦合装置

机电耦合装置将发电机、电动机、离合器、传动齿轮及主减速器集成一体。机电耦合装置的组成如图 7.21 所示，发动机与发电机同轴，双电动机并排布置，单速比传动，通过离合器的控制实现纯电动、增程、混合动力等工作模式。

3. 混合动力传动变速器

图 7.22 所示为混合动力传动变速器的组成。混合动力传动变速器基于传统双离合器自动变速器集成电动机而成，采用三个离合器和一个六挡同步器变速器的结构，离合器 K1 和离合器 K2 与六挡同步器变速器组成一个传统自动变速器，离合器 K0 管理电动机的工作工况，电动机和发动机的动力通过机电结合轴输入。

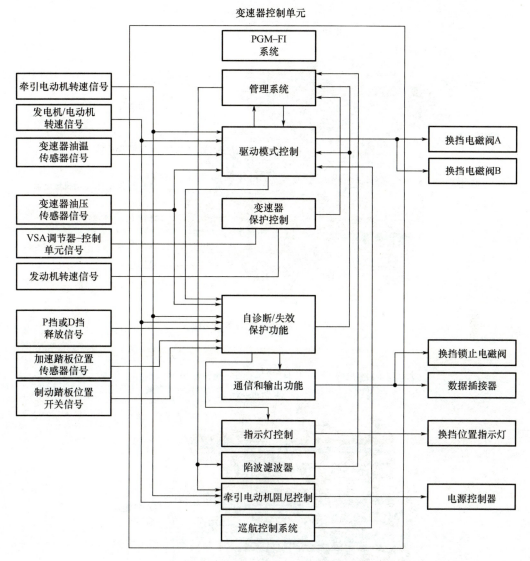

图 7.20 电控无级变速器控制系统框图

4. 机械式自动变速器

机械式自动变速器是增加了前进和倒车时汽车缓慢爬行等功能的变速器。不同于普通自动变速器，它是基于机械式换挡原理设计的变速器。由于机械式自动变速器和手动变速器的齿轮机构相同，不像普通自动变速器一样存在比较大的动力损失，因此其油耗基本与手动挡汽车相同。因为计算机控制换挡，所以对于新手来说，使用机械式自动变速器比使用普通手动变速器省油；而且不需要更换价格高的自动变速器油。可见，机械式自动变速器综合了自动变速器简便的驾驶方式与手动变速器的油耗低、使用成本低等优势，经济性好。

总的来说，机械式自动变速器不需要操纵离合器踏板，无须在换挡的同时操纵加速踏板，对拥挤的城市交通十分有利；而且与自动挡汽车相比，省油和排放量降低效果明显，将成为经济型自动挡轿车和商用车的主要发展方向。

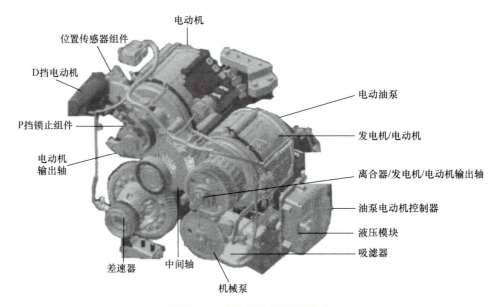

图 7.21 机电耦合装置的组成

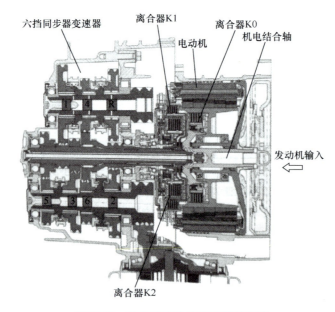

图 7.22 混合动力传动变速器的组成

（1）机械式自动变速器的结构。

机械式自动变速器是电控技术发展的产物，是与动力系统不可分割的变速器，即只有通过控制器控制动力装置的输入转速才能实现变速功能。机械式自动变速器的结构如图 7.23 所示。

1—输出轴；2—变速器；3—电动机
图7.23 机械式自动变速器的结构

机械式自动变速器主要由机械式自动变速器控制器、换挡电动机、电动机控制器、机械式变速器和换挡执行机构等组成。

机械式自动变速器的特点是以电动机主动调速同步取代传统变速器的同步器摩擦被动调速，利用电子控制器实现自动换挡，是一种主动换挡机构。机械式自动变速器的控制方式如图7.24所示。机械式自动变速器控制器根据驾驶人的意图发出换挡指令，换挡电动机对变速器的主动齿轮调速，当主动齿轮、被动齿轮的转速达到换挡条件时，机械式自动变速器控制器向换挡执行机构发出指令，实现换挡。

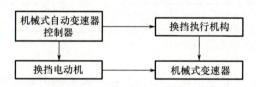

图7.24 机械式自动变速器的控制方式

机械式自动变速器采用无离合器的电动机与变速器同轴直接相连方式，通过一个交流异步电动机与传统三轴机械式变速器（加入自动换挡执行机构）连接，组成机械式自动变速器总成模块；电动机直接与变速器连接，且采用齿式离合器（啮合套）实现各挡位的接合与断开。某四挡机械式自动变速器的结构如图7.25所示。

（2）机械式自动变速器的工作原理。

机械式自动变速器的工作原理是以电动机主动调速的功能取代机械式同步器的摩擦同步，达到顺利换挡的目的。在整个过程中，电动机的高度可控性发挥了至关重要的作用，如起步时的电动机转动、退空挡时的电动机自由模式（无力矩输出）、换挡过程中的主动调速和换挡后的汽车加速度平稳过渡等。顺利换挡的重要保障是电动机具有主动调速功能，由于此时电动机与变速器一轴直接相连，换挡时，变速器一轴转速差大，同步器滑差大，严重影响同步器的使用寿命，因此主动调速是实现机械式自动变速器的理论基础。

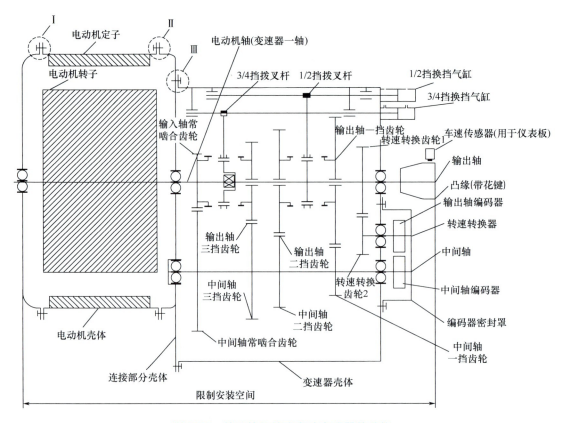

图 7.25 某四挡机械式自动变速器的结构

由于机械式自动变速器不能单独应用，需要与汽车动力系统集成，即将控制器与动力系统的控制器集成，且可以实现制动能量回收，因此统称集成式电驱动系统（integrated electrical drive system，IEDS）。集成式电驱动系统的工作流程如图7.26所示。

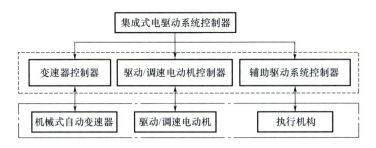

图 7.26 集成式电驱动系统的工作流程

对于纯电动汽车而言，集成式电驱动系统是电动机与自动变速器的集成，其工作原理如图7.27所示；对于混合动力电动汽车而言，集成式电驱动系统是电动机与动力耦合装置（包括自动离合器、自动变速器）的集成，其工作原理如图7.28所示。

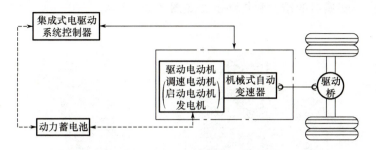

图 7.27 纯电动汽车集成式电驱动系统的工作原理

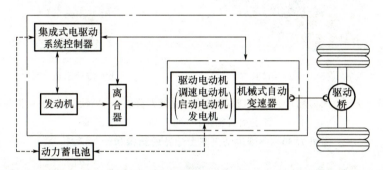

图 7.28 混合动力电动汽车集成式电驱动系统的工作原理

机械式自动变速器动力系统的驱动电动机、调速电动机、启动电动机和制动能量回收的发电机高度集成，驱动电动机与机械式自动变速器之间不需要离合器，且机械式自动变速器中可以没有同步器。此外，机械式自动变速器控制器、电动机控制器和整车控制器可高度集成。

5. 纯电动汽车的变速器

某纯电动汽车变速器的结构如图 7.29 所示。

1—输出轴；2—Ⅱ挡同步器；3—双离合器；4—液压控制单元；
5—高压油泵（电驱动）；6—低压油泵（机械）

图 7.29 某纯电动汽车变速器的结构

典型电动汽车变速器的结构和传动示意如图7.30所示。

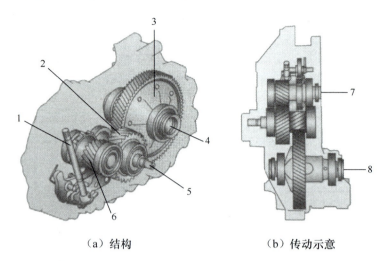

（a）结构　　　　　　　　（b）传动示意

1—输入轴；2—中间齿轮；3—二级被动齿轮及差速器壳；4—半轴；5—被动齿轮中间轴；
6——级主动齿轮；7—输入轴；8—输出轴

图 7.30　典型电动汽车变速器的结构和传动示意

图7.31所示为特斯拉Model S电动汽车的变速器结构。该变速器中没有倒挡机构和机械空挡，提供电动机反转，以实现齿轮反向驱动，电动机停止工作可以实现汽车空挡控制。输入转速较高的变速器带有润滑油泵，可对齿轮传动及轴承进行强制润滑冷却。

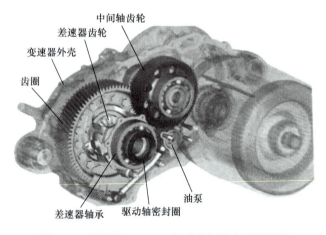

图 7.31　特斯拉 Model S 电动汽车的变速器结构

7.2.3　驱动桥

驱动桥主要由主减速器、差速器、车轮传动装置和驱动桥壳等组成，其作用是将万向传动装置传递的动力旋转 90°，改变力的传递方向，由主减速器降低转速、增大转矩后，经差速器分配给左、右半轴和驱动轮。

在汽车传动系统中，驱动桥主减速器的作用是当变速器处于最高挡位时，使汽车有足够的牵引力、适当的最高车速和良好的经济性。差速器的作用是当汽车转弯或在不平路面上行驶时，为避免一侧轮胎在地面过量滑移，减少磨损，实现左、右驱动轮的转速差异，尽量获得纯滚动。

1. 驱动桥的作用

驱动桥位于传动系统的末端，连接万向传动装置与车轮。驱动桥的结构如图7.32所示。

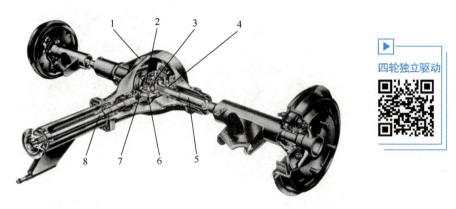

1—驱动桥壳；2—差速器半轴齿轮；3—差速器行星齿轮；4—差速器壳；5—半轴；
6—主减速器从动锥齿轮；7—主减速器主动锥齿轮；8—传动轴

图7.32 驱动桥的结构

驱动桥的作用如下。

（1）降低传动系统转速，增大传动轴传递的转矩，并分配给左、右驱动轮，使左、右驱动轮具有汽车行驶运动学所需的差速功能。

（2）承受路面与车架之间的铅垂力、纵向力、横向力及力矩。

驱动桥不仅是汽车的动力传递机构，还是汽车的行走机构，起支承汽车负荷的作用。整体式驱动桥与钢板弹簧悬架的安装关系如图7.33所示，钢板弹簧悬架通过悬架系统的弹性元件将车架或车厢的铅垂力传递到驱动桥，同时在驱动轮处形成垂直支反力。

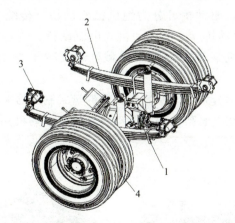

1—驱动桥；2—钢板弹簧；3—钢板弹簧支座；4—驱动轮

图7.33 整体式驱动桥与钢板弹簧悬架的安装关系

当弹性元件为螺旋弹簧、扭杆弹簧、空气弹簧等不能传递纵向力和横向力的元件时，纵向力和横向力通过悬架系统的导向装置传递。驱动桥与空气弹簧悬架的安装关系如图7.34所示，空气弹簧悬架的V形推力杆及纵向推力杆分别将横向力和纵向力传递到驱动桥，而空气弹簧仅传递铅垂力。

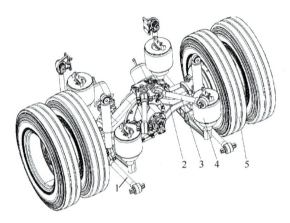

1—纵向推力杆；2—驱动桥；3—V形推力杆；4—空气弹簧；5—驱动轮

图 7.34　驱动桥与空气弹簧悬架的安装关系

在汽车行驶过程中，驱动桥除了承受上述三个方向的力，还在通过驱动桥轴线的横向垂直平面和垂直于驱动桥轴线的纵向垂直平面分别承受两个方向的力矩。

（3）驱动桥的轮边制动器为汽车提供行车制动力矩和驻车制动力矩。

驱动桥的轮边制动器一方面作为行车制动装置；另一方面采用弹簧储能制动气室，以强力弹簧为制动力源，兼具驻车制动和应急制动的作用。

2. 驱动桥的分类与结构形式

（1）驱动桥的分类。

根据传动方式的不同，驱动桥可分为普通驱动桥、转向驱动桥和变速驱动桥等。

按照驱动方式的不同，驱动桥可分为纯机械驱动桥（传统主减速器和差速器式驱动桥）、机械电动机混合式驱动桥（中央电动机式电驱动桥、轮边电动机式电驱动桥）和纯电动机驱动桥（轮毂电动机驱动桥），其中机械电动机混合式驱动桥和纯电动机驱动桥也称电驱动桥。

图7.35至图7.39所示分别为装有静音齿轮的盘式制动器驱动桥、可装备空气悬架的盘式制动器驱动桥、装备空气悬架的偏置驱动桥、轮边电动机式驱动桥和轮毂电动机式驱动桥。

图 7.35　装有静音齿轮的盘式制动器驱动桥

图 7.36　可装备空气悬架的盘式制动器驱动桥

图 7.37 装备空气悬架的偏置驱动桥

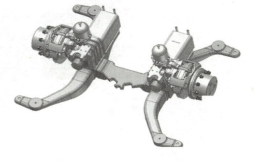

图 7.38 轮边电动机式驱动桥

（2）驱动桥的结构形式。

驱动桥的结构形式与汽车类型、悬架结构形式和驱动桥的位置等密切相关。根据悬架结构的不同，驱动桥可分为整体式驱动桥和断开式驱动桥。

① 整体式驱动桥。

当采用非独立悬架时，整个驱动桥通过弹性悬架与车架连接。由于半轴套管与主减速器壳是刚性连接成一体的，两侧半轴和驱动轮不能在横向平面内做相对运动，因此这种驱动桥称为整体

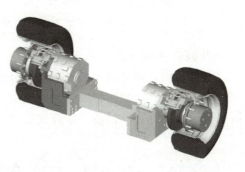

图 7.39 轮毂电动机式驱动桥

式驱动桥。图 7.40 和图 7.41 所示分别为采用钢板弹簧悬架和采用空气弹簧悬架的整体式驱动桥。

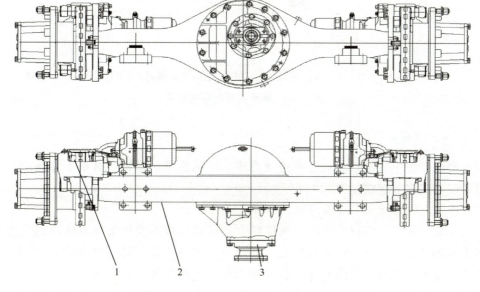

1—轮边制动器；2—驱动桥壳；3—主减速器总成

图 7.40 采用钢板弹簧悬架的整体式驱动桥

1—纵向推力杆；2—斜向推力杆；3—驱动桥壳；4—轮边制动器；5—主减速器总成

图 7.41　采用空气弹簧悬架的整体式驱动桥

② 断开式驱动桥。

当采用独立悬架时，两侧驱动轮分别用弹性悬架与车架连接，并可彼此独立地相对于车架上下跳动。主减速器固定在车架上，驱动桥壳应制造成分段式且通过铰链连接，这种驱动桥称为断开式驱动桥。断开式驱动桥的组成如图 7.42 所示。

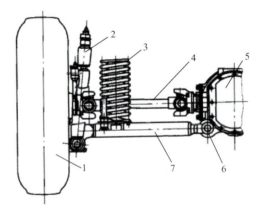

1—车轮；2—减振器；3—弹性元件；4—半轴；5—主减速器；6—摆臂轴；7—摆臂

图 7.42　断开式驱动桥的组成

3. 驱动桥的组成

驱动桥主要由主减速器总成、差速器总成、驱动桥壳、半轴（这里不做介绍）、轮边制动器、制动气室等组成，如图 7.43 所示。

(1) 主减速器总成及差速器总成。

在汽车驱动桥上应用较广泛的主减速器主动齿轮和被动齿轮是准双曲面螺旋锥齿轮，而双级主减速器通常还有一对圆柱齿轮（斜齿圆柱齿轮或人字齿圆柱齿轮）。双曲面齿轮传动的特点是主、从动齿轮的轴线不直接相交而呈空间交叉，空间交叉角为 90°。主动齿轮相对从动齿轮有向上偏移或向下偏移，称为上偏置或下偏置。一般后置发动机采用上偏置，前置发动机采用下偏置。

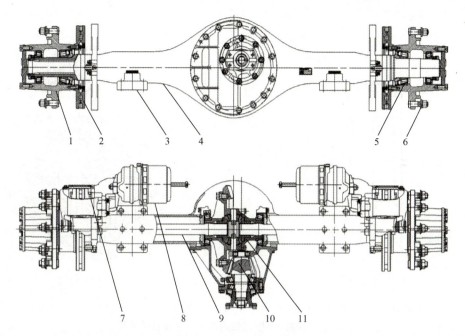

1—轮毂；2—制动盘（鼓）总成；3—悬架安装座；4—驱动桥壳；5—轮毂轴承；6—驱动轮螺栓螺母；
7—轮边制动器；8—制动气室；9—半轴；10—主减速器总成；11—差速器总成

图 7.43　驱动桥的组成

差速器的功能是消除左、右驱动轮运动学上的不协调，保证驱动桥两侧驱动轮在行程不同的情况下以不同的转速旋转，从而满足汽车行驶的运动学要求。应用较广泛的驱动桥差速器是对称式圆锥行星齿轮差速器。当汽车在平坦路面直线行驶时，左、右驱动轮的转速相同，无差速作用；当汽车转弯行驶时，差速器工作，左、右驱动轮的转速不同且与各自驱动轮行程适应，避免驱动轮滑移或滑转。差速器的内摩擦改变了驱动桥的转矩分配，旋转较快一侧的半轴齿轮上的转矩减小，旋转较慢一侧的半轴齿轮转矩增大，有利于改善汽车的通过性。例如，当汽车的一侧驱动轮因附着力不足而开始滑转时，接收的转矩减小，而传递到另一侧不滑转驱动轮的转矩相应增大，左、右驱动轮的总牵引力仍可能达到最大值。对于经常在泥泞、冰雪路面行驶的越野车，为充分利用牵引力，在普通圆锥行星齿轮差速器上加装一种使差速器差速作用暂时失效的差速锁，以便必要时将差速器锁住。对于轿车而言，由于行驶路况较好，差速器的内摩擦较小，差速器的锁紧系数为 1.1～1.15，可以近似认为转矩被平均分配到左、右驱动轮。主减速器总成及差速器总成的传动原理和结构如图 7.44 所示。

在图 7.44 中，ω_0 为差速器壳的角速度；ω_1、ω_2 分别为左、右半轴的角速度；T_0 为差速器壳接收的转矩；T_r 为差速器的内摩擦力矩；T_1、T_2 分别为左、右半轴对差速器的反转矩，则

$$\omega_1 + \omega_2 = 2\omega_0 \begin{cases} T_1 + T_2 = T_0 \\ T_2 - T_1 = T_r \end{cases} \tag{7-1}$$

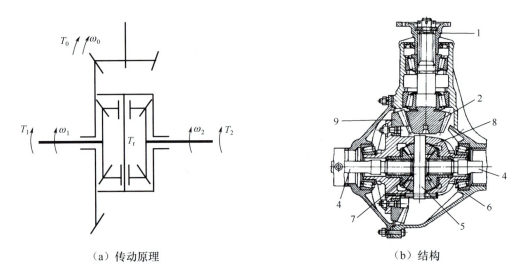

(a) 传动原理　　　　　　　　　　(b) 结构

1—驱动轴；2—从动锥齿轮；3—差速器壳；4—半轴；5—十字轴；6—驱动桥壳；
7—半轴齿轮；8—行星齿轮；9—从动锥齿轮

图 7.44　主减速器总成及差速器总成的传动原理和结构

(2) 驱动桥壳。

驱动桥壳起支承汽车载荷的作用，并将载荷传递给驱动轮，作用在驱动轮上的牵引力、制动力、侧向力和垂向力经过驱动桥壳传递到悬架及车架上。驱动桥壳也是主减速器、差速器及驱动车轮传动装置的外壳。

驱动桥大多采用整体式桥壳，有铸造整体式桥壳、钢板冲压焊接整体式桥壳和钢管扩张成形整体式桥壳。铸造整体式桥壳的优点是可以制成形状复杂、壁厚变化的结构，从而得到理想的应力分布，主要用于中型商用车和轻型商用车；其缺点是质量大、加工面多、制造工艺复杂。钢板冲压焊接整体式桥壳简称冲焊桥壳，采用钢板冲压焊接工艺制成，不仅工艺简单、生产率高及成本低，而且强度和刚度较高，整体质量小，是主流驱动桥壳。钢管扩张成形整体式桥壳多用于汽车驱动桥，是近年出现的驱动桥壳，采用无缝钢管扩张制成，生产效率和材料利用率高，质量小，强度和刚度较高，但需要采用专用扩张和滚压成型轧制设备。

(3) 轮边制动器。

轮边制动器主要有鼓式制动器和盘式制动器两种。由于盘式制动器比鼓式制动器性能好，因此多采用盘式制动器。

(4) 制动气室。

大、中型商用车一般采用气压制动，部分轻型汽车和小型汽车采用液压制动。气压制动可以提供较高的系统压力和整车制动力。驱动制动器的制动气室有行车制动腔和驻车制动腔，通过压缩空气提供行车制动推杆力，而驻车制动推杆力来源于储能弹簧。

7.2.4 万向传动装置

万向传动装置主要由万向节和传动轴组成,有的还有中间支承,是连接变速器与驱动桥的基本机构,其作用是在轴间夹角及相互位置经常变化的转轴之间传递动力。万向传动装置的基本结构如图7.45所示。

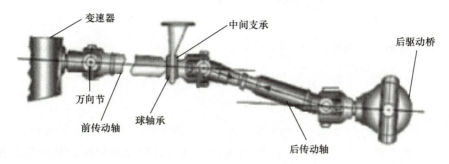

图 7.45 万向传动装置的基本结构

1. 万向传动装置的布置

万向传动装置在汽车上的布置如图7.46所示。

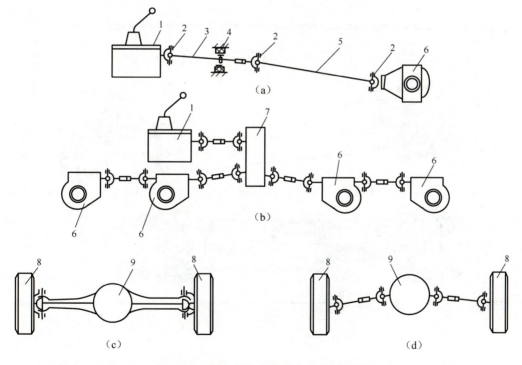

图 7.46 万向传动装置在汽车上的布置

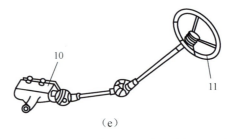

(e)

1—变速器；2—万向节；3—中间传动轴；4—主传动轴；5—驱动杆；6—驱动桥；
7—分动器；8—驱动轮；9—主减速器；10—转向器；11—转向盘

图 7.46 万向传动装置在汽车上的布置（续）

2. 传动轴的组成

传动轴的组成如图 7.47 所示。当传动轴过长时，自振频率降低，易产生共振，故将其分成两段并加中间支承。中间传动轴前端焊有万向节叉，后端焊有花键轴，其上套有带内花键的凸缘盘；主传动轴前端焊有花键轴，其上套有滑动叉且可在花键轴上轴向滑动，适应变速器与驱动桥相对位置的变化，滑动部位用润滑脂润滑，并用油封（橡胶伸缩套）达到防漏、防水、防尘的目的，滑动叉前端装有带小孔的堵盖，以保证花键部位伸缩自由。

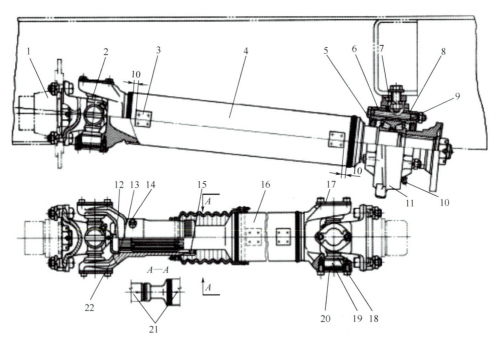

1—凸缘叉；2—万向节十字轴；3—平衡片；4—中间传动轴；5，15—中间支承油封；
6—中间支承前盖；7—橡胶垫片；8—中间支承后盖；9—双列圆锥滚子轴承；10，14—油嘴；
11—支架；12—堵盖；13—滑动叉；16—主传动轴；17—锁片；18—滚针轴承油封；
19—万向节滚针轴承；20—滚针轴承轴盖；21—装配位置标记；22—万向节

图 7.47 传动轴的组成

安装好传动轴两端的连接件后，进行动平衡试验。在质量小的一侧补焊平衡片，使不平衡量不超过规定值。为防止装错位置和破坏平衡，滑动叉和轴管上都应刻有带箭头的标记。为保持平衡，油封上两个带箍的开口销应间隔180°，万向节的螺钉、垫片等零件不应随意更换规格。为方便加注润滑脂，万向传动装置的油嘴应在一条直线上，且万向节上的油嘴应朝向传动轴。

1. 纯电动汽车的传动系统有哪几种？
2. 混合动力电动汽车的传动系统有哪几种？各有什么特点？
3. 混合动力电动汽车的传动系统有哪几种布置形式？
4. 新能源汽车的核心传动元件有哪些？
5. 为什么汽车传动系统需要安装离合器？
6. 为什么纯电动汽车需要安装变速器？
7. 汽车驱动桥的作用是什么？
8. 为什么驱动桥需要差速器？

电动汽车多挡变速器的必要性

传动系统作为电动汽车中非常重要的组成部分，对整车经济性和动力性有举足轻重的作用。电动机与传统发动机相比，在转速与转矩方面都具有非常好的调速特性。为了降低制造成本，并使整车结构更加紧凑，很多电动汽车都采用固定速比的传动系统。

在固定速比的传动系统下，为了满足电动汽车最高车速和加速性能的各项动力性设计指标，对电动汽车的驱动电动机和电池的性能要求较高。首先，电动汽车采用固定速比的传动系统可使电动机的效率利用率降低，在电动汽车的研发过程中，为了使其具有较高的最高车速，传动比需设计得比较小，使电动机长期工作在大转矩、大电流的运行状态下，不仅浪费了电池能量，还降低了电动汽车的经济性。电动汽车采用多挡变速器的传动结构，不仅低速时能提供较大的驱动力矩，还可以提高电动汽车的最高车速。采用多挡变速器传动系统还可以通过控制传动系统，使电动机更多地在高效率区域工作，改善了电动汽车的整车经济性和动力性。

思考：电动汽车的多挡变速器与内燃机汽车的多挡变速器有什么差别？

计算机端	[1] 新能源汽车网 http：//www.chinanev.net/
	[2] 网易汽车 http：//product.auto.163.com/
	[3] 搜狐汽车 https：//www.sohu.com/tag/67952
Android、iOS端	二维码

第 8 章　新能源汽车安全系统

学习要点	◇ 轮胎气压自动监测系统 ◇ 安全带 ◇ 安全气囊
导入案例	电控系统的性能
主体内容	◇ 轮胎气压自动监测系统 ◇ 安全带 ◇ 安全气囊
案例讨论	动力电池：多重冗余设计

　　发展是安全的基础，安全是发展的条件。构建公共安全体系要从思想上强化为民保平安、为民谋幸福的责任感和使命感，推动各层各级切实把安全发展理念落实到经济社会发展的全领域、全阶段、全过程，筑牢"发展决不能以牺牲安全为代价"的红线意识，守护好人民群众生命安全。

　　2022 年 3 月，中华人民共和国工业和信息化部（以下简称工信部）等五部门公开发布《关于进一步加强新能源汽车企业安全体系建设的指导意见》（以下简称《指导意见》）。在新能源汽车渗透率不断提高、质量问题越来越多的情况下，工信部等部门规范新能源汽车企业安全体系建设对行业发展、消费者权益保护都大有裨益。

　　《指导意见》主要用于进一步加强新能源汽车安全管理，加快构建系统、科学、规范的新能源汽车安全体系，保障公民生命安全和财产安全，推动新能源汽车产业高质量发展。

　　针对动力电池安全，企业应当与动力电池供应商积极开展设计协同，持续优化整车与动力电池的安全性匹配及热管理策略，明确动力电池使用安全边界，提高动力电池在碰撞、振动、挤压、充放电异常等状态下的安全防护能力，研究应用热失控实时监测预警装置和早期抑制及灭火措施。

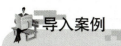 导入案例

电控系统的性能

电动机控制器作为新能源汽车的动力控制系统，掌握着整车加速、减速等关键性能，不容忽视电控失效带来的安全风险，符合功能安全的电控设计逐渐成为行业普遍需求。当前对电控的功能安全需求多为 ASIL C 级，未来或将提升为 ASIL D 级，需要供应商具备复杂度更高、冗余性更强、可靠性指标更高的电控产品设计能力和水平。

ISO 26262《道路车辆功能安全》对流程建设有清晰的指标，但不涉及具体的产品设计。在摸索过程中，符合功能安全的电控产品开发面临的挑战更多，如在过设计和欠设计中寻找平衡、在保证安全性的同时实现性能最优等。

汽车安全性可分为主动安全性和被动安全性。其中，主动安全性是指汽车避免发生意外事故的能力，被动安全性是指汽车发生意外事故时有效保护乘员的能力。主动安全技术和安全装置就是汽车主动避免发生意外事故的技术及其开发和装备的有关装置（系统）、总成和部件。汽车作为公路交通中的主要乘员运输载体，行驶速度高、载客量大，一旦发生交通事故就会造成群死群伤的重大灾难和巨大财产损失。因此，随着计算机、网络、信息传输和电子技术等的发展，汽车主动安全技术和安全装置成为重点研究内容，在汽车上的应用越来越广泛，极大地提高了汽车的行驶安全性。

汽车主动安全技术和安全装置可分为两大类：防滑控制和智能安全系统。其中，防滑控制主要是指动力学控制，包括防抱死制动、驱动防滑控制、电制动力分配、电子驻车、电子制动、驱动力控制等安全技术，以及电涡流缓速器、液力缓速器、发动机进排气辅助制动系统、轮胎气压自动监测系统及辅助充气装置等安全装置；智能安全系统主要包括电子稳定控制、智能避撞（前防碰撞报警、车道偏离报警、疲劳驾驶检测、自动泊车、行人识别和标志识别等）、自动限速控制、环境感知、夜视成像、夜视巡航、抬头显示、自适应前照灯控制、360°全景环视等内容。

8.1　智能安全系统

在中、高档汽车上应用的智能安全系统有电子稳定控制系统、前防撞报警系统、车道偏离报警系统、自动限速控制系统、盲区辅助系统、夜视成像系统和疲劳驾驶检测系统等。

智能安全系统提高汽车行驶安全性的效果明显。以主动防撞控制系统为例，研究表明，若所有汽车都装备智能安全系统，则交通事故率减小 27%。

汽车智能安全系统

8.1.1 电子稳定控制系统

就汽车动力学特性而言，当汽车紧急躲避障碍物或高速急转弯时，容易产生很大的侧向加速度和质心侧偏角，出现驾驶人难以控制的侧滑现象。首先，普通驾驶人不能精确估计车轮与路面之间的附着系数，也不清楚汽车的侧向稳定系数，因此，在车轮与路面之间处于附着极限条件下驾驶汽车是一件非常困难的事情；其次，普通驾驶人受限于反应速度与驾驶经验，不能在附着极限条件下很好地驾驶汽车，相关研究表明，普通驾驶人在汽车侧偏角小于 2° 时可进行有效操纵，而专业驾驶人可控的侧偏角不大于 4°；最后，驾驶人在不同交通状况下深思熟虑的能力被最小化，如果发生极限附着，汽车动力学特性的突变就会使驾驶人惊慌失措，进而采取错误的处理方式（如胡乱操纵转向盘等）。

电子稳定控制系统

在汽车减速和加速过程中，防抱死制动系统和驱动防滑控制系统通过控制纵向滑移率保证汽车制动和驱动时的纵向动力学性能，以防止制动时车轮抱死和驱动时车轮打滑，同时可以间接控制减速和加速过程中的侧向稳定性。但在极限转向工况下，当汽车所受的侧向力接近轮胎与地面的附着极限或因达到饱和而引起转向不足和转向过度趋势时，汽车丧失操纵稳定性，防抱死制动系统和驱动防滑控制系统都无能为力。

电子稳定控制（electronic stability control，ESC）系统，又称电子稳定程序（electronic stability program，ESP），是在防抱死制动系统和驱动防滑控制系统的基础上加装测量汽车运行姿态的传感器，当汽车在行驶过程中遇到紧急躲避障碍物或高速急转弯时，电子稳定控制系统通过在左、右车轮上施加不同的制动力主动干预汽车动力学状态，以防止汽车发生失控旋转等失稳情况，保证行车安全。电子稳定控制系统具备以下三个特点。

（1）实时监控。电子稳定控制系统能够实时监控驾驶人的操纵动作、路面反应和汽车运动状态，并不断向发动机和制动系统发出指令。

（2）主动干预。防抱死制动系统等主要对驾驶人的动作起干预作用，不能调控发动机。而电子稳定控制系统可以主动调控发动机的转速，并调整每个车轮的驱动力和制动力，以修正汽车的转向过度和转向不足。

（3）事先提醒。当驾驶人操作不当或路面异常时，电子稳定控制系统通过警告灯提醒驾驶人。

1. 电子稳定控制系统的组成

电子稳定控制系统主要由电子控制单元、转向盘角度传感器、横摆角速度传感器、加速度传感器等组成。电子稳定控制系统布置如图 8.1 所示。

（1）电子控制单元。

电子控制单元包括电源管理模块、传感器信号输入模块、执行机构驱动模块、指示灯接口及 CAN 总线通信接口等，是汽车电子稳定控制系统的核心部件，用于接收和处理传感器的信号信息。作为执行控制算法逻辑的载体，电子控制单元是整个系统的大脑中枢、驱动电子稳定控制系统的执行器，可以实现对汽车非稳态的干涉和调节。

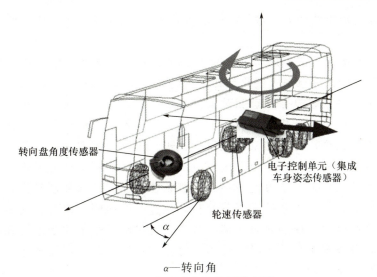

α—转向角

图 8.1　电子稳定控制系统布置

（2）转向盘角度传感器。

转向盘角度传感器用来测量转向盘角度和转角变化速率，预测驾驶人的操纵意图，为电子控制单元提供控制动作的依据。转向盘角度传感器按照输出信号和应用方式，可分为绝对值转向盘角度传感器和相对值转向盘角度传感器，其中，前者基于电阻分压原理，通常以导电塑料为电阻器分压，属于传统的转向盘角度传感器；后者包括光电感应式传感器、电磁感应式传感器及纯粹由电器元件组成的传感器等。

（3）横摆角速度传感器。

汽车的横摆运动是绕垂直轴的旋转运动。横摆角速度传感器主要测量汽车绕质心垂直轴的角速度，如果偏转角速度达到一定值，则提示汽车将有发生侧滑或甩尾的危险。横摆角速度传感器是一种振动陀螺仪，利用科里奥利力效果，通过物体转动时的运动速度（横摆角速度和振动速度）产生科里奥利加速度，从而测量转动率，并输出一个高精度的类比电压。

（4）加速度传感器。

加速度传感器用来测量汽车纵向加速度和侧向加速度。加速度传感器有很多种，有利用压电石英谐振器的力-频特性测量加速度的，还有使用衰减弹簧质量系统测量加速度的。在汽车行驶过程中，可通过加速度传感器内部的电压变化判断加速度的大小和方向。

2. 电子稳定控制系统的工作原理

汽车理论中的轮胎侧偏特性是影响整车操纵性的基础。电子稳定控制系统力求使每个轮胎的受力都处于侧偏特性中的稳定区域，而宏观上其实是改变轮胎受到的横摆力矩，使得汽车在即将冲出临界工况时，被强行拉回稳定行驶的工况。因此，电子稳定控制系统需要不断地检测驾驶人的操作和汽车当前行驶信息，并及时判断是否即将失稳，其中转向过度和转向不足是汽车容易发生的临界稳定状态。

当汽车在低附着系数路面上行驶时，前轮侧偏力（轮胎能提供的转弯时所需的力）先饱和（值非常小），由于横摆力矩减小，因此驾驶人想使汽车按照期望运动轨迹行驶变得困难，汽车会偏离期望运动轨迹而驶向外侧，造成转向不足；当后轮侧偏力先趋于极限时

（值很小），横摆力矩突然增大，过大的横摆力矩无疑将造成较大的轮胎侧偏角和横摆角速度，导致转向过度。

电子稳定控制系统的任务是在以上两种工况下主动干涉，协助驾驶人稳定操纵汽车。一方面监测驾驶人的操纵意图（主要是转向盘的转动角度、角速度及转动幅度）；另一方面监测汽车当前行驶状态是否跟踪驾驶人的操纵意图，评估与操纵意图的偏差。宏观上看，就是实际运动轨迹与理想运动轨迹的偏差，得到偏差且偏差超过一定范围时，电子控制单元发出控制指令，对制动系统或发动机进行干涉，调整施加在相应轮胎上的制动力或减小发动机输出的动力，避免发生事故。当具有转向不足特性的汽车左转弯时，前轮上会产生向外拉的效果，通过电子稳定控制系统在左后轮施加制动力，产生具有稳定作用的逆时针转矩，汽车将被拉回正确的行驶轨迹；在相同弯道上，具有转向过度特性的汽车后轮上会产生向外拉的效果而偏离弯道，通过电子稳定控制系统在右前轮上施加制动力，产生具有稳定作用的顺时针转矩，将汽车拉回正确的行驶轨迹。电子稳定控制系统的功能如图 8.2 所示。

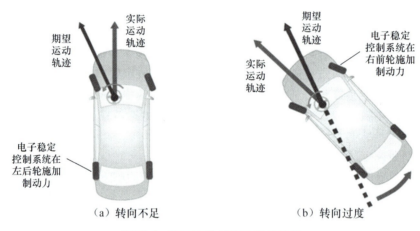

(a) 转向不足　　　　　　　　(b) 转向过度

图 8.2　电子稳定控制系统的功能

无论是在弯道上或紧急避让状态还是在制动过程、加速过程、车轮打滑时，一旦汽车行驶状态变得危急，电子稳定控制系统就能利用上述原理提高汽车行驶方向的稳定性。同时，电子稳定控制系统能缩短防抱死制动系统在弯道和对开路面（汽车的一侧为光滑路面）上的制动距离。

8.1.2　前防撞报警系统

前防撞报警系统作为一种先进的车载电子安全系统，能够实时探测前方障碍物的运动状态，并结合自车运行参数及时作出判断，最大限度地减少驾驶人对车间距离和相对速度的误判，有效预防追尾事故的发生。

1. 前防撞报警系统的组成

前防撞报警系统主要由测距传感器和电子控制单元组成。测距传感器的主要作用是向电子控制单元提供自车与潜在危险障碍物之间的距离信息，常用的测距传感器有超声波雷达、激光雷达、毫米波雷达（图 8.3）等。电子控制单元接收距离信息，结合汽车当前运动状态判断潜在碰撞危险，并采取相应的操作策略。

图 8.3　毫米波雷达

前防撞报警系统的关键技术是障碍物探测技术和目标识别技术。前者用于提高系统工作的可靠性，在保证障碍物探测精度的基础上，根据自车运行状态识别有效的目标，从多个障碍物中挑选出潜在的危险目标。在汽车高速行驶过程中，测距传感器可以探测到多个前方障碍物，包括汽车、路牌、行人和树木等，而只有处于自车预计行驶轨迹上的障碍物才是"危险目标"。无论障碍物探测技术采用哪种测距传感器，目标识别算法都要求估计汽车的行驶路线，以利于区分危险障碍物（如自车所在车道的前方汽车等）和没有危险的障碍物（如逆向车道上的汽车和路牌等）。

2. 前防撞报警系统的种类

前防撞报警系统可以分为被动防撞预警系统和主动防撞控制系统。其中，被动防撞预警系统可以探测危险并向驾驶人发出危险预警信息；主动防撞控制系统在发现危险时主动采取预防措施，避免发生碰撞事故。两种系统都要求探测到前方障碍物，主要区别在于探测到障碍物后的执行动作是由驾驶人执行还是自动执行。

（1）被动防撞预警系统。

当被动防撞预警系统探测到潜在的危险目标时，可通过视觉、听觉、触觉等方式提醒驾驶人，但不会采取主动措施操纵汽车，需要由驾驶人决定是否采取应急措施及采用哪种应急措施。被动防撞预警系统的前防撞报警系统的组成如图 8.4 所示。除了上面提到的障碍物探测技术和目标识别技术，被动防撞预警系统中的安全车距控制模型也是关键技术。

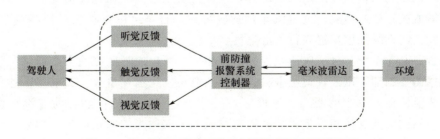

图 8.4　被动防撞预警系统的前防撞报警系统的组成

根据汽车制动过程的时序分析，两辆汽车间的安全距离由三部分组成：反应距离、制动距离及停车距离。

① 反应距离：驾驶人意识到与前方目标障碍物可能存在追尾危险，但尚未采取制动措施时的自车行驶距离，主要取决于驾驶人的反应时间，与驾驶人的年龄、心理状态和疲劳程度等相关。

② 制动距离：从驾驶人采取制动措施到自车完全停止行驶的距离，主要影响因素有汽车制动性能、路面附着系数和两车相对速度等，其中路面附着系统需要考虑天气影响。

③ 停车距离：汽车完全停止行驶后与前方目标障碍物的距离，可根据个人驾驶习惯、道路等级等因素确定。

图 8.5 所示为前防撞报警系统效果。前防撞报警系统可以检测自车与行驶轨迹上其他汽车之间的相对距离和相对速度，综合驾驶人的操纵行为（制动、加速等），评估碰撞危险程度，必要时，需要利用报警人机界面进行可视报警，如报警图标闪烁；对驾驶人身体产生刺激，如电动安全带、警示声音提醒等。该系统采用区分静止物体和运动物体的针对性算法及集成桥梁和护栏的检测算法等，以避免误报警。

图 8.5　前防撞报警系统效果

（2）主动防撞控制系统。

主动防撞控制系统的典型代表是自适应巡航控制（adaptive cruise control，ACC）系统和先进紧急制动系统（advanced emergency braking system，AEBS）。

自适应巡航控制系统是在传统定速巡航的基础上研发的智能辅助驾驶系统，可以根据与前方汽车的实时距离、驾驶人设定的安全距离和巡航车速自动调节自车速度。当前方没有其他汽车或前方汽车速度高于巡航车速时，自适应巡航控制系统自动根据巡航车速行驶；当检测到本车道前方存在速度较低的汽车时，根据两车相对速度依次启动发动机转矩限制、发动机排气制动和应急制动系统等，以保持安全距离；在危险情况下，可紧急制动以避免碰撞或减轻碰撞影响；前方汽车加速驶离后，自车可以自动恢复到巡航车速行驶，以减轻驾驶人的操纵强度，提高行驶舒适性。

先进紧急制动系统与自适应巡航控制系统相同，可以通过监测前方交通状况识别潜在危险和根据需要制动，以减轻追尾事故的影响或避免发生追尾事故。其前视雷达传感器采用先进算法监测前方汽车的距离、速度等运行状态，当监测到可能与前方汽车发生碰撞时，通过一系列听觉反馈和视觉反馈，提醒驾驶人采取适当的纠正措施；如果驾驶人没有作出反应，则发出触觉反馈，这是在不需要干预的情况下防止发生碰撞的最后机会；如果驾驶人仍没有作出反应，则视情况启用不同的制动策略，以保证汽车在发生碰撞前停止或者达到法规要求的车速限值。

8.1.3 车道偏离报警系统

很多汽车事故都与汽车偏离正常车道行驶有关,其主要原因是驾驶人注意力不集中或者疲劳驾驶,造成汽车无意识偏离。

车道偏离报警系统(lane departure warning system,LDWS)是一种以报警方式辅助过度疲惫或者长时间驾驶的驾驶人,使汽车保持在车道内行驶,减少汽车因车道偏离引发交通事故的系统。该系统由安装在汽车前风窗玻璃内侧的智能摄像头(图8.6)实时检测前方道路环境,准确识别汽车左、右两侧道路的交通标线,结合汽车行驶数据进行车道偏离决策。当驾驶人因疲劳、疏忽、注意力分散等被动偏离车道时,通过视觉反馈、听觉反馈、触觉反馈等方式告知驾驶人汽车行驶偏离情况,避免因汽车无意识偏离车道而造成交通事故。车道偏离报警系统的工作原理如图8.7所示。

(a)实物　　　　　　　　　　　(b)安装位置

图 8.6　智能摄像头

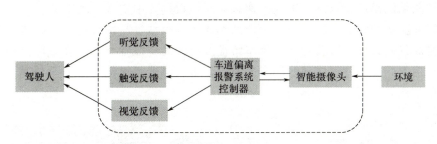

图 8.7　车道偏离报警系统的工作原理

车道偏离报警系统的两个关键技术是车道线识别算法和车道偏离报警算法。

作为车道偏离报警系统的核心,车道线识别算法要求道路路面存在符合国家标准的较清晰的车道线。车道线识别算法可以分为基于特征的识别方法和基于模型的识别方法。基于特征的识别方法主要结合交通标识线的一些特征(颜色特征、灰度梯度特征等),从获取的图像中识别道路边界或车道线,是应用较多的识别方法;基于模型的识别方法主要基于不同的道路图像模型(2D模型或3D模型),采用不同的识别技术(Hough变换、模板匹配技术和神经网络技术等)识别车道线。

车道偏离报警系统的关键是确定一个合适的预警时刻向驾驶人报警,并在保证报警准确性的情况下不干扰驾驶人的操作,必要时,需加入汽车运动参数。车道偏离报警系统采用的报警算法包括：基于汽车在车道中的当前位置，利用车轮和车道线的相对位置进行偏离决策；基于汽车穿越车道线边界的时间（time to lane crossing，TLC），假设汽车当前运动状态（转向盘角度、车速等）保持不变，通过模型估计汽车行驶轨迹，并估算发生偏离所需的时间；基于稳态预瞄模型，利用汽车纵向加速度的稳态值，将汽车的动态响应模型作为预测模型，根据汽车当前稳态特性预测未来某时刻到达的位置，对汽车行驶轨迹进行稳态预瞄，再通过汽车预期轨迹点与车道纵、横向距离对汽车偏离状态进行评价，并根据驾驶人当前状态和路况等建立预警评价值。

8.1.4　自动限速控制系统

超速行驶是造成交通事故的罪魁祸首。传统限速方法是采用限制汽车本身的最高车速或通过全球定位系统（global positioning system，GPS）电子围栏进行超速报警，但这两种方法都无法将车速限制在由人、车、路、环境等因素共同决定的实际安全车速范围内。例如，在某些特殊路段或恶劣气候条件下，不能真正避免由超速导致的交通事故。

为了更大程度地杜绝超速行为，基于车联网的自动限速控制系统采用主动限速技术，结合 GPS 位置信息和电子围栏技术，在后台系统设置不同路段的最高车速；同时，借助智能技术及时监测外部环境变化（如通过 5G 等通信手段获取前方道路天气状态、通过刮水器工作状态判断当前降雨趋势等），主动限制发动机的输出功率，实现对最高车速的限制，确保汽车在特殊路段和恶劣气候条件下在安全车速范围内行驶，避免因超速引发交通事故。自动限速控制系统具备以下功能特点。

（1）主动限速。在传统电子围栏限速报警的基础上，根据远程管理平台的控制指令及车速自动控制功能模块，当汽车进入限速区域时，根据要求实现主动限速。

（2）智能车速控制。采用安全、智能的车速控制模型，利用智能传感技术及车联网技术，综合判断气候条件、道路特征、汽车特征及驾驶人特征等指标，在危险路段、事故多发路段和恶劣气候等条件下实现智能车速限制，最大限度地保证行车安全。车速控制模型的参考指标如图 8.8 所示。

图 8.8　车速控制模型的参考指标

自动限速控制系统可通过接收外部输入条件自主设定汽车速度限值，有效预防因超速引发交通事故，如夜间超速行驶、危险路段超车等。

8.1.5 盲区辅助系统

在日常驾驶过程中，驾驶人通常通过车身两侧的后视镜和车内后视镜，观察汽车两侧及后方的交通状况。但受后视镜布置方式、车身结构及驾驶人观察角度的限制，后视镜提供的信息不能完整覆盖车身周边环境，所有汽车均存在不同程度的"盲区"。

倒车雷达及倒车影像监视系统很好地满足了驾驶人对汽车后方盲区的视野需求，可以直观、准确地观察汽车后方的障碍物情况。由于汽车两侧及前保险杠附近的盲区对汽车转弯、变道及通过狭窄路段等情况下的安全行驶十分必要，因此陆续面世多种盲区辅助系统，其中以换道辅助系统（lane change assistant system，LCAS）和全景环视系统（top view system，TVS）为主要代表。

1. 换道辅助系统

换道辅助系统的原理是利用摄像头或雷达传感器监测汽车两侧及后方的道路环境，摄像头通常安装在汽车两侧后视镜处，雷达传感器安装在后保险杠处。在汽车行驶过程中，当换道辅助系统检测到驾驶人有变道意图（转向灯开启）时进行辅助决策；当判断邻道或后方接近汽车可能对换道安全造成影响时，通过视觉报警、听觉报警提醒驾驶人。换道辅助系统的功能示意如图 8.9 所示。

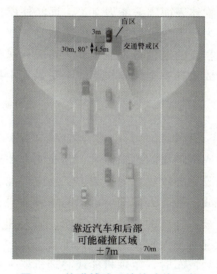

图 8.9 换道辅助系统的功能示意

2. 全景环视系统

全景环视系统的原理是通过车身周围的多路广角摄像头实时采集周边环境影像，经过参数标定、畸变校正、光照一致性均衡和拼接融合等智能图像算法处理，形成一幅汽车周边的全景俯视图并显示在显示屏上，直观呈现汽车的位置和周边情况。全景环视系统无盲区、无死角，提高了驾驶人对周边环境的感知能力，驾驶人可实时了解障碍物的方位，从容处理汽车起动、转弯、泊车、窄道会车、规避障碍等情况，有效减少刮蹭、碰撞、碾压甚至陷落等事故的发生。全景环视系统效果如图 8.10 所示。

图 8.10　全景环视系统效果

8.1.6　夜视成像系统

夜间行车对驾驶人来说非常危险。首先，夜间能见度较低，汽车前照灯的照射范围和照明亮度有限，驾驶人往往对道路前方突然出现的行人、汽车反应不及时。夜视成像系统（night vision system，NVS）的主要实现方式有主动式近红外成像和被动式远红外成像。其中，前者利用自主发出红外线的前照灯设备，当红外线遇到障碍物反射时被低照度摄像机接收，并通过显示屏成像，其优点是成本较低，但容易受对面来车的强光干扰；后者根据普朗克定律，即在自然界中，一切温度高于绝对零度的物体都在不停地向外辐射红外线，辐射强度与辐射温度及物体表面辐射能力有关。远红外夜视系统将物体的红外辐射聚焦到能够将红外辐射能转换为便于测量的物理量的器件——红外探测器上，红外探测器将强度不同的辐射信号转换成相应的电信号，经过放大处理和视频处理，形成可供人眼观察的视频图像。被动式远红外成像具有全天候作业，不受强光干扰，可穿透雨、雾、沙尘等恶劣环境的优点。

8.1.7　疲劳驾驶检测系统

当驾驶人疲劳时，其对周围环境的感知能力、判断能力和对汽车的操纵能力大幅度降低，在很多情况下，疲劳驾驶是导致注意力不集中、反应迟钝、操作不当甚至超速行驶的直接原因，容易发生交通事故。随着人们安全意识的增强和科学技术的进步，驾驶人安全状态监测技术成为汽车安全技术领域的主要发展方向，研究和开发高性能的疲劳驾驶检测技术对改善我国交通安全状况有重大意义。

驾驶疲劳是指驾驶人驾驶汽车时，生理机能或心理机能失调，导致驾驶机能失调的现象。当驾驶人疲劳时，除有循环机能、血液、呼吸机能、神经机能和体温等变化外，心理状态等方面也会发生变化。疲劳驾驶检测方法有多种，国际上没有一种公认有效的方法。疲劳驾驶检测方法可分为主观方法和客观方法两种。其中，主观方法主要是通过驾驶人自评或他评的方式评价疲劳症状，估计驾驶人的疲劳程度。由于主观方法具有评分主观、标准尺度把握不统一、受记忆及其他个人能力的影响等缺点，因此只作为试验研究的辅助手段。可见，对疲劳驾驶检测方法的研究主要集中在客观方法上。

疲劳驾驶检测的客观方法主要用于检测汽车行驶过程中，驾驶人生理、心理及汽车行驶状态的一些特异性指标，大致分为以下三种。

（1）利用生理传感器检测驾驶人的生理变化指标，如脑电、心电、心率、呼吸和肌电等。虽然驾驶人生理指标变化能准确反映疲劳驾驶状态，但由于大多生理传感器的侵入性太强，需要在身体表面贴上电极，不仅会引起驾驶人的不适，而且会影响驾驶操作，不利于驾驶安全。因此，监测驾驶人生理变化不适用于实际驾驶作业。

（2）利用机器视觉技术或其他传感器技术检测驾驶人的外部变化特征，如眼睑眨动、点头、打哈欠等。由于其具有非接触式检测的特性，不会对驾驶人的正常驾驶造成干扰，因此成为疲劳驾驶检测的热门研究方向。但这种方法具有一定的技术局限性，主要表现在机器视觉技术本身受环境（如光照、驾驶人肤色、着装和墨镜等）影响较大，导致检测可靠性不高；监视驾驶人的面部表情时，需要对监视部位（眼睑、瞳孔、嘴巴等）进行精确定位与计算，受算法效率的影响，准确率不高。

（3）利用车载传感器检测驾驶人的驾驶行为及产生的汽车行驶状态变化特征，如转向、节气门、挡位、制动、车速、加速度、汽车在车道中的位置等。这种方法的最大优点是容易提取信号，数据处理过程相对简单，且由于驾驶行为直接影响汽车行驶的安全状态，因此能有效避免发生交通事故。但这种方法存在如下缺点：受驾驶人驾驶习惯、道路环境等因素的影响，不易确定驾驶行为与疲劳驾驶的相关性和评价疲劳驾驶的指标阈值；当汽车低速行驶时，这些驾驶行为参数很难准确反映驾驶人的疲劳状态。

8.2 轮胎气压自动监测系统

轮胎正常工作是汽车安全行驶的必要因素。据调查统计，26%的汽车抛锚故障由轮胎异常所致，其中突然爆胎占15%，其余85%是由轮胎缓慢漏气且驾驶人不知道而继续行车造成的。因此，大部分国家的交通管理部门都颁布了标准法规，要求汽车安装轮胎气压自动监测系统（tire pressure monitoring system，TPMS）（简称胎压监测系统）。

轮胎气压自动监测系统

轮胎气压自动监测系统属于主动安全设备，可以在轮胎出现危险征兆时及时报警，提醒驾驶人采取相应措施，避免发生交通事故。轮胎气压自动监测系统可以使轮胎工作在规定的压力和温度范围内，延长轮胎的使用寿命。

在轮胎气压自动监测系统的发展过程中，先后出现了直接结构和间接结构，由于后者成本较低、准确度较差，因此主要用于早期汽车中，随后前者成为主流。

8.2.1 轮胎气压对行驶安全的影响

1. 轮胎气压对承载能力的影响

轮胎是汽车与地面接触的唯一纽带，是承受汽车负荷的最终部件。轮胎负荷是根据轮胎结构、胎体强度、使用气压和速度等经过精确计算确定的。当汽车超载行驶时，轮胎负荷、变形量增大，胎体承受的压力也相应增大，轮胎与地面的接触面积增大，相对滑移加剧，磨损加快，特别是胎侧弯曲变形会引起胎肩磨耗、胎纹升高、轮胎帘布层脱落。表 8.1 所示为部分规格轮胎的充气压力。

表 8.1 部分规格轮胎的充气压力

轮胎规格	充气压力/kPa	轮胎规格	充气压力/kPa
7.00R16LT	770	10.00R20	830
7.50R16LT	740	11.00R20	820
7.50R20	830	11.00R20	930
8.25R16LT	700	12.00R20	830
9.00R20	790		

2. 轮胎气压对制动性能的影响

在标准气压的基础上,若轮胎气压提高 25%,则轮胎使用寿命缩短 25%;若轮胎气压降低 25%,则轮胎使用寿命缩短约 30%,保持标准轮胎气压对降低油耗有明显作用。根据固特异轮胎公司的数据,轮胎气压过高不仅会导致汽车高速行驶时爆胎,而且汽车正常驾驶会受到干扰。首先,轮胎噪声增大;其次,汽车通过起伏路面时车身跳动频率过大,舒适性下降;再次,过高的轮胎气压会让转向变得轻盈,但转弯时车轮的侧向抓地力明显减小,提前产生转向不足而引发危险;最后,过高的轮胎气压还会影响汽车制动效果,因为轮胎与地面的接触面积减小,汽车在低附着系数路面紧急制动时,制动距离增大。

3. 轮胎气压对高速性能的影响

当汽车匀速行驶时,轮胎的磨损是有规则的。高速公路路面平整,单向行驶的长途汽车较多,速度高会使轮胎形成不规则的磨损,当轮胎内部磨损深度超过标准胎面花纹时,出现胎面剥离现象,容易产生滑移,发生交通事故。

轮胎使用寿命受汽车行驶速度的影响很大。随着汽车行驶速度的增大,轮胎使用寿命不断缩短。速度过高会加速轮胎老化过程,造成胎圈损伤或轮胎与轮辋脱离,胎面中心快速磨损,一旦受到外力冲击,轮胎就容易产生外伤甚至爆破胎面。

在汽车行驶过程中,轮胎与地面的接触部分因负荷大而周边产生弯曲,轮胎旋转离开地面时,弯曲部分因轮胎压力而恢复原状;但如果轮胎压力不足或汽车速度太高,弯曲部分就来不及恢复原状,轮胎会产生波状变形,表现在轮胎与接地部位的后半圆附近,俗称驻波。当驻波发生时,轮胎的滚动阻力急剧上升,轮胎短时间内吸收驻波能量,温度急剧上升,如果汽车继续高速行驶,胎面胶就会被甩掉,发生轮胎爆裂事故。

4. 轮胎气压对侧偏特性的影响

随着轮胎气压的增大,轮胎侧向力增大,一般轮胎侧偏力也增大,但轮胎气压增大将使轮胎接地面积减小,受轮胎负荷的影响,侧向力可能减小;相反,若轮胎气压减小,则侧偏可能性提高。轮胎负荷大,即使压力增大,轮胎接地面积也几乎不变,而侧偏力随横向刚性的增大而增大。但在轮胎负荷小的情况下,与轮胎气压增大带来的横向刚性增大的作用相比,轮胎接地面积的减小使得侧向力减小的作用更大。因此,为了保证汽车的可操纵性和安全性,保持合适的轮胎气压非常重要。

此外，在正常装载情况下，当轮胎气压过大时，轮胎接地面积减小，轮胎承受的压力增大，影响轮胎的抓地力；当汽车经过沟坎或颠簸路面时，轮胎内没有足够空间吸收振动，除影响行驶稳定性和乘坐舒适性外，还会增大对悬架系统的冲击力度，影响底盘及整车零部件的使用寿命；同时，高温时爆胎的可能性相应增大。

8.2.2 轮胎气压自动监测系统的组成与工作原理

轮胎气压自动监测系统主要有间接式轮胎气压自动监测系统、直接式轮胎气压自动监测系统和复合式轮胎气压自动监测系统。

1. 轮胎气压自动监测系统的组成

间接式轮胎气压自动监测系统还没有在汽车上应用，下面只介绍直接式轮胎气压自动监测系统和复合式轮胎气压自动监测系统的组成。

直接式轮胎气压自动监测系统主要由轮胎气压传感器、接收器和显示器组成，如图8.11所示，也可以把接收器与显示器集成一体。

1—轮胎气压传感器；2—接收器；3—显示器
图8.11 直接式轮胎气压自动监测系统的组成

复合式轮胎气压自动监测系统由轮胎气压传感器、发射感应器、天线、报警灯和显示器等组成。

下面主要介绍轮胎气压传感器和接收器。

（1）轮胎气压传感器。

轮胎气压传感器（图8.12）是轮毂上的内置传感器，包括感应气压的电桥式电子气压感应装置。它将气压信号转换为电信号，并通过无线发射装置发射。图8.13所示为轮胎气压传感器在轮毂上的位置。

图8.12 轮胎气压传感器

(2) 接收器。

接收器根据供电方式分为两种：一种通过点烟器或者接汽车电源线供电，大部分接收器都采用这种方式；另一种通过车载自动诊断系统接口供电，即插即用。

驾驶人可以根据显示数据及报警信息，及时发现轮胎的异常情况，如压力过低、温度过高等，及时对轮胎进行充气、放气或维修，发现渗漏时可以及时处理。图 8.14 所示为轮胎气压显示器。

图 8.13　轮胎气压传感器在轮毂上的位置

图 8.14　轮胎气压显示器

2. 轮胎气压自动监测系统的工作原理

(1) 间接式轮胎气压自动监测系统。

间接式轮胎气压自动监测系统通过防抱死制动系统的轮速传感器比较轮胎之间的转速，以达到监测轮胎气压的目的。防抱死制动系统通过轮速传感器确定车轮是否抱死，从而决定是否启动。

间接式轮胎气压自动监测系统的工作原理如下：当轮胎气压降低时，汽车的质量会使轮胎直径减小，其转速比其他车轮高，通过比较车轮之间的转速达到监测轮胎气压的目的。

间接式轮胎气压自动监测系统实际上是通过计算轮胎滚动半径监测轮胎气压的。

(2) 直接式轮胎气压自动监测系统。

直接式轮胎气压自动监测系统利用轮胎上的轮胎气压传感器测量轮胎气压，利用无线发射器将压力信息从轮胎内部发送到接收器，在轮胎气压显示器上显示轮胎气压数据。当轮胎气压太低或轮胎漏气时，该系统自动报警。

(3) 复合式轮胎气压自动监测系统。

复合式轮胎气压自动监测系统兼具间接式轮胎气压自动监测系统和直接式轮胎气压自动监测系统的优点，它在两个互成对角的轮胎内安装直接传感器，并安装一个四轮间接系统。与全部使用直接式轮胎气压自动监测系统相比，该系统成本降低，且克服了间接式轮胎气压自动监测系统不能检测多个轮胎同时气压过低的缺点。复合式轮胎气压自动监测系统的工作原理及无线发射器的组成如图 8.15 所示。

 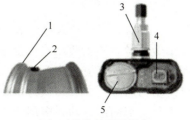

（a）工作原理　　　　　　　　（b）无线发射器的组成

1—轮毂；2—轮胎气压传感器；3—气门嘴；4—无线发射器；5—电池

图 8.15　复合式轮胎气压自动监测系统的工作原理及无线发射器的组成

8.3　安　全　带

安全带属于汽车的乘员保护装置，其作用是在汽车发生碰撞和翻车事故时，及时把乘员束缚在座位上，最大限度地防止乘员前冲、免受大的减速度，同时使乘员避免与车内坚硬物碰撞（二次冲撞）。冲击后，安全带应适当放松，防止乘员受到二次伤害。从保护乘员的安全出发，理想的安全带要有预紧装置，当发生事故时，第一时间把乘员束缚在座位上，承受冲击力后，可以适当放松安全带，进一步降低乘员的伤害程度。

安全带的工作原理

8.3.1　安全带的种类

安全带由软织带、皮带扣、长度调节装置、安装部分和卷带装置等构成，按作用于身体的部位可分为腰带、肩带和腰肩连续带；按固定点的数量可分为两点式安全带、三点式安全带和四点式安全带。安全带的种类如图 8.16 所示。只要拉伸速度超过设计速度，安全带的惯性式锁紧装置就可以拉紧安全带。腰部固定点的承载能力不应低于 22.7kN，肩部固定点的承载能力应高于 22.9kN。当汽车正常行驶时，安全带可以任意伸长，且不妨碍驾驶人的操纵和乘员的基本活动。

（a）两点式腰带　　（b）两点式肩带　　（c）三点式安全带　　（d）四点式安全带

图 8.16　安全带的种类

1. 两点式安全带

两点式安全带有两点式腰带和两点式肩带两种，可细分为简易两点式安全带、两点卷收式安全带和紧急锁止两点式安全带，应用较广泛。

汽车上的乘员座椅大多配置两点式腰带［图 8.16（a）］。两点式腰带是简易安全带，其特点是结构简单，直接靠横挎乘员腰部的织带限制下躯体向前移动，但无法限制乘员上躯体特别是头部向前移动，多用于大、中、轻型汽车的中、后排座椅。

两点式肩带［图 8.16（b）］也称斜挂式安全带，是指从臀部斜挎前胸到另一侧肩部的安全带，用于限制乘员上躯体向前移动。两点式肩带在欧洲国家应用较多。

两点卷收式安全带和紧急锁止两点式安全带与简易两点式安全带类似，只是增加了织带的自动卷收和紧急锁止功能。

2. 三点式安全带

三点式安全带［图 8.16（c）］由腰带和肩带组成，用来约束乘员的腹部和上躯体。由于撞车时具有良好的乘员保护性能，因此三点式安全带是标准的座椅安全带。

按腰带和肩带结合方式的不同，三点式安全带可分为三点式 A 型安全带和三点式 B 型安全带。其中，三点式 A 型安全带将肩带下端的金属连接体嵌入腰带带扣榫舌，三点式 B 型安全带的肩带通过滑移导向杆与腰带结合为一体。

一般三点式安全带为卷收式安全带，使用时，可以根据需要拉出扣上；不使用时，解除带扣榫舌，织带在卷收器的作用下自动卷收（收回）。

3. 四点式安全带

四点式安全带［图 8.16（d）］也称全背式安全带，是在两点式安全带上连接两根肩带而成的。四点式安全带的保护性能最好，多用于赛车。

两点式肩带和四点式安全带在汽车上应用较少，前者适用于学生座椅，后者有时孕妇会用到。

8.3.2　安全带的组成与工作原理

汽车座椅的常用安全带是两点式安全带和三点式安全带。

1. 两点式安全带的组成

（1）简易两点式安全带。

简易两点式安全带的组成如图 8.17 所示，包括锁扣、锁舌、织带和带头等。当汽车发生事故时，织带可以限制乘员身体移动，有效保护乘员。

（2）两点卷收式安全带。

两点卷收式安全带由锁扣、锁舌、卷收盒和织带组成，如图 8.18 所示。

两点式安全带的连接件是锁扣和锁舌，锁扣分为刚性连接带锁扣（图 8.19）和柔性连接带锁扣（图 8.20），在汽车正常行驶、发生交通事故时可以约束乘员，在事故发生后解除锁止可以帮助乘员逃离。

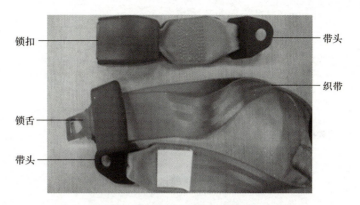

图 8.17 简易两点式安全带的组成

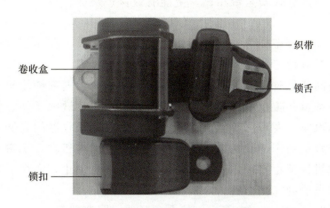

图 8.18 两点卷收式安全带的组成

图 8.19 刚性连接带锁扣

图 8.20 柔性连接带锁扣

刚性连接带锁扣与刚性连接板铆接，适用于驾驶人座椅和前排乘员座椅。柔性连接带锁扣用于后排座椅。

两点式安全带不能保证乘员上躯体的安全性，但能有效防止乘员被抛出车外。

2. 三点卷收式安全带的组成

三点卷收式安全带由锁扣、锁舌、卷收盒、卷收器、织带和吊环等组成，如图 8.21 所示。

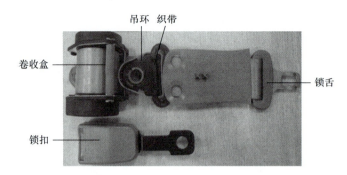

图 8.21 三点卷收式安全带的组成

三点卷收式安全带的织带从肩部拉出，把锁舌插入锁扣即可。由于三点卷收式安全带有预紧装置，因此与两点式安全带相比，更能有效保护乘员。

（1）卷收器。

卷收器是三点卷收式安全带的关键部件，主要用于卷收、存储部分或者全部织带，增加一些机构后可以具有特定功能，如预紧功能、报警功能等。

当汽车速度瞬间变化时，卷收器预紧机构开始预紧，其内部锁止机构锁止，把乘员束缚到座椅上，保护乘员并防止乘员移动。卷收器内设有惯性敏感元件、棘轮棘爪机构或者中心锁止机构，当汽车速度瞬间变化值达到设定范围时，卷收器的卷簧可使安全带在一定范围内伸缩，防止乘员勒伤，既允许乘员身体在一定范围内移动，织带又不会松弛；惯性敏感元件驱动锁止机构锁止卷轴，使织带伸出一定长度后锁止，惯性力达到峰值后，织带适当放松，防止乘员受到二次伤害。

紧急锁止式卷收器如图 8.22 所示，其由预紧器、限荷器等组成。

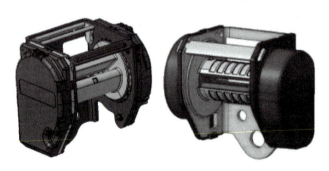

图 8.22 紧急锁止式卷收器

卷收器按作用的不同分为无锁式卷收器、自锁式卷收器和紧急锁止式卷收器。其中，自锁式卷收器是在任意位置停止拉出织带动作时，锁止机构都能在停止位置附近自动锁止并保持锁紧力的卷收器，常用于两点卷收式安全带；紧急锁止式卷收器是一种应用较广泛的卷收器，汽车正常行驶时允许织带自由伸缩，但当汽车速度急剧变化时，其锁止机构锁止并保持安全带束紧力以约束乘员。紧急锁止式卷收器中装有惯性敏感机构和锁止机构，当汽车紧急制动、碰撞或行驶状态变化时，惯性敏感机构驱动锁止机构锁住卷轴或织带，并保持束紧力，使织带固定在某位置。一般卷收器通过功能组件按需组合设计而成。

预紧器的作用是发生交通事故时，允许安全带织带伸出一定长度，起到缓冲作用，防止勒伤乘员。

限荷器是限制安全带作用载荷的装置，可以改善安全带的能量吸收特性，对乘员施加比较均匀的约束力，降低安全带带来的不适感。

(2) 织带。

织带是安全带总成中约束乘员并将力传递到安全带固定点的柔性带状物，是通过聚酯纤维纱线经、纬交织而成的具有不同花型、不同锁边的无梭织带，宽度为46～50mm，厚度为1.08～1.22mm。

织带的主要性能指标有拉伸强度、伸长率、能量吸收性、耐磨性、耐光性、耐高温性、耐低温性、耐水性、耐磨色牢度、耐光色牢度、纵向刚度、横向刚度和阻燃性等。其中，要求首先具有足够的强度，其次具有耐热、耐湿、耐磨、阻燃等特性，还应具有一定的伸长率，便于发生事故时吸收能量。

(3) 带扣锁。

带扣锁简称"带扣"，是安全带总成中既能把乘员约束在安全带内，又能快速释放的连接装置。根据按钮位置的不同，带扣锁可分为侧按式带扣锁和顶按式带扣锁；根据连接形式的不同，带扣锁可分为刚性锁架连接带扣锁和柔性钢丝杆连接带扣锁。

要求带扣锁的锁头、锁舌结构简单、强度高、开启性能稳定、锁止和解锁方便、不易造成误操作，且锁体内容易实现安装安全开关或警告灯开关等。

(4) 带头。

带头，也称导向杆，是安全带总成中改变织带方向的零件，其作用是便于卷收器布置，使安全带贴紧身体，有效约束身体各部位，提高乘员佩戴舒适性。

对带头的要求是表面光滑、摩擦系数小、圆弧面曲率适中、滑动时变形量及助力小。

8.3.3　安全带对乘员的保护性

高速行驶的汽车一旦发生交通事故（碰撞、意外紧急制动、翻车等），就会产生巨大惯性力，可能是驾乘人员体重的若干倍（因汽车速度及撞击程度的不同而不同），使驾乘人员与转向盘、风窗玻璃、座椅靠背、车身、顶棚、挡板和扶手等发生碰撞，极易造成伤害。

安全带的主要作用是发生交通事故时，防止驾乘人员受到二次伤害。如果驾乘人员正确使用安全带，则一旦发生交通事故，安全带就会把驾乘人员束缚在座椅上，约束驾乘人员移动，从而有效地避免其发生二次伤害，如图8.23所示。

汽车载客量大，为了提高乘员的安全性，最好使用具有预紧功能的卷收式安全带，发生交通事故时，可以有效减小乘员受到的伤害。

由于安全带相对独立，一般安装在座椅底架上，因此对座椅的强度要求较高。由于两点式安全带结构简单、价格低廉，因此在汽车上应用较多。但两点式安全带在发生交通事故时只能约束乘员的下躯体移动，上躯体能自由移动，因此头部容易碰到车身或者靠背而受到二次伤害。有时即使采用三点式安全带，由于缺少预紧装置，发生交通事故时，在巨大的惯性力作用下，安全带也会伤害驾乘人员，尤其是其肩部和颈部。

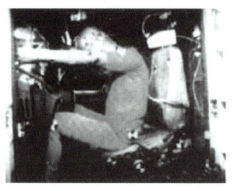 

（a）系上安全带，驾驶人获得更大生存空间　　（b）不系安全带，驾驶人被甩出，易受更大伤害

图 8.23　安全带的作用

8.4　安全气囊

汽车发生碰撞事故时，在惯性力的作用下，驾驶人会快速撞向转向盘等。在汽车上安装安全带和安全气囊等保护系统，可以在发生碰撞事故时把驾乘人员束缚在座椅上，限制驾乘人员头部、胸部的移动距离，避免与车内部件发生剧烈碰撞，从而起到保护作用，如图 8.24 所示。

安全气囊

图 8.24　安全气囊的作用

8.4.1　安全气囊的结构及工作原理

驾驶人处的安全气囊在转向盘衬垫内。安全气囊按总体结构分为机械式安全气囊和电子式安全气囊。机械式安全气囊不需要电源，检测碰撞和引爆点火剂都是利用机械装置完成的。电子式安全气囊是机械式安全气囊与电子技术结合的产物。

安全气囊的工作原理如下：发生碰撞后，迅速在驾乘人员与车内部件之间打开一个充满气体的袋子，使驾乘人员扑在上面。通过安全气囊的排气节流阻尼吸收驾乘人员的动能，使猛烈的车内碰撞得以缓冲，达到保护驾乘人员的目的。

汽车用安全气囊系统大多是电子式安全气囊系统。电子式安全气囊系统主要由碰撞传感器、微处理器、气体发生器（未标）、气囊和辅助防护系统指示灯等组成，如图 8.25 所示。

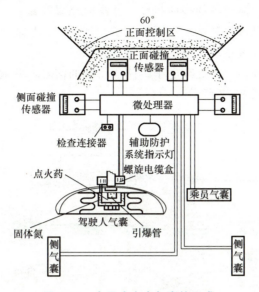

图 8.25 电子式安全气囊的组成

碰撞传感器和微处理器用于判断撞车程度，传递与发送信号，气体发生器根据信号指示产生点火动作，点燃固态燃料，将产生的气体充入安全气囊，使安全气囊迅速膨胀。安全气囊装在转向盘中部壳内，紧靠缓冲垫处。安全气囊的布料具有很高的抗拉强度，多由尼龙制成，折叠起来的表面附有干粉，以防安全气囊粘在一起而爆发时被冲破。为了防止气体泄漏，安全气囊内层涂有密封橡胶，同时设有安全阀，当充气过量或安全气囊内压力超过一定值时，自动泄放部分气体，避免乘客挤压受伤。安全气囊中的气体多为氮气。

1. 碰撞传感器

碰撞传感器主要有机械式碰撞传感器、机电式碰撞传感器、电子式碰撞传感器等。其中，电子式碰撞传感器（图 8.26）集成度高，其内部集成了加速度传感器、低通滤波器、温度补偿模块等；接口简单，可靠性高；具有自测试功能，可及时发现异常现象，应用广泛。

安全气囊的传感方式有多点式和单点式。多点传感式安全气囊有三个传感器：机电式左挡板传感器、机电式右挡板传感器和微处理器中的电子传感器。驾驶人侧和乘员侧各有一个安全气囊。两个挡板传感器中只要有一个闭合，微处理器就处理和判断电子传感器传递的信号。当认

图 8.26 电子式碰撞传感器

为有必要点火时，发出点火信号，使安全气囊充气。单点传感式安全气囊系统将传感器和点火控制模块集成在一起。由于点爆控制算法越来越完善，因此单点传感式安全气囊逐步取代多点传感式安全气囊。

2. 控制系统

控制系统是安全气囊的核心部件，生产厂家严格保密是其控制机理。控制系统要准确

判断正撞、偏撞、斜撞、撞树等的碰撞强度，并准时点爆气囊。

控制系统主要分为机械控制系统、模拟电子控制系统、智能控制系统。机械控制系统主要用于低成本的安全气囊系统，应用越来越少。

智能控制系统应用较多，其处理电子传感器得到的信号，并输出点爆信号。智能控制系统的工作原理框图如图 8.27 所示。

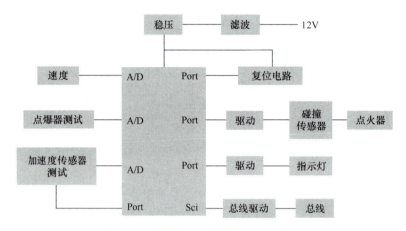

图 8.27 智能控制系统的工作原理框图

图 8.28 微处理器

微处理器（图 8.28）是智能控制系统的核心。对微处理器的基本要求如下：在不影响系统可靠性的前提下，尽量采用集成元件，元器件尽量少；元件及电路可在线测试；减少耗电量，使系统可在主电源断电的情况下继续工作；存储故障代号，以备事后诊断。

3. 气体发生器

气体发生器分为压缩气体式（冷式）气体发生器、燃烧式（热式）气体发生器、混合式气体发生器。

（1）压缩气体式（冷式）气体发生器。压缩气体式（冷式）气体发生器主要与机械式碰撞传感器及微处理器连接使用。由于其产气量小、充气速度低等，因此应用较少。

（2）燃烧式（热式）气体发生器。燃烧式（热式）气体发生器通过燃烧剂燃烧产生大量气体，产气量大，容易控制，应用较多。燃烧剂有叠氮化钠等。叠氮化钠燃烧时产生无害的氮气，但会产生大量热量和固体颗粒，需要采取降温、过滤等措施。为防止火药产生的热量对驾乘人员造成伤害，有些安全气囊内部涂有隔热涂层。叠氮化钠溶于水后有毒，对环境不友好。安全气囊生产厂家都在研发新型燃烧剂（如可燃气体式燃烧剂），一般将氢气和氧气按一定比例混合加压并储存在储气瓶中。新型燃烧剂燃烧后生成水，不产生固体颗粒，是一种理想的燃烧剂。

图 8.29 混合式气体发生器

（3）混合式气体发生器。混合式气体发生器（图 8.29）燃烧少量物质产生足够的热量，使得压缩气体迅速膨胀而充满气囊。其产气量大，产生的热量少，是未来的发展方向。

8.4.2 安全气囊的工作过程

汽车在行驶过程中发生一定强度的碰撞后,传感器启动,控制线路开始处于工作状态,并接通监测回路来判断是否发生碰撞。只有信号同时来自两个传感器时,安全气囊才开始工作。

由于汽车的发电机及动力蓄电池通常位于车头易受损的部位,因此安全气囊的控制系统都具有自备电源以确保发挥作用。判定施放安全气囊的条件正确后,控制回路将点火信号送至点火器,瞬时快速加热,点燃氮化钠推进剂。安全气囊的工作过程如图8.30所示。

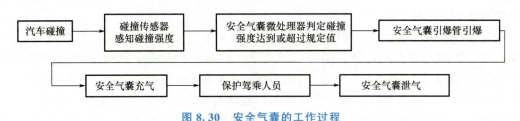

图 8.30 安全气囊的工作过程

(1) 碰撞传感器接收的电信号传递到充气器的引爆剂。
(2) 引爆剂像电火柴一样通电后着火,再点燃充气器组件内的扩爆剂(又称引爆管)。
(3) 点燃扩爆剂后,点燃主装药(主推进剂)。传统的主推进剂由氮化钠和氧化剂组成,也有使用压缩氮气或氩气的,还有两种混合使用的。
(4) 主推进剂燃烧,生成氮气流。
(5) 迅速膨胀的气体经过滤进入折囊垫,形成安全气囊雏形。
(6) 充气器使安全气囊中的气体压力增大,并开始推压安全气囊饰罩。
(7) 安全气囊饰罩的压力不断增大,饰罩材料延伸变形并被撕裂。
(8) 随着裂缝的出现,饰罩门开启,充气安全气囊喷出。
(9) 安全气囊中的气体压力继续增大,安全气囊张开至织物绷紧。
(10) 驾乘人员接触和压迫安全气囊,实现安全保护;通过气体的黏性阻尼作用,驾乘人员前移能量被吸收和耗散,安全气囊中的过压气体经安全气囊通气孔排出,不致伤害驾乘人员。

 思考题

1. 汽车安全性有哪几类?举出四个例子,并分别指出属于哪类。
2. 电子稳定性控制系统的基本组成是怎样的?
3. 前防撞报警系统的基本组成是怎样的?简述其工作原理。
4. 车道偏离报警系统的关键技术有哪些?
5. 简述轮胎气压自动监测系统的分类与工作原理。
6. 简述安全带的功能。
7. 汽车安全带有哪几类?分析、对比其特点。
8. 安全气囊有哪些功能?简述其工作原理

 案例讨论

动力电池：多重冗余设计

新能源汽车安全事故频发，其中与动力电池相关的安全事故约占60%。究其原因，一方面，行业对动力蓄电池设计、研发、验证等环节的相应安全标准不完善；另一方面，大多动力蓄电池企业的功能安全理念、开发经验、管理能力等存在较大差异。为避免发生更多安全事故，需要在动力蓄电池的设计开发源头引入功能安全流程体系和技术要求，同时利于提高整车安全性。

例如，纯电动汽车在发生碰撞后极易起火，因为动力蓄电池组未及时断电，碰撞产生的挤压变形使动力蓄电池短路，进而引发火灾。针对这种情况，需要对符合ISO 26262《道路车辆功能安全》的动力电池进行冗余设计，通常同时使用两个独立执行模块，尽量缩短响应时间（碰撞信号的采集、确认及执行器执行整车切断高压电指令的时间），只有响应时间短，系统安全性才强。充放电过程中的管理、故障诊断等方面都需要有严格的分析、预防、保护等安全管理策略。

思考：如何保障电动汽车的行车安全的电池、电动机和电控系统的安全性？

计算机端	[1] 新能源汽车网 http：//www.chinanev.net/ [2] 网易汽车 http：//product.auto.163.com/ [3] 第1电动 https：//www.d1ev.com/
Android、iOS端	二维码

第 9 章 汽车电器装置

学习要点	◇ 仪表 ◇ 照明装置及信号装置 ◇ 影音娱乐系统 ◇ 线束与插接件
导入案例	燃料电池电动汽车的智能仪表
主体内容	◇ 仪表 ◇ 照明装置及信号装置 ◇ 影音娱乐系统 ◇ 线束与插接件
案例讨论	新能源背景下汽车仪表显示方式的演化

党的二十大报告中指出,加快实施创新驱动发展战略,加快实现高水平科技自立自强,以国家战略需求为导向,集聚力量进行原创性引领性科技攻关,坚决打赢关键核心技术攻坚战。

在新能源背景下,汽车仪表的显示内容和显示方式逐渐完善,有利于用户在驾驶汽车过程中更好地了解汽车内部情况,同时为用户安全驾驶提供保障。为提高用户体验,汽车生产企业需要在结合新能源的基础上,改良汽车仪表的显示内容和显示方式,并逐渐形成产品特色。

新能源汽车构造

> **导入案例**
>
> **燃料电池电动汽车的智能仪表**
>
> 在燃料电池电动汽车的行驶过程中，"人-车"界面（人操纵汽车过程中各种感官接触的汽车部分，如仪表、手柄、声响、灯光等）越来越复杂，其典型表现就是汽车仪表越来越"拥挤"。
>
> 近年来，环保、节能的燃料电池电动汽车发展迅速，逐渐实现产业化。其复杂的动力传动系统对仪表提出了新的要求：仪表需要显示氢气温度、氢气量和电动机功率，以步进电动机驱动物理指针的电子仪表形式显示；LED指示灯显示的信号有氢气泄漏报警、加氢状态、辅助蓄电池充电状态、停车制动、前照灯工作状态等；液晶屏构成仪表的主画面，显示车速和燃料电池动力传动系统的工作状态。

　　汽车电器系统主要由供电装置、用电设备和中间连接装置组成。供电装置主要包括动力蓄电池、交流发电机及电压调节器。用电设备不仅包括传统的起动机、照明装置、空调、音响、辅助电器设备等，还包括许多新的车身电器设备和电控装置，如发动机电控系统、防抱死制动系统、电子稳定控制系统、电控助力转向系统、电控悬架系统、安全气囊系统、车载导航系统等。任何用电装置要获得电源供电，中间连接装置的连接必不可少。中间连接装置包括供配电盘、导线、开关、连接器、接线端子等，其选用和装配直接影响用电设备的运行状况。

9.1　仪表、照明装置、信号装置、影音娱乐系统

9.1.1　仪表

　　汽车仪表是驾驶人与汽车进行信息交互的部件，承担实时向驾驶人提供汽车运行工况、保证行车安全的重任。通过仪表，驾驶人能够集中、直观、迅速地掌握汽车行驶过程中的各项动态指标，包括速度、续驶里程、发动机转速、冷却液温度、燃油量、动力蓄电池电压、制动系储气瓶压力及其他指示报警信息等，以便及时发现可能出现的故障。因此，仪表对汽车安全、经济行驶有非常重要的作用。

1. 全数字仪表

全数字仪表（图9.1），尤其是步进电动机式汽车仪表显示装置（组合式全数字仪表）克服了传统仪表显示信息少、精度不高，无法满足现代汽车要求功能全面、精度和灵敏度更高的需求等缺陷，如今乃至未来一段时

车载液晶仪表

图9.1　全数字仪表

204

间将成为汽车仪表的主导技术和发展方向。

全数字仪表弥补了模拟电子式仪表的不足,彻底放弃"动圈式"和"动磁式"模拟电子式仪表通过线包与磁钢产生电磁转矩来驱动指针的工作方式,基于步进电动机和CAN总线控制技术,以微控制器为核心,通过CAN总线实现实时整车网络数据通信,采集汽车运行工况的数据,经运算和处理后,步进电动机驱动指针,在仪表内以指针方式或LED方式显示被测物理量。全数字仪表的硬件结构如图9.2所示,电路结构图如图9.3所示。

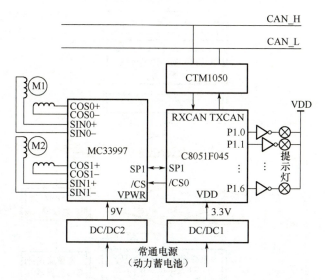

图9.2 全数字仪表的硬件结构

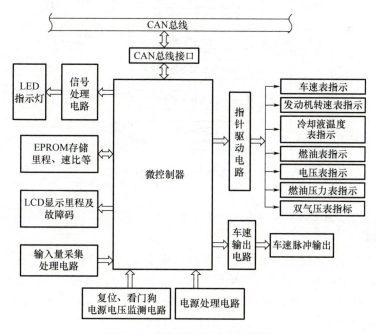

图9.3 全数字仪表的电路结构

全数字仪表保留了第三代仪表指示直观、有动感、符合驾驶人习惯等特点。全数字仪表的控制流程如图 9.4 所示。

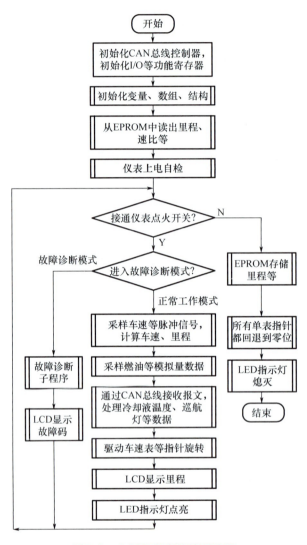

图 9.4　全数字仪表的控制流程

2. 显示屏及其主要显示内容

(1) 显示屏。

显示屏（图 9.5）是仪表的主要显示界面，用于显示报警及指示符号、里程、轮胎气压、时间等信息。触摸显示屏进入菜单设置界面（图 9.6），驾驶人可以方便地进行时间设置（设置仪表实时时钟）、参数设置（设置仪表相关参数）、诊断（显示仪表管脚状态）及信息查看（显示油耗、发动机温度、发动机故障码等）。

图 9.5　显示屏

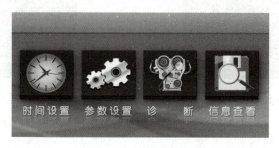

图 9.6　菜单设置界面

（2）燃油压力表。

燃油压力表（图 9.7）显示发动机燃油的压力值，指示范围为 0～1000kPa，当燃油压力值小于 70kPa 时发出报警信号，指示灯显示红色，其他情况显示绿色。

（3）电压表。

电压表（图 9.8）用于显示整车电压，指示范围为 16～32V。当汽车正常行驶时，电压表显示为 24～28V。电池电压滚动条可以显示红色和绿色，当电池电压大于 30V 或小于 22V 时，电池电压滚动条显示红色；当电池电压在正常范围内时，电池电压滚动条显示绿色。

图 9.7　燃油压力表　　　　　　　　　图 9.8　电压表

（4）发动机转速表和冷却液温度表。

发动机转速表用于显示发动机的转速，指示范围为 0～3500r/min。其中，绿色区域为经济转速区域，黄色区域为较经济转速区域，红色区域为高耗能转速区域。冷却液温度表显示发动机冷却液温度，在点火开关启动后开始工作。为避免损坏发动机，当冷却液温度表指针位于红色区域内或冷却液温度高报警灯点亮时，表示冷却液温度过高，应及时停车冷却。发动机转速表和冷却液温度表如图 9.9 所示。

(5) 车速表和燃油表。

车速表显示汽车瞬时行驶速度，指示范围为 0～140km/h；燃油表显示燃油箱内燃油的存储量。车速表和燃油表如图 9.10 所示。

图 9.9　发动机转速表和冷却液温度表

图 9.10　车速表和燃油表

9.1.2　照明装置及信号装置

为了保证行车安全和工作可靠，汽车上装有照明装置及信号装置，以照明道路、表示汽车轮廓和行驶方向、照明汽车内部、指示仪表及夜间汽车检修等。此外，在转弯、制动、会车、停车和倒车等工况下，还可发出光亮及声响信号，以警示行人和其他汽车。

1. 照明装置及信号装置的使用要求与分类

(1) 照明装置。

汽车照明装置主要用于照明。按安装位置的不同，照明装置可分为车外照明装置和车内照明装置。不同照明装置的功能不同，安装位置及要求也不同。以车外照明装置为例，其总体功能是保证汽车在夜间、隧道、雨、雾等工况下行驶安全，要求照明效果好（亮度高，照度均匀、明亮），不应使对面来车和后车的驾驶人眩目。例如由于前照灯的照明效果对夜间交通安全影响很大，因此各国都制定了前照灯的照明标准。

① 应保证在汽车前方 100m 以内的路面上明亮、均匀照明，使驾驶人清楚辨明路面上的所有障碍物。

② 应具有防眩目功能，以防止夜间会车时，对方驾驶人因眩目而发生交通事故。

前照灯的技术要求、配光性能、类型及主要尺寸等可参考 GB 4785—2019《汽车及挂车外部照明和光信号装置的安装规定》、GB 4599—2007《汽车用灯丝灯泡前照灯》等。

前雾灯用于在雾、雪、雨等可见度降低的工况下，改善汽车前部道路照明、易发现对面来车。由于要求灯泡的功率大、光线穿透力强，因此其灯光应为白色或黄色。因为黄色光波长较长，具有良好的透雾性能，在雾中能照明较长距离，所以一般汽车采用黄色配光镜或黄色灯泡。此外，前雾灯还应具有垂直面光通量散射角度小、水平散射角度大的防雾光束。

(2) 信号装置。

按安装位置的不同，信号装置分为车外信号装置和车内信号装置。不同信号装置的功能不同，安装位置及要求也不同。车外信号装置的主要作用是向外界表示本车的行驶状态和位置状态，方便其他驾驶人或行人发现、为周围的行人和汽车提供本车驾驶人的操纵意图、显示汽车的工作状态等。因此，车外信号装置应明亮、醒目，光线的穿透力应强，光色应符合国家有关标准的要求。车内信号装置的作用是向驾驶人传递整车及主要总成的工作信息，向乘员传递汽车的行驶信息和提示信息及驾驶人和乘员的交流信息等，要求光线柔和，不使驾乘人员感到刺眼及视觉疲劳。

无论是照明装置还是信号装置，其作用都是保证汽车正常行驶，协助驾驶人传递信息，提高驾乘人员的主动安全性和其他交通参与者的被动安全性等。

照明装置及信号装置的分类如图 9.11 所示。

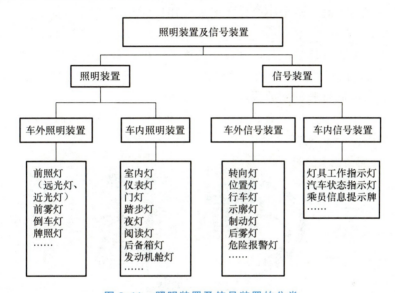

图 9.11 照明装置及信号装置的分类

2. 照明装置的种类

车外照明装置主要包括前照灯、前雾灯、倒车灯和牌照灯等，车内照明装置主要包括室内灯、仪表灯、门灯、踏步灯、夜灯、阅读灯、后备箱灯和发动机舱灯等。不同的照明装置有不同的功能和要求，但安装位置较固定。典型汽车前照灯和前雾灯组合如图 9.12 所示。典型汽车内部照明灯具如图 9.13 所示。

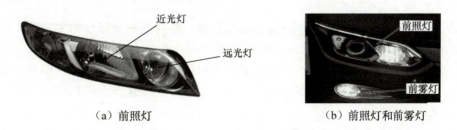

图 9.12 典型汽车前照灯和前雾灯组合

图 9.13 典型汽车内部照明灯具

前照灯有氙气灯、LED 照明灯、白炽灯、卤素灯等，其中卤素灯因灯泡尺寸小、灯丝使用寿命长、光亮度高、灯泡不会发黑等而应用广泛。

(1) 氙气灯。

氙气灯，也称高压气体放电灯，其发出的光照亮度是普通卤素灯的 2 倍，而能耗仅是普通卤素灯的 2/3，使用寿命是普通卤素灯的 10 倍，不仅提高了驾驶安全性和舒适性，还有助于缓解驾驶人夜间行驶的疲劳程度。

氙气灯主要由镇流器、启辉器、光源、配光和平衡系统组成。氙气灯的套件如图 9.14 所示。

图 9.14 氙气灯的套件

氙气灯的工作原理是在抗紫外线水晶石英玻璃管内充填化学气体，其中大部分为氙气与碘化物等惰性气体，使用增压器将汽车上 24V 的直流电压瞬间升高至 23000V，经过高压振幅激发石英玻璃管内的氙气电子游离，在两电极之间产生光源，即所谓的气体放电。

氙气产生的白色超强电弧光可提高光线色温，类似于太阳光。氙气灯工作时所需的电流仅为 3.5A。

采用双氙气系统的氙气灯只用一套氙气发光源，通过机械快门机构实现远光灯和近光灯同时照明的效果，如图 9.15 所示，即只通过反射体和自身遮光机构调节，光型不整齐且锐利，但因为透镜的过滤损耗少，所以光的照射强度大。采用双氙气透镜系统的氙气灯通过反射体和透镜的共同作用，发出的光均匀、柔和，光型整齐、锐利。

(2) LED 照明灯。

LED 是将电能直接转换为光能的半导体器件。LED 照明灯由Ⅲ-Ⅳ族化合物［如砷化镓 (GaAs)、磷化镓 (GaP)、磷砷化镓 (GaAsP) 等半导体材料］制成。LED 照明灯的结构如图 9.16 所示。

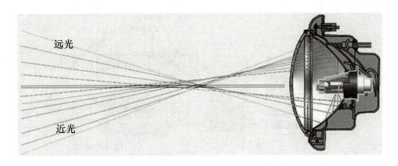

图 9.15 远光灯和近光灯同时照明的效果

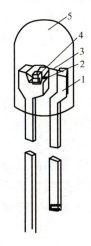

1—支架；2—银胶；3—金线；4—晶片；5—环氧树脂封装罩

图 9.16 LED 照明灯的结构

3. 照明装置及信号装置的发展趋势

传统前照灯的近光灯只在一种固定情况下工作，但实际天气条件、道路条件、环境照明、汽车自身状态及交通指示牌的识别等非常复杂，使汽车在夜间行驶比白天存在更多交通隐患，且驾驶人更容易恐慌。改变汽车前照灯的固定模式，研究新型前照灯系统成为世界各国提高汽车行驶安全性和舒适性的主要途径。

自适应前照灯系统（adaptive front-light system，AFS）是指前照灯可根据汽车行驶环境和不同道路路况，主动改变光线方向，减少弯道内侧的照明盲区，增强弯道内侧照明，以适应汽车行驶条件的变化，达到最佳照明效果的汽车前照灯系统，也是与行车安全息息相关的智能照明系统，是未来汽车照明系统的主要发展方向。

（1）自适应前照灯系统的组成。

自适应前照灯系统是由传感器、电子控制器和执行机构组成的自动控制系统，其结构如图 9.17 所示。

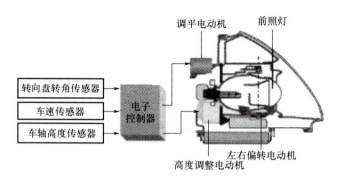

图 9.17　自适应前照灯系统的结构

自适应前照灯系统主要利用转向盘转角传感器、车速传感器、车轴高度传感器等检测汽车行驶状况,将检测到的信号转换为电信号,并传送至电子控制器进行处理判断;电子控制器根据相应的控制策略,驱动旋转电动机或调高/调平电动机等,使前照灯实现左右偏转、水平偏转或高度调整,实现自适应控制。

自适应前照灯系统的执行机构由四个步进电动机和减速机构组成,旋转电动机通过齿轮减速机构与近光灯连接,其作用是调整灯具左右转动;调平电动机通过螺纹螺杆机构将旋转运动转换为直线运动,并带动近光灯上下转动。自适应前照灯系统的前照灯转向和调平示意如图 9.18 所示,调节示意如图 9.19 所示。选用步进电动机的主要原因是它具有良好的启停特性和反转特性,且旋转角度与施加的脉冲数成正比,没有累计误差,具有很好的位置精度和运动的反复性。由于自适应前照灯系统的控制系统需要对复杂的汽车行驶状态作出综合判断,且控制对象不唯一,因此自适应前照灯系统是一个多输入、多输出的控制系统。

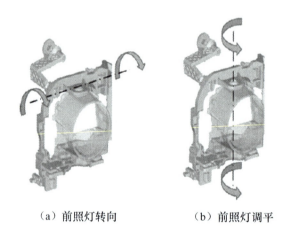

(a) 前照灯转向　　　　(b) 前照灯调平

图 9.18　自适应前照灯系统的前照灯转向和调平示意

(2) 自适应前照灯系统的工作原理。

自适应前照灯系统的工作原理如图 9.20 所示,具体控制过程可分为转弯模式的左右转角调节和车灯俯仰角调节。

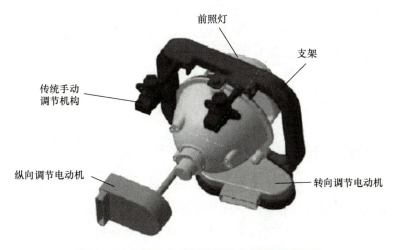

图 9.19 自适应前照灯系统的前照灯调节示意

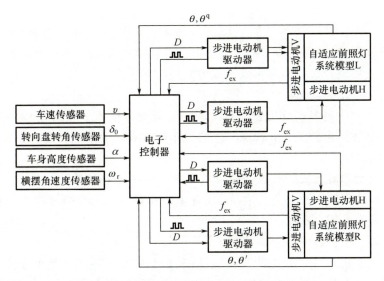

图 9.20 自适应前照灯系统的工作原理

① 左右转角调节。汽车夜晚行车转弯时,自适应前照灯系统的电子控制器根据采集的转向盘转角 δ_0、车速 v 和横摆角速度 ω_r,计算出车灯所需转角 θ_q,根据步进电动机的当前运行频率 f_{ex},采用控制算法计算步进电动机的运行频率 f 和方向 D,将运行频率 f 转换为相应频率的脉冲信号后,输出到步进电动机驱动器,驱动步进电动机 H 转动。通过减速机构减速增扭后,近光灯转动,而近光灯转过的角度 θ 实时反馈给步进电动机 H,以便进行下一时刻的控制,直到近光灯转角 θ 与期望转角 θ_q 相等时,步进电动机 H 停止转动,以增强弯道内侧的照明,增大夜晚汽车照明的有效距离。

② 俯仰角调节。在汽车行驶过程中,加、减速和道路倾斜等都可能改变俯仰角 α。自适应前照灯系统的电子控制器采集车身高度传感器的信号,并计算出俯仰角 α,从而计算

出车灯所需的俯仰角 θ'_q；根据步进电动机的运行频率 f_{ex}，采用调平控制算法计算出调平电动机的运行频率 f 和方向 D，将运行频率 f 转换为相应频率的脉冲信号后，输出到调平步进电动机驱动器，驱动步进电动机 V 转动；通过螺纹螺杆机构将步进电动机 V 的旋转运动转换为直线运动后，近光灯上下转动；近光灯转过的角度 θ' 实时反馈给步进电动机 V，以便进行下一时刻的控制；直到近光灯转角 θ' 与期望转角 θ'_q 相等时，步进电动机 V 停止转动，防止车身因前倾时造成的前照灯照明距离缩短和车身后仰时照明高度增大而使对面来车驾驶人眩目。

9.1.3 影音娱乐系统

1. 传统汽车影音娱乐系统的组成

传统汽车影音娱乐系统主要包括主机、功放、扬声器（喇叭）、显示器和操作部件等，根据不同的系统架构方式，模块可以采用分布式系统或集成式系统。其中，分布式系统结构复杂、成本较高，虽然占用空间较大，但性能更突出；集成式系统占用空间较小，成本较低，性能一般。

汽车影音娱乐系统

（1）主机。

主机的基本功能是提供音频源、视频源，通常包含收音机、播放器、硬盘播放器、SD 卡播放器等。随着技术的发展和使用要求的提高，在主机上集成导航、倒车影像等成为发展趋势。

（2）功放。

主机多集成功放，以满足一般的播放需求。没有集成功放或者对播放品质要求较高、有特殊需求的汽车通常有功放系统，音响效果更好。

（3）扬声器（喇叭）。

根据汽车长度和对音质的要求，通常汽车有 4~16 个扬声器（喇叭），并具有独立功放。对音质要求较高的还配有高音域的高音喇叭、中低音域的中低音喇叭及重低音用的重低音喇叭或低音炮等辅助系统。

（4）显示器。

显示器包含驾驶人显示器（图 9.21），用来显示影音、导航、倒车影像、驾驶人与汽车的其他互动（如诊断）等，有集成于主机和独立两种模式。乘员区共用显示器有液晶模式、投影模式等。

（5）操作部件。

汽车影音娱乐系统常见的操作部件有遥控器、多功能转向盘、触摸屏和主机集成操作按键板等。其中，多功能转向盘和触摸屏成为一种发展趋势。

多功能转向盘（图 9.22）在国产商用车上批量应用，使驾驶人在驾驶过程中可方便操作、调节播放系统。

图 9.21　驾驶人显示器

图 9.22　多功能转向盘

影音娱乐系统的操作由传统的按键或遥控器转变为触摸屏（图 9.23），操作更直接，使用更方便。

图 9.23　触摸屏

2. 综合信息娱乐平台

随着 4G/5G 和无线局域网（wireless local area networks，WLAN）的发展，汽车上逐渐形成小型车内局域网，影音娱乐系统演变为综合信息娱乐平台，不仅提供影音、导航功能，还为驾乘人员提供无线点播、网络收音机、4G/5G 无线上网通道和游戏等服务。驾乘人员可借助随身携带的智能手机、平板电脑等终端设备接入车内局域网，享受综合信息娱乐平台提供的资讯和服务。

综合信息娱乐平台不仅是硬件产品的升级，还是可以带来商业模式的升级，可以形成新型局域网，为更多资讯、应用提供入口平台，产生新的商业推广模式。

综合信息娱乐平台的系统架构如图 9.24 所示，其核心组成是综合信息娱乐主机，它除了具有常规的播放器功能和驾驶人触摸屏，还集成了 GPS 信息、4G/5G 转 WLAN 及丰富的通信接口（可与车内外广告屏连接）等。

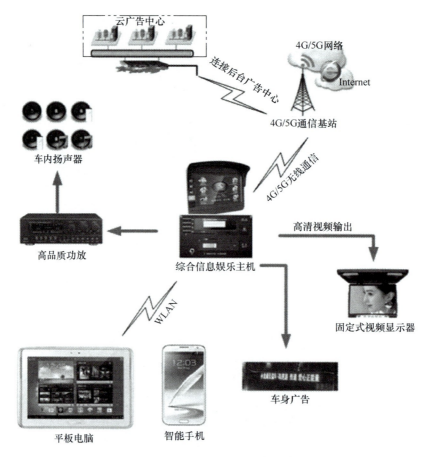

图 9.24 综合信息娱乐平台的系统架构

9.2 线束与插接件

作为电路连接器件的电缆、插接件和线束是汽车电气系统的主要配电器件。现代汽车的配电器件由电路连接器件、电路控制器件、电路保护装置和中央配电盒等组成,其中电路控制器件包括开关和继电器,电路保护装置包括易熔线、熔断器和电路短路保护器等。

1. 线束

线束是连接汽车仪表、起动机、发电机、动力蓄电池、点火装置、搭铁、辅助电器设备和控制系统(装置)的桥梁,负责传递或交换电气系统的电源信号或数据信号。线束主要由电缆、绝缘护套、插接件及相关辅料等组成。

将同路且不同规格的导线用棉纱编织或用薄聚氯乙烯缠绕包扎成束的电缆为线束,如图 9.25 所示。一般汽车上有多条线束。

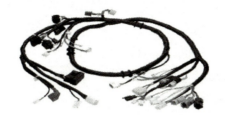

图 9.25　线束

线束在汽车中有重要地位。汽车电路的正常工作，除了需要电气设备具有良好的性能和质量，还与线束质量和敷设质量密切相关。特别是随着汽车电器与电子设备的增加，线束的结构与电路越来越复杂，对线束的结构、功能、实用性和可靠性都提出了更高的要求。线束发生故障，不仅会使汽车电气设备不能正常工作，还会发生短路而引发火灾，造成交通事故。

线束由低压导线、高压导线、插接件、接线柱、编织带和套管等组成。线束可以分为底盘线束，空调线束，加热器线束，缓速器线束，ABS 线束，发动机线束，变速器控制线束，仪表台线束，前、后围线束及顶盖线束等。

线束主要采用低压电线，JB/T 8139—1999《公路车辆用低压电缆（电线）》和 QC/T 414—2016《汽车电线（电缆）的颜色规定和型号编制方法》规定了常用导线代号（表 9.1），其中 QVR、QFR、QVR-105 和 QVVR 导线的绝缘皮厚、较柔软且延展性好；QB 和 QCB 导线绝缘皮薄、柔韧性较好。

表 9.1　常用导线代号

导线代号	导线名称
QVR	公路车辆用铜芯聚氯乙烯绝缘低压电线
QFR	公路车辆用铜芯聚氯乙烯-丁腈复合物绝缘低压电线
QVR-105	公路车辆用铜芯耐热 105℃ 聚氯乙烯绝缘低压电线
QVVR	公路车辆用铜芯聚氯乙烯绝缘聚氯乙烯护套低压电缆
QB	车辆用薄壁绝缘低压电线
QCB	车辆用超薄壁绝缘低压电线

随着汽车配置的不断提升，车内布线空间越来越紧张，为了有效解决乘用空间与布线空间日益增长的矛盾，汽车设计者和部件开发商纷纷开发新型线束并应用到汽车上。汽车线束除了向细线径、轻量化发展，还由传统的厚壁线束向薄壁线束甚至超薄壁线束发展，薄壁线束成为汽车线束的主流。

(1) 线束导线的分类。

线束导线除了使用单根导线（低压导线和高压导线），还常用屏蔽线（图 9.26）、双绞线（图 9.27）和同轴电缆（图 9.28）。

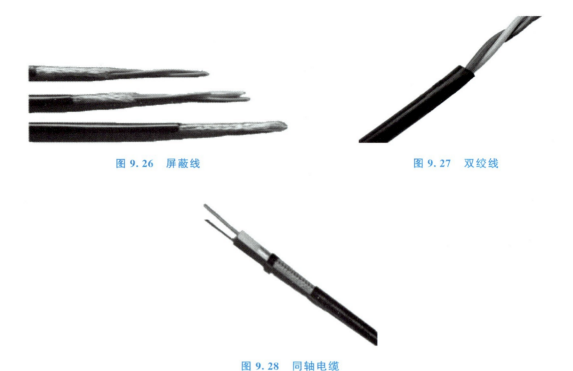

图 9.26 屏蔽线　　　　图 9.27 双绞线

图 9.28 同轴电缆

① 低压导线。汽车上多使用低压导线,分为普通导线、启动电缆和蓄电池搭铁线,一般根据电路的额定电压、工作电流和绝缘要求等选取导线截面及绝缘层类型。可以通过颜色区分不同规格或用途的导线。

普通导线由多股细铜丝绞制而成,外层为绝缘层。一般绝缘层采用聚氯乙烯绝缘包层或聚氯乙烯-丁腈复合绝缘包层。导线标称截面是经过换算的线芯截面面积,不是实际的几何面积。

启动电缆用于连接蓄电池与起动机开关的主接线柱,其截面面积大,允许通过 500~1000A 电流,每通过 100A 电流,电压降都不得超过 0.15V。

蓄电池搭铁线通常是由铜丝制成的扁形软铜线,长度有 300mm、450mm、600mm 和 760mm 四种。

在电路图中,一般同时标出导线标称截面和颜色。

② 高压导线。高压导线用于传送高电压,如点火系统的高压线。由于工作电压很高(一般大于 1.5kV)、电流较小,因此高压导线的绝缘层很厚、耐压性能好、线芯截面面积较小。

国产汽车采用的高压导线有铜芯线和阻尼线两种。为了衰减火花塞产生的电磁波干扰,广泛使用高压阻尼点火线,其制造方法和结构有很多种,常用的有金属阻丝式高压阻尼点火线和塑料芯导线式高压阻尼点火线,而金属阻丝式高压阻尼点火线又分为金属阻丝线芯式高压阻尼点火线和金属阻丝线绕电阻式高压阻尼点火线。

金属阻丝式高压阻尼点火线是由金属电阻丝疏绕在绝缘线束上或绕在耐高温的绝缘体上,外包绝缘体制成的。塑料芯导线式高压阻尼点火线是由塑料和橡胶制成的直径为

2mm 的电阻线芯，其外面紧紧编织玻璃纤维，再包裹上高压 PVC 或橡胶等，电阻值为 6~25kΩ/m，制造过程易实现自动化，成本低，可制成高阻值线芯，可减少点火系统的电磁波辐射。

③ 屏蔽线。屏蔽线，也称铠装电缆，是避免电磁干扰的有效措施。电磁干扰主要以电磁波的方式传播并造成干扰，若电磁波在传播过程中遇到金属材料，则不仅不会穿过，而且会被迫改变方向。若将金属材料包敷在要屏蔽的设备或导线外面，并通过接地线与大地连接。被屏蔽的设备或导线中的信号正常传输，避免了电磁干扰，这就是信号屏蔽导线的原理。

屏蔽线主要作为汽车上传感器和电子控制装置的信号线等，如主被动安全装置、发动机、自动变速器、舒适性和平顺性控制装置的信号线。屏蔽线内只有电压很低的微弱电流通过，为了不受外界的电磁感应干扰（或火花塞点火时、电器开关启闭时产生的干扰），其线芯外除了覆有一层绝缘材料，还覆有一层屏蔽导体，最外层是保护外皮。

④ 双绞线。双绞线是由两根相互绝缘的铜导线按照一定规则缠绕在一起的网络传输介质。如果外界电磁信号在两根导线上产生的干扰相等且相位相反，那么干扰信号可相互抵消。

对于一般的电源信号和比较强、不易受干扰的信号，选用普通导线就能满足对信号品质的要求。但对于某些弱信号电路和易受干扰的信号电路，应选用双绞线或屏蔽线，这两种导线都可以有效避免信号干扰，保证信号及时、准确传输。

⑤ 同轴电缆。同轴电缆是指有两个同心导体，导体和屏蔽层共用同一轴心的电缆。常用的同轴电缆由绝缘材料隔离的铜线导体组成，在绝缘材料的外面是一层环形导体及其绝缘体，整个电缆由聚氯乙烯护套或聚四氟乙烯护套包住。

同轴电缆按用途分为基带同轴电缆（网络同轴电缆）和宽带同轴电缆（视频同轴电缆）。基带同轴电缆又分为细同轴电缆和粗同轴电缆。细同轴电缆仅用于数字传输，数据传输速率为 10Mb/s。汽车上的电视视频线和车载网络线采用的就是同轴电缆。

同轴电缆从里到外分为四层，即中心铜线（单股实心线或多股绞合线）、塑料绝缘体、网状导电层和电线外皮，如图 9.29 所示。其中，中心铜线和网状导电层形成电流回路。由于中心铜线和网状导电层具有同轴关系，因此称为同轴电缆。

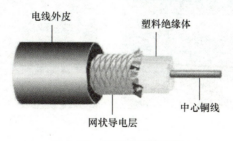

图 9.29 同轴电缆的结构

同轴电缆传导交流电而非直流电，即电流方向每秒都会发生几次逆转。
如果使用一般电线传输高频率电流，这种电线就相当于一根向外发射无线电的天线，损耗了信号的功率,接收信号的强度减小。同轴电缆可以解决这个问题。中心铜线发射的无线电被网状导电层隔离,网状导电层可以通过接地的方式控制发射的无线电。

同轴电缆存在如下缺点:如果电缆某段发生比较大的挤压或者扭曲变形,那么中心铜线与网状导电层之间的距离会改变,内部无线电波会被反射回信号发送源,降低了接收信号的功率。为了克服这个缺点,在中心铜线与网状导电层之间加一层塑料绝缘体,但会使同轴电缆不容易弯曲。

(2) 导线的颜色。

汽车低压导线的颜色必须符合国家有关标准。

(3) 导线的阻值与结构。

导线的阻值是影响整车线径的主要因素,通过电流值核算电压降,从而确定控制部件的工作电压是否满足要求、信号衰减是否满足使用要求,尤其是起动机线径的选择。导线的结构(包括绝缘层厚度)决定了线束的耐老化情况。

(4) 承载电流。

汽车低压导线承载电流的能力主要与线径有关,常用规格有标称截面面积为 $0.5 mm^2$、$0.75 mm^2$、$1.0 mm^2$、$1.5 mm^2$、$2.5 mm^2$、$4.0 mm^2$、$6.0 mm^2$ 等的电线,它们都有允许负载电流值。一般长时间工作的电气设备可选择实际载流量为 60% 的导线,短时间工作的电气设备可选用实际载流量为 60%~100% 的导线;同时,应考虑电路中的电压降和导体发热等情况,以免影响电气设备的电气性能和超过导线的允许温度。

2. 插接件

插接件,也称插接器、连接器,用于连接线束,以便于线束的布置、拆装和线路维修。插接件因连接可靠、检修电路方便而应用广泛,特别是高档汽车的线束总成几乎全部使用插接件。

(1) 插接件的组成。

插接件主要由护套(图 9.30)、插头(图 9.31,也称接头、端子)、密封塞(图 9.32)和插座等组成,如图 9.33 所示。

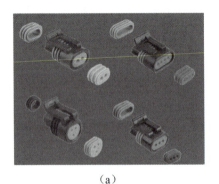
(a)

(b)

图 9.30 护套

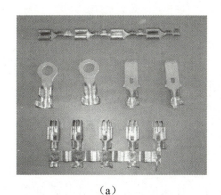
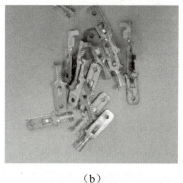

(a)   (b)

图 9.31　插头

(a)   (b)

图 9.32　密封塞

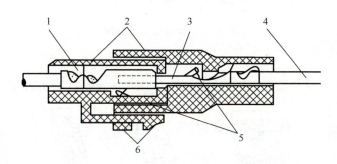

1—插座；2—护套；3—插头；4—导线；5—倒刺；6—锁止机构

图 9.33　插接件的组成

插接件的种类很多，可以连接数条到数十条线路，有圆柱体、长方体和正方体等型式。

（2）导线接头。

为了便于连接，导线的端头焊有接头。一般导线接头有叉形接头和圆形接头两种，如图 9.34 所示。通常用塑料或橡胶绝缘套套住导线与片式接头的连接处，既可保护连接处，又可在套管上留下符号，以便接线。将经常拆卸处的片式接头做成叉形，而将较少拆卸的片式接头做成有圆孔的圆形。

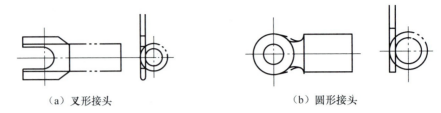

(a) 叉形接头　　　　　　　　　　(b) 圆形接头

图 9.34　导线接头

(3) 插头与插座。

插头与插座是片式插接件的两个组成部分。片式插头示意图和片式插座示意图分别如图 9.35 和图 9.36 所示。

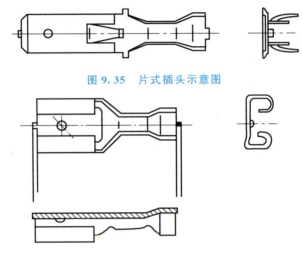

图 9.35　片式插头示意图

图 9.36　片式插座示意图

(4) 插接器。

插接器可以使接线和维修线路更加简单、方便。插接器的形式如图 9.37 所示。

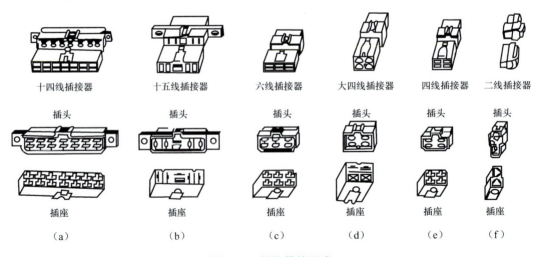

图 9.37　插接器的形式

插接器由插头和插座两部分组成。接合插接器时，应将导向槽重叠在一起，使插头与插孔对准且稍用力即可插入，从而使其十分牢固地连接在一起。插接器的导向槽是指插接器连接时，为了正确定位而设置的凸凹轨。因为有导向槽，所以插头与插座一般不会插错；非成对的插头与插座因脚数及外形不同，故不可能插上。

为防止汽车行驶时插接器脱开，绝大部分插接器都有闭锁装置，如图9.38所示。当需要分开插接器时，应先按下闭锁，使锁扣脱开，再将其拉开。拆装插接器时，要避免猛拉导线，以防拉坏锁止扣或导线。

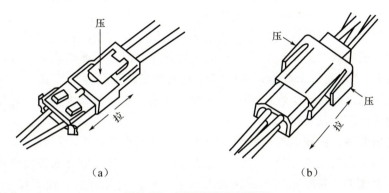

图9.38　插接器的闭锁装置

（5）插接件的作用。

插接件有两个作用：一是连接电器零件与线束；二是连接分段的线束，方便线束的安装和拆卸。插接件的型号不同，组成结构有很大差异，基于汽车行业订单化生产的行情，整车线束使用多种插接件，有些插接件受电器零部件配套商的制约，很难统一，但为了保证线束设计与制作的效率，应尽可能对整车使用的插接件进行统一，特别是对线束与线束内部对接部分做到模块化、通用化。选用插接件时，应充分考虑使用环境和配套端子的承载电流，如与发动机舱内电器零件对接的插接件，应选择带防水密封塞且外壳耐高温、耐腐蚀的产品；与仪表板线路对接的插接件，无须选择带密封塞的产品。此外，还可根据实际情况，在塑料中添加阻燃材料或增强材料，以达到阻燃或增强燃烧的目的。

插接件使用的铜主要是黄铜和青铜（黄铜的硬度比青铜的硬度小），其中黄铜应用较多。另外，可根据不同的需求，选择不同的镀层。

1. 简述全数字仪表的硬件结构组成。
2. 全数字仪表有哪些优点？
3. 照明装置及信号装置分别有哪几种？分别有哪些安全要求？
4. 影音娱乐系统的组成是怎样的？
5. 汽车线束有哪些功能？

新能源背景下汽车仪表显示方式的演化

在新能源背景下，汽车仪表的显示信息增加，仪表布局更加复杂。例如，混合动力电动汽车的仪表不但有传统汽车仪表的警示灯、指示仪表，而且具有新能源汽车特征的指示性仪表。说明仪表面积比传统汽车仪表大，有利于提高用户的视觉效果；同时，用户能快速找到重点信息，不会对驾驶安全造成影响。

从视觉的角度讲，新能源汽车对真实元素的模拟更加真实，仪表显示汽车信息时，能模拟真实汽车，还能从三维角度显示汽车的车门开关状况，切换信息时的显示效果有所提高，即应用淡入/淡出的显示功能，不但可以有效显示汽车信息，而且可以提高用户的视觉体验效果及信息之间的连贯性；同时，实现了对真实元素的高度模拟，还能形成一种视觉层级，方便用户解读仪表信息。

从听觉的角度讲，新能源汽车能配合仪表的视觉显示功能发出反馈声音，在按下调节按钮后，汽车内也会出现相应的声音，营造更加真实的效果，更有利于用户确认操作。

从触觉的角度讲，新能源汽车的仪表大多采用横向局部模式，便于用户了解和操作；同时，提高了用户的选频率、触控的准确率及用户操作仪表的舒适程度和方便程度，操作流程进一步优化，从而提高了汽车驾驶安全性。

思考：混合动力电动汽车与纯电动汽车电子仪表的显示差别是什么？

计算机端	[1] 新能源汽车网 http：//www.chinanev.net/ [2] 网易汽车 http：//product.auto.163.com/ [3] 第1电动 https：//www.d1ev.com/
Android、iOS 端	二维码

第 10 章　汽车车载网络及智能终端

学习要点	◇ 汽车网络架构 ◇ 典型汽车的 CAN 网络拓扑结构 ◇ 车载智能终端
导入案例	汽车智能化的最佳载体是新能源汽车
主体内容	◇ 汽车网络系统的结构特点 ◇ 典型汽车的 CAN 网络拓扑结构 ◇ 车载信息管理系统
案例讨论	车载智能终端的操作系统选择

比亚迪使中国的新能源汽车走向世界。由于其具有超长的续驶里程,因此被多数出租车公司采用。

我国将环境污染及 $PM_{2.5}$ 的监测提升了一个更高层次的要求,促使新能源汽车和纯电动汽车蓬勃发展。社区经济需求或者出租车管理催生了产业的发展,让汽车更加智能,通过互联网技术有效管理汽车,势必采集车辆识别码(vehicle identification number,VIN)、总续驶里程、汽车工况信息。

党的二十大报告中科学谋划了未来一个时期党和国家事业发展的目标任务和政策方针,擘画了以中国式现代化全面推进中华民族伟大复兴的宏伟蓝图。报告提出加快建设网络强国、数字中国,并作出一系列新部署、提出一系列新要求。

智能网联技术的发展将推动汽车电子产品功率提升。随着智能网联技术的发展,汽车配备的与自动驾驶/辅助驾驶功能相关的激光雷达、毫米波雷达、摄像头等传感器的使用增加,与车联网/人机交互功能相关的液晶屏使用增加,车载芯片的运算能力和通信设备的复杂程度大幅度提升,汽车电子产品的功率增大。

> **导入案例**

智能汽车

智能汽车因具有车载传感系统而具备主动环境感知能力,它也是智能交通系统的核心组成部分,是车联网体系的一个节点,通过车载信息终端实现与人、车、路、网等之间的无线通信和信息交换。因此,智能汽车集中运用了计算机、现代传感、信息融合、模式识别、通信及自动控制等技术,它是一个集环境感知、规划决策、多等级驾驶辅助等于一体的高新技术综合体。

智能汽车在提高行车安全性、减轻驾驶人负担方面的核心价值是直接的、显而易见的,且有助于节能和环保。研究表明,在智能汽车的初期阶段,采用先进智能驾驶辅助技术可减少50%~80%的交通事故;在智能汽车的终极阶段(无人驾驶阶段),甚至可以完全避免发生交通事故。

智能技术系统主要由传感器、控制器、执行器组成,主要包括如下:①先进传感技术,包括利用机器视觉技术(如红外摄像机技术)检测、利用雷达检测前方汽车;②通信技术,包括多辆智能汽车之间协调行驶技术、车路协调通信技术、车联网通信技术;③横向控制,包括利用引导电缆、磁气标志列、机器视觉技术、具有雷达反射性标识带的横向控制;④纵向控制,包括利用激光雷达、毫米波雷达、机器视觉技术检测车间距离的纵向控制,以及利用车间通信及车间距离雷达的车队列行驶纵向控制。

车载CAN网络正向整车网络化发展,将有越来越多的系统拓展成CAN总线控制单元,并加入整车CAN网络,对汽车的驾乘体验、舒适性、安全性和节能环保等有重要作用,同时对整车CAN网络设计提出了更高要求。

国产汽车因生产厂家和车型不同,CAN网络系统的覆盖范围及实现功能不同,故CAN网络架构和CAN总线控制单元不同。

10.1 CAN总线控制单元

国产汽车常用的网络划分规则是将整车网络分为动力CAN网络和车身CAN网络,分别连接相应网络上的CAN总线控制单元。

电子控制单元简称电控单元,也称汽车电控单元、多路控制装置。早期的电控单元常根据需要,通过控制器自身电路采集不同传感器和开关量等信号,采用一定算法进行运算后,输出给控制执行器和指示器等。随着CAN、LIN等总线技术的发展,实现了不同控制器之间通过CAN、LIN等总线共享传感器信息、计算结果和输出状态等。

典型CAN总线控制单元结构如图10.1所示,包括模拟信号、数字信号的输入处理、总线数据通信、逻辑运算和输出处理等。

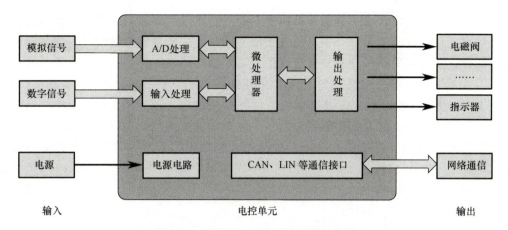

图 10.1 典型 CAN 总线控制单元结构

10.1.1 动力 CAN 网络单元

1. 发动机电控单元

柴油电控发动机由传感器、电控单元、电控燃油系统和线束等组成。其中，电控单元主要负责采集传感器数据、控制发动机功能（如启动、怠速、驾驶性控制、转矩限制、喷油定时调整、燃油温度补偿、各缸均匀性及冷启动辅助控制等）、发动机保护功能和整车功能（如发动机排气制动、最大车速限制、定速巡航及空调怠速提升等），其常用通信接口有 ISO 9141 接口（K 线）、CAN 接口（采用 SAE J1939 标准）。CAN 接口主要用于电控单元之间的通信，具有数据交互、读出测量参数值和计算值、喷射限制、发动机制动操作、降低性能操作、输入默认值或性能特征量等功能。

CAN总线的工作原理

2. 后处理电控单元

随着环保法规的升级，对排放的要求越来越严格。很多汽车都配置专门的后处理电控单元。有的在发动机电控单元集成后处理电控单元功能，有的采用独立后处理电控单元。后处理电控单元通过 CAN 总线获取发动机转速、负荷百分比、进气压力、进气温度和冷却液温度等参数，同时采集传感器参数，按照标定好的算法控制排放。常用的后处理电控单元如下。

(1) 氧化型催化转化器：主要用于处理 HC、CO 排放。
(2) 部分颗粒物氧化型催化转化器：主要用来处理颗粒物排放。
(3) 柴油机颗粒捕捉器：主要用于处理颗粒物排放。
(4) 废气再循环系统：主要用于处理 NO_x 排放。
(5) 选择性催化还原器：主要用于处理 NO_x 排放。

3. 电子风扇控制系统

电子风扇控制系统，也称智能冷却控制系统，是在对大型客车发动机温度精确控制进行大量研究工作的基础上，结合发动机热平衡、散热器热传递等关键特性，通过驱动电子风扇等部件，实现对发动机冷却液温度及中冷后气温的精准控制，从而确保发动机在高效节能的温度范围内工作的系统。电子风扇控制系统通过 CAN 总线获取发动机工作状态，并通过 CAN 总线接收远程信息服务系统的优化控制指令，通过 CAN 总线将控制状态回传给远程监控系统，以使系统整体状态最佳。电子风扇控制系统对汽车节能、减排、降噪等有显著效果。该系统包括冷却液箱、中冷器、电子风扇、车载计算机和控制器等，如图 10.2 所示，有的还会接入车联网，根据管理需要进行远程控制调节。图 10.3 所示为电子风扇控制系统的工作原理。

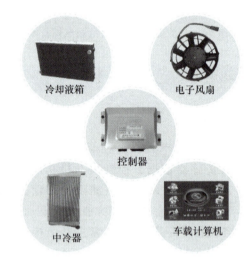

图 10.2 电子风扇控制系统的主要组成

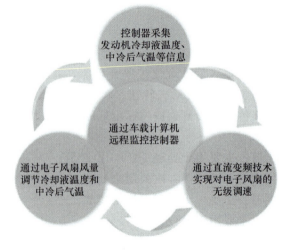

图 10.3 电子风扇控制系统的工作原理

4. 智能驱动控制系统

智能驱动控制系统可以根据汽车行驶线路的特点,自动调整发动机喷油参数,实现动态车线匹配,并最终实现节油目标。智能驱动控制系统的工作原理如下:通过 CAN 总线收集汽车行驶数据并回传到计算中心,计算中心结合汽车行驶线路的特点,向智能驱动控制模块下发调节控制发动机参数,智能驱动控制模块通过 CAN 总线控制发动机的运行状态。图 10.4 所示为智能驱动控制系统的工作原理。

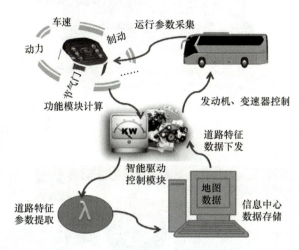

图 10.4 智能驱动控制系统的工作原理

5. 变速器电控单元

汽车用变速器有手动变速器(manual transmissions,MT)(也称机械变速器)、机械式自动变速器(automatic mechanical transmissions,AMT)和自动变速器(automatic transmissions,AT)。其中,手动变速器没有电控单元和相应通信接口;机械式自动变速器和自动变速器有电控单元,其通过 CAN 总线与发动机等的电控单元通信,根据汽车行驶工况(车速、发动机转速、发动机转矩等)和驾驶人的驾驶意图(加速踏板、换挡控制杆操作等),按照设定的换挡规律,选择合适的挡位和换挡时机,控制换挡执行机构的换挡动作。

6. 电子控制空气悬架系统

电子控制空气悬架系统(electronic controlled air suspension,ECAS)由电控单元、电磁阀、高度传感器和气囊等组成。电子控制空气悬架系统具有如下优点。

(1)具有较小的弹簧刚度和较低的固有频率,提高了驾乘舒适性。
(2)可保持路面与车身间的距离恒定。
(3)具有车身高度下降功能,使驾乘人员上下车方便。
(4)降低了汽车行驶过程中的空气消耗量。

电子控制空气悬架系统的工作原理如下:高度传感器检测汽车高度(车架与车桥的距离)的变化,并传递给电控单元,电控单元除高度信息外,还接收其他信息,如车速、制动、供气压力等，综合所有信息后判断当前汽车状态，并按照内部的控制逻辑激发电磁阀工作，电磁阀调节气囊充、放气。图 10.5 和图 10.6 所示分别为电子控制空气悬架系统实物和电子控制空气悬架系统的基本组成。

图 10.5　电子控制空气悬架系统实物

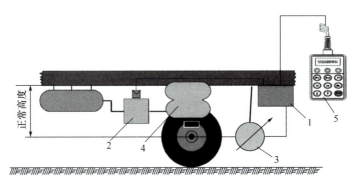

1—电控单元；2—电磁阀；3—高度传感器；4—气囊；5—遥控器

图 10.6　电子控制空气悬架系统的基本组成

10.1.2　车身 CAN 网络单元

1. 新型车身控制模块

不同生产厂家针对不同的功能和成本，采用不同的车身控制系统解决方案。采用较多的车身控制系统有"仪表"和"仪表＋控制模块"等。新型车身控制模块与早期车身控制模块的形式有较大差异。早期车身控制模块采用固化控制接口，为系统增加功能时，需要重新设计控制模块；新型车身控制模块具有更多通用的输入/输出接口，可根据汽车的应用需要使用，根据需求功能增加控制模块。新型车身控制系统由仪表、主控模块（主站）、前从控模块（前从站）、顶从控模块（顶从站）和后从控模块（后从站）等组成，如图 10.7 所示。其中，仪表主要负责显示信息，包括转速、车速和冷却液温度等；主控模块主要负责分配与管理各从控制模块的逻辑功能；前从控模块主要采集汽车前部的灯光信息、前门开关信息等；顶从控模块主要驱动汽车顶部灯光、换气扇、显示器等，并采集车门开关信息；后从控模块主要驱动汽车后部灯光、电磁阀、后门开关等，并采集传感器信息。

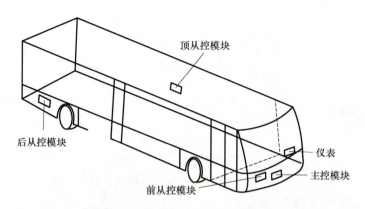

图 10.7　新型车身控制系统的组成

2. CAN 总线空调控制系统

汽车空调系统增加 CAN 总线功能是一大进步。与非 CAN 总线空调控制系统相比，CAN 总线空调控制系统可以与发动机运行状态和整车供电状态结合，更加合理地控制空调系统运行，可以在一定程度上保护空调系统的相关部件，提高空调运行效率；同时，可以通过 CAN 总线将车内空气环境状况、空调系统工作状态及故障信息发送给远程信息服务系统，并接受远程信息服务系统的管理和控制，实现对空调及整车空气环境的管理。CAN 总线空调控制系统主要包括两部分，即驾驶区操作面板和空调执行控制器，如图 10.8 所示。

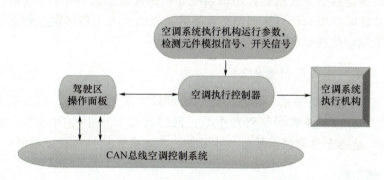

图 10.8　CAN 总线空调控制系统的组成

3. 总电源智能管理模块

在整车电气系统中，开关电器盒是关键部件。传统开关电器盒由继电器、熔断器及一些简单的控制逻辑输入/输出组成。当汽车出现蓄电池馈电、发电机充电故障和动力链严重故障时，传统电源管理系统无法全方位地起到连接、控制和保护上述关键设备的作用。而带 CAN 总线的总电源智能管理模块引入了 CAN 总线智能电控单元，能更好地通过 CAN 总线将整车电源系统状态共享到整车网络，使得不同系统可以根据需要调节和优化整车电源使用。总电源智能管理模块的功能如图 10.9 所示。

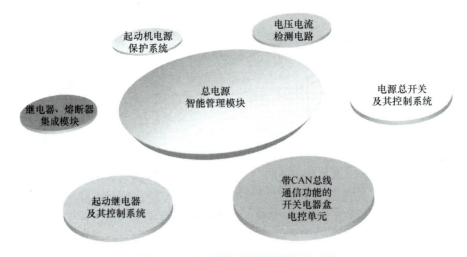

图 10.9 总电源智能管理模块的功能

4. 多功能转向盘控制模块

多功能转向盘在常规转向盘的基础上增加了智能 CAN 节点模块，即设置了多个按键及转向盘振动等功能，同时增加了 CAN 通信功能。汽车制造企业可以将驾驶人常用的功能按键（如车门开关、公共汽车报站等）集成在转向盘上。多功能转向盘控制模块可以将转向盘上集成的按键状态发送给影音娱乐系统等；还可以通过 CAN 总线接收转向盘振动等控制命令，使转向盘振动，以达到提醒驾驶人的目的。多功能转向盘控制模块可使驾驶人更直接地感受到现代汽车的人性化设计。

5. 信息服务系统（车联网系统）

随着汽车 CAN 网络的发展，信息服务系统可以发挥更大优势。信息服务系统主要收集汽车 CAN 网络信息，并传送给管理中心；同时接收管理中心的命令，并转发给相应 CAN 网络节点，使得车身网络功能进一步延伸，为驾乘人员提供更多增值服务。

6. 全景环视系统

全景环视系统从 CAN 总线获取转向信号，根据转向切换不同画面，在有限的显示屏上更清楚地显示汽车周围的重要信息。

7. 车道偏离报警系统

车道偏离报警系统通过安装在汽车前风窗玻璃内侧的摄像头实时监测道路环境，实现对前方可见道路车道线的准确识别。同时，控制器结合从 CAN 总线获取的汽车运行数据，预估汽车前轮与车道线的距离、偏离速度，并作出车道偏离决策。当偏离量接近危险值时，驾驶人通过视觉（翘板开关）、听觉（喇叭）及触觉（振动靠垫）等反馈获取报警信息。车道偏离报警系统的工作原理如图 10.10 所示。

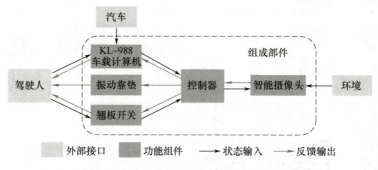

图 10.10　车道偏离报警系统的工作原理

8. 自动前照灯控制系统

自动前照灯控制系统由光感传感器、切换开关和控制器（未标）等组成。安装在风窗玻璃上的光感传感器感知光线，实时判断外界环境的亮度变化，自动开启或关闭前照灯，提高了行车安全性。自动前照灯控制系统的工作原理如图 10.11 所示。

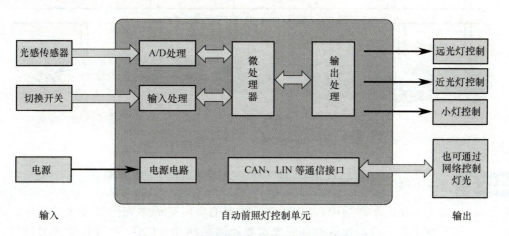

图 10.11　自动前照灯控制系统的工作原理

10.1.3　典型汽车的 CAN 网络拓扑结构

根据网络节点控制的目标、范围及网络节点的特点、重要性、容错性和实时性，汽车制造企业通常将整车网络分为动力 CAN 网络和车身 CAN 网络；部分品牌汽车还会根据某个网络节点数量及零部件生产厂家，进一步将车身 CAN 网络拆分成子网络。其中，动力 CAN 网络主要负责发动机、变速器等底盘动力系统，车身 CAN 网络主要负责车身电气、舒适性总成（如悬架等）和仪表等系统。动力 CAN 网络和车身 CAN 网络通过网关进行通信，一般采用独立网关，或者在仪表或某个节点内集成网关功能。

图 10.12 所示为典型汽车的 CAN 网络拓扑结构。该 CAN 网络根据各节点的特点、数据关联关系和总线负载情况，将整车网络分为动力 CAN 网络和车身 CAN 网络。仪表和信息服务系统通常有两路 CAN 总线，分别接入动力 CAN 网络和车身 CAN 网络，以显示和远程诊断两路 CAN 总线数据。

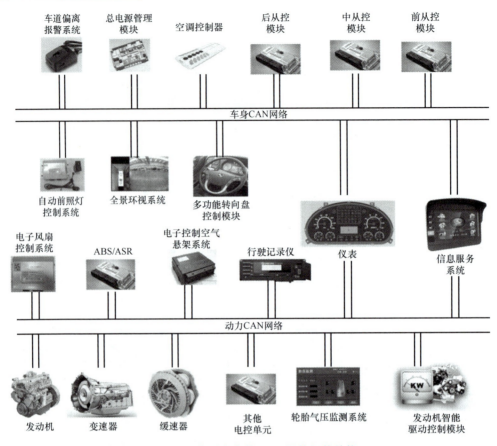

图 10.12 典型汽车的 CAN 网络拓扑结构

10.1.4 汽车网络系统的结构特点

汽车网络技术

在汽车产品中，CAN 总线技术的应用受成本和配置要求的影响。以中型汽车为例，为追求最低成本和功能集约化，CAN 总线仅接入发动机、变速器及仪表，如图 10.13 所示；对于高档汽车，由于多功能和高性能是整车的主要特点，因此在 CAN 总线上增加控制模块，如前从控模块、后从控模块、中从控模块、顶从控模块、灯控模块和行驶记录仪等。

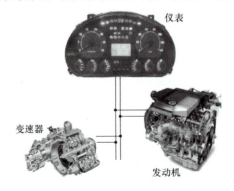

图 10.13 中型汽车的 CAN 总线结构

图 10.14 所示为某大型客车的 CAN 总线结构，包括仪表、前从控模块、后从控模块、灯控模块、顶从控模块、发动机和变速器等。该大型客车的电器完全由总线控制，主要控制灯光、刮水器、缓速器、空气悬架、车门、发动机点火等，可为用户提供高效、灵活、安全、可靠、易维护、低成本的总线设计方案。

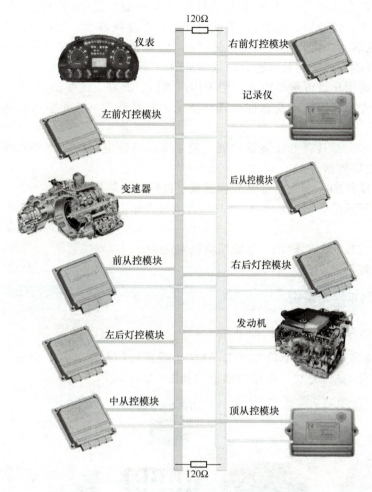

图 10.14 某大型客车的 CAN 总线结构

图 10.14 中的 CAN 总线结构具有如下特点。

（1）转速、冷却液温度、油压等数据直接取自发动机，可省去转速传感器、冷却液温度传感器、油压传感器。此外，配备自动变速器还可省去车速传感器。

（2）提供符合国家第六阶段机动车污染物排放标准的发动机所需的电子时钟。

（3）提供符合国家第六阶段机动车污染物排放标准的发动机所需的尿素显示。

（4）替代蜂鸣器的语音报警，便于分辨报警源，不仅更加人性化，还省去多余的蜂鸣器。

（5）仪表记录中有燃油消耗曲线，可有效发现盗油现象。

（6）可实时显示发动机的瞬时油耗，使驾驶人有效监督汽车的燃油经济性。

（7）实现了智能电磁离合风扇控制，可节省燃油费。

（8）转向灯和制动灯故障检测适应了国外对保证行车安全所需具备的强制功能要求。

（9）以文字形式实时显示发动机、变速器、ABS和车身控制模块等的故障信息，告别了只能依靠专家和专用诊断设备解释故障码的时代。

（10）模块集成度提高。虽然模块减少，但功能不减少。

（11）仪表具有除国家标准要求外的数据记录功能，记录的数据包括车速、发动机（或电动机）转速、燃油量（电量）、节气门开度、冷却液温度、气压、油压和尿素液位8个模拟量，以及制动、离合器、挡位、转向灯、冷却液温度报警和气压报警等开关量。此外，用户可以根据需要选装其他符合国家标准的记录仪。

（12）管脚通用化且可重新定义，便于用户增加、删除、改变信号。

（13）采用专业化的接口及软件处理，避免由盐水路面（冬季撒盐融雪）引起开关误报警。

（14）所有输出都具有电流测量功能，便于随时掌握电器的功率消耗情况，同时为精确过电流保护提供依据。

（15）采用成熟的过电压、过电流、过载、过热、短路保护措施。

（16）采用开放的SAE J1939标准，可直接与国际主流发动机、变速器和ABS等交换数据。

（17）与传统控制方式相比，总线模块耗电量少。

（18）可以控制发动机。

10.1.5　汽车网络架构

1. 单路网络架构

单路网络架构是指汽车上只有一路CAN总线系统的网络架构，由仪表直接接入动力CAN总线和车身CAN总线。单路网络架构如图10.15所示。

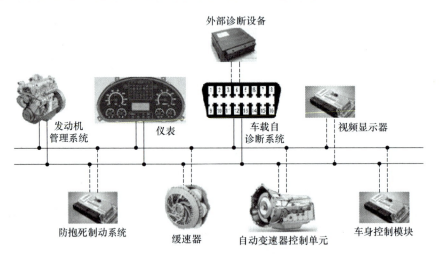

图 10.15　单路网络架构

2. 多路网络架构

多路网络架构是实现全车负载由电控单元控制的网络架构，可分为基本多路网络架构、基于车联网的多路网络架构和新能源汽车多路网络架构。

（1）基本多路网络架构。

在单路网络架构中接入车身总线和舒适总线系统就形成基本多路网络系统。独立网关的基本多路网络架构如图 10.16 所示。

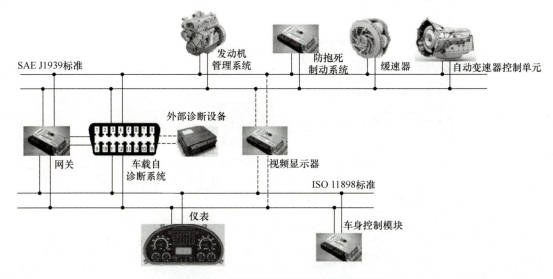

图 10.16　独立网关的基本多路网络架构

图 10.16 中的基本多路网络架构采用独立网关，但在实际应用中，网关可能集成在仪表或其他控制模块上。集成网关的基本多路网络架构如图 10.17 所示。

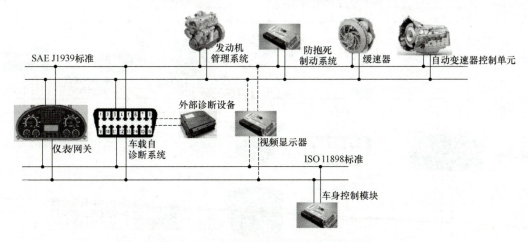

图 10.17　集成网关的基本多路网络架构

（2）基于车联网的多路网络架构。

基于车联网的多路网络架构在基本多路网络架构的基础上增加了车联网终端，使汽车具备远程通信、远程运营管理和远程诊断等功能，如图 10.18 所示。

（3）新能源汽车多路网络架构。

新能源汽车多路网络架构如图 10.19 所示。

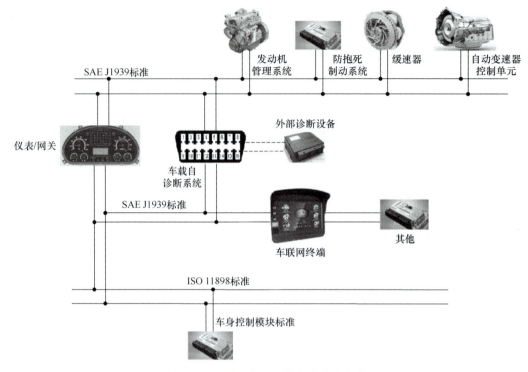

图 10.18 基于车联网的多路网络架构

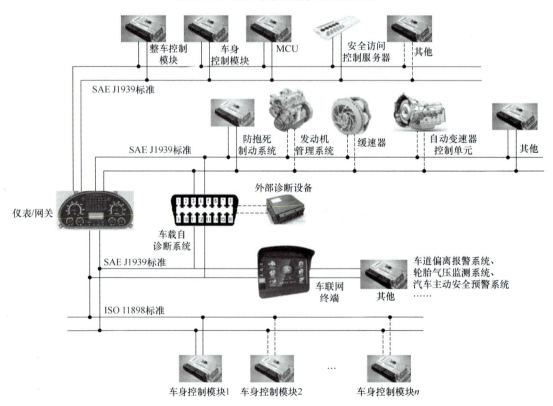

图 10.19 新能源汽车多路网络架构

10.2 车载智能终端

车载智能终端基于道路动态信息数据采集技术、智能交互技术及高精度位置服务，在智能交通系统的基础上，实现高精度导航、远程车辆感知、交通安全预警和基于位置的服务等功能。车联网以车内网、车际网和车载移动互联网为基础，按照约定的通信协议和数据交互标准，实现车-X（车、路、行人及互联网等）的无线通信和信息交换，以实现智能交通管理、智能动态信息服务和车辆智能化控制的一体化网络，是智能交通系统领域的典型应用。JT/T 794—2019《道路运输车辆卫星定位系统 车载终端技术要求》和JT/T 808—2019《道路运输车辆卫星定位系统 终端通讯协议及数据格式》等对道路车辆提出了新的技术要求。建立车载智能终端设备与系统平台符合性认证管理体系，从而建立营运车辆的联网联控体系利于规范整个行业技术的进步。

车内网是指应用成熟的总线技术建立一个标准化的整车网络；车际网是指基于专用短程通信（dedicated short range communications，DSRC）技术和IEEE 802.11标准系统无线局域网协议的动态网络；车载移动互联网是指车载终端通过4G/5G等通信技术与互联网无线连接。

车载智能终端是车联网的重要组成部分，是车内网人机交互、车内网与车外网互联的设备。国内外的终端产品都是基于嵌入式系统开发模式研发的，研发内容包括硬件设计、驱动软件、通信软件及软件应用等。

车载智能终端

随着信息技术的发展，特别是全球定位系统（global positioning system，GPS）/北斗卫星导航系统（beidou navigation satellite system，BDS）、全球移动通信系统（global system for mobile communications，GSM）/通用分组无线业务（general packet radio service，GPRS）、地理信息系统（geographic information system，GIS）技术的成熟和CAN总线技术在汽车上的广泛应用，汽车智能化信息管理系统成为可能。

10.2.1 车载智能终端的组成及功能

1. 车载智能终端的组成

车载智能终端主要由终端主机及外围设备等组成。其中，终端主机主要包括微处理器、数据存储器、卫星定位模块、车辆状态信息采集模块、无线通信传输模块、实时时钟、数据通信接口、显示器、打印机和读卡器等；外围设备主要包括卫星定位天线、无线通信天线、应急报警按钮和语音报读装置，有时还有通话装置、操作键、车辆状态信息显示和信息发布等设备，以及胎压监测、空调管理、图像、视频、音频、驾驶人身份、电子运单、物流、营运、收费结算和服务评价等信息的采集设备等。

2. 车载智能终端的功能

（1）自检。

车载智能终端具备自检功能，开机后，其通过LCD显示屏显示车载终端的主要状态，包括卫星定位及通信模块工作状态、主电源状态、紧急按钮、当前时间等。

（2）位置监控和查询。

车载智能终端根据服务中心设置的时间或区域，实时间隔上报车辆位置信息（包括时间、经度、纬度、速度、方向等），提供需求服务功能。

（3）报警。

车载智能终端具备人工报警和自动报警功能。

① 人工报警。

按住防劫报警开关按钮 3s 以上，车载智能终端视为抢劫报警，并向服务中心发送抢劫报警信息。

② 自动报警。

A. 断电报警。如主电源切断时间持续 15s 以上，则视为断电报警，并向服务中心发送断电报警信息。

B. 在规定的时间段外行驶报警。服务中心可根据配置车辆规定的行驶时间段和车台上传的行驶数据，判断车辆是否在规定时间段外被起动行驶。

C. 非法发动车辆报警。如果插入车辆起动钥匙后，未能在规定时间内输入合法的驾驶人身份或 IC 身份识别卡，则车台视为非法起动车辆报警，并向服务中心发送非法起动车辆报警信息。

D. 路段超速报警。服务中心配置路段超速阈值，通过车台上传的行驶数据，每隔 1min 判断一次是否超速。当发现车辆超速时，服务中心向车台发送超速报警信息，车台收到信息后进行语音播报。

E. 越过设定区域报警。车载智能终端中至少存储 24 个多边形或圆形区域，当车辆驶入禁入区域或驶出禁出区域时触发报警，监控区域可由监控中心远程设置。

F. 偏移设定路线报警：车载智能终端至少存储 24 条路线，每条路线都是至少由 16 个点构成的折线。当车辆驶离设定的路线时触发报警，监控路线可由监控中心远程设置。

G. 疲劳行驶报警：车辆或者驾驶人连续驾驶时间超过疲劳驾驶时间阈值时触发报警，疲劳驾驶时间阈值可由监控中心远程设置。

H. 超时停车报警。停车时间超过系统预设时间时触发报警。

I. 欠电压报警。当主电源供电电压低于设定的欠电压阈值且持续 30s 时，车台发出欠电压报警，并向服务中心发送欠电压报警信息。

（4）远程监听。

当需要进行远程监听时，服务中心可以启动对车辆的监听。此外，如果按下紧急报警按钮，车载终端就会主动向服务中心发出监听请求。监听时，扬声器需处于关闭状态，同时激活图像和音频采集功能，保存需要上传的数据并在监听结束后上传。

（5）远程遥控。

服务中心可以对车辆进行远程遥控，如限制车辆行驶的车速范围等。

（6）调度功能。

车载智能终端接收来自监控中心的调度信息或广播信息后，可以自动进行语音播报；也可以通过 LCD 显示屏查阅、删除接收的调度信息或广播信息；还可以通过 LCD 显示屏编辑、发送预先设置的调度信息。

(7) 呼叫限制。

监控中心最多可在车台上下载 30 组电话号码及相应的呼入/呼出权限，并可设置每次通话的最长时间，若超过最长时间，则车台自动挂机；电话本与呼叫限制关联，用户无法对电话本进行增加、删除、修改等操作；支持常用的特服号码无限制呼出功能。

(8) 参数配置。

通过红外遥控器，在调度屏上配置本机号码、互联网协议地址（internet protocol address，IP 地址）、传输控制协议（transmission control protocol，TCP）端口号、用户数据报协议（user datagram protocol，UDP）端口及接入点（access point name，APN）等；也可通过无线通道配置本机号码、IP 地址、TCP 端口号、UDP 端口及 APN 等。

(9) GPRS 通信。

车载智能终端可按要求设置 APN 名称，支持 TCP、UDP 数据传输方式，通用分组无线服务（general packet radio service，GPRS）技术和短消息备份功能，根据车载智能终端的运行环境和监控中心的要求选择传输方式。

(10) 车载电话。

车载智能终端具有通话功能和通话管理功能，包括通话限制、语音存储、电话簿管理、电话回拨、音量调节和来电自动摘机等。通话时，保存需要上传的数据，并在通话结束后上传。

电话簿至少有存储 20 名联系人的存储容量，可由监控中心设定只允许呼入号码和只允许呼出号码。

(11) 短消息功能。

车载智能终端支持收发短消息，并可通过 LCD 显示屏查看接收的短消息。

(12) 通信方式。

车载智能终端可根据客户需要，通过更换通信模块和进行硬件升级，支持 GSM、码分多址（code division multiple access，CDMA）、时分同步码分多路访问（time division-synchronous code division multiple access，TD-SCDMA）、宽带码分多址（wideband code division multiple access，WCDMA）、码分多路访问 2000（code division multiple access 2000，CDMA 2000）等无线通信网络。

(13) RFID。

车载智能终端可通过射频识别（radio frequency identification，RFID）技术采集与识别驾驶人的身份信息，并显示在 LCD 显示屏上，将驾驶人身份信息上传至监控平台。

(14) 蓝牙来电转接与数据传输。

车载智能终端支持驾驶人手机来电通过蓝牙转接至车台，手机可以通过蓝牙与车台进行数据交互。

(15) 驾驶人身份记录。

车载智能终端支持通过接触式 IC 卡方式采集与识别驾驶人的身份信息，并显示在 LCD 显示屏上，将驾驶人身份信息上传至监控平台。服务中心根据需要为每个车台设置一组驾驶人身份。插上车辆起动钥匙后，车台语音提醒驾驶人输入驾驶人身份代码，如超过 2min 未输入合法的驾驶人身份代码，则车台视为非法起动车辆，并将该信息作为报警传至服务中心。如果服务中心未对车台设置驾驶人身份，则表示无须车台确认和记录驾驶人的身份。

(16) 行驶记录。

车载智能终端满足 GB/T 19056—2021《汽车行驶记录仪》中要求的汽车行驶记录功能。

车载智能终端能以不大于 1s 的时间间隔持续记录并存储停车前 20s 内对应的行驶数据及状态信号，包括日期、时间、经纬度、行驶速度、方向、平均行驶速度、车辆续驶里程、GPS 模块定位状态、高级音频编码（advanced audio coding，AAC）状态、报警状态，以及行车制动、倒车、前车门、后车门、前照灯、左转向灯、右转向灯和电子喇叭信号、驾驶人身份识别码等，并按照服务中心设置的时间间隔压缩上传。

(17) 实时时钟、日期及驾驶时间的采集、记录、存储。

车载智能终端可以提供日期和时钟，可以年、月、日或 yyyy/mm/dd 的方式记录实时日期，也可以时、分、秒或 hh:mm:ss 的方式记录实时时钟。

当无按键操作时，7 寸 LCD 显示屏可以显示通信传输模块的信号强度、指示登录服务中心平台状态、卫星定位状态、实时时钟、车辆实时车速、行驶方向、运营商名称、驾驶人代码等信息。

(18) 打印信息输出。

在行驶记录模块单击"打印记录数据"按钮，向微型打印机设备发送命令，打印输出车牌号码、车牌分类、驾驶人代码、驾驶证号码、打印实时时间、停车时刻前 15min 内的平均车速和疲劳驾驶记录（一次连续驾驶时间超过设定时间的所有记录）等。

(19) 图像抓拍。

车载智能终端提供多种抓拍照片参数，支持 176×144、352×288 和 720×576 三种分辨率和高、中、低三种照片质量，最多支持 10 张照片连续抓拍；抓拍间隔最小为 3s，支持四路摄像头以不同角度抓拍。

用户可根据实际情况，在车辆的不同位置安装摄像头。在抓拍过程中，四路摄像头可以轮流抓拍一张或者多张照片；支持远程遥控实时抓拍；支持中心系统不同的监控终端遥控抓拍，以及根据需要在任意时刻远程遥控抓拍；支持用户根据不同的事件类型触发车载终端抓拍，为分控中心监控提供了方便。

车载智能终端还可提供两种触发事件抓拍：抢劫报警和车辆着火。为了满足用户的后续需求，车载智能终端预留信号传感线束，提供其他事件触发抓拍。

(20) 录音。

车载智能终端具有音频信息采集及存储功能，可通过监控中心控制和事件触发方式，采集、压缩、存储、上传及检索上传音频信息；支持通过通用串行总线（universal serial bus，USB）、安全数码记忆卡（secure digital memory card，SD 卡）、Micro SD 卡（micro sd card）等接口导出音频数据。

(21) 语音提示。

车载智能终端可通过文本转语音（text to speech，TTS）功能播报短消息、调度信息，获得终端某些特殊状态的提示（如故障报警提示、驾驶人登录/退出登录提示和来电提示等）。

(22) CAN 总线接口。

车载智能终端有 CAN 总线接口，供接入车辆的 CAN 总线读取车内网总线信息，如车速、发动机扭矩、发动机转速、制动、冷却液温度、前后门状态、发动机累计油耗和变速器挡位等。

(23) 数据导出。

车载智能终端可以使用 U 盘或 USB 从车载设备中导出黑匣子、事故疑点数据、照片数据、音频数据等，供进一步分析处理。

(24) 本地升级。

车载智能终端支持通过 USB、SD 卡移动存储设备和 LCD 显示屏进行交互操作来升级软件，包括应用软件升级和系统软件升级两种方式。

(25) 远程无线升级。

车载智能终端支持服务中心平台通过通信网络升级车载终端的应用程序，配置升级程序包文件，登录升级中心后自动下载更新，更新完毕后，系统自动重启。

10.2.2 车载信息管理系统

1. 车路协同系统

专用短程通信技术是智能交通系统（intelligent transport system，ITS）的基础。其特点是提供高速的数据传输，可保证通信链路低延时和系统的可靠性，是专门用于车辆通信的技术；能够在车-车、车-路之间传送实时信息和数据，有利于提升高速移动车辆的通信效率；在物理层协议方面，采用较高的频率（5.8GHz）和较窄的信道（以 10MHz 为单位切分信道），可以有效减少车辆高速移动时产生的多路径效应和多普勒效应带来的通信效率下降问题，更适合高速移动的车辆通信。

车路协同系统基于无线通信、传感探测等技术获取车辆和道路信息，通过车-车、车-路信息交互与共享技术，实现车辆与基础设施的智能协同和配合，达到高效利用系统资源、提高道路交通安全性、缓解道路拥堵的目标。

2. 车载信息管理系统

车载信息管理系统是基于 GSM/GPRS（或 CDMA）、GPS/BDS 和 Internet 等技术的高科技综合系统，以 GSM/GPRS（或 CDMA）为信息的通信媒介，应用 GPS/BDS、CAN 总线技术、高频无线技术、传感器技术、计算机软硬件技术及相关电子显示技术，将车辆状态信息（包括位置、速度、方向、车辆状态等）实时传回服务中心，结合矢量化地理信息系统软件平台、数据调度管理及 Internet 网络通信等，实现全程实时监测与记录车辆信息、智能调度和管理、自动语音报站、IC 卡信息和视频信号无线传输、求助报警处理、实时通话等功能，以及远程故障诊断、发动机油耗管理和驾驶人不良驾驶行为记录与纠正功能。

车载信息管理系统能从根本上为车辆运营数据采集提供先进的手段，同时将以往由人工统计工作改为由计算机完成，不仅节省了大量人力、物力，降低了运营成本，而且可根据企业领导及各职能部门需要，输出不同种类、不同时间段的统计报表，为企业决策和管理提供及时、真实的第一手资料。同时，政府有关部门还可实时监测车辆状态，防止违规行为的发生。

车载信息管理系统主要由车载终端和后台管理系统组成。车载终端负责信息采集、信息存储记录和数据传输。信息采集的主要内容包括：通过 GPS 采集车辆位置信息、实时时间、经度、纬度、速度、高程和方向等定位状态信息；通过车身 CAN 总线采集车速、转向、油耗、制动及与行车安全有关的信息；通过视频采集车内外的状态信息；等等。通过 GPRS/5G 无线通信将这些信息及时传送到后台信息管理系统，并进行分析处理，或生成相应的图片和报表等。车联网运营平台如图 10.20 所示。

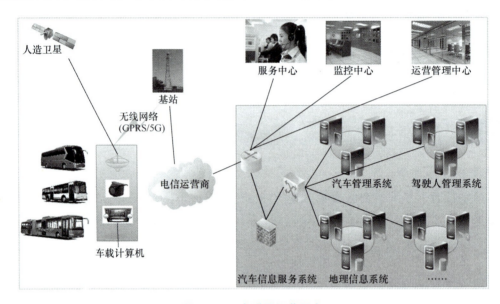

图 10.20　车联网运营平台

1. 车载终端有哪些组成部分？
2. CAN 总线的结构是怎样的？
3. 汽车 CAN 网络架构的特点是什么？
4. 车载信息管理系统有哪些组成部分？

车载智能终端的操作系统选择

在"交通强国"的国家战略愿景下，车联网是 5G 通信基础设施建设的重点应用场景。车载智能终端为用户提供信息通信、地图导航、生活服务和安防等功能，是用户获取车联网服务的媒介及车联网网络的重要节点。

车载操作系统是车载智能终端的重要组成部分。车载智能终端与手机一样属于智能移动终端,车载操作系统的本质与手机操作系统相同,它是离车身传感器等硬件最近的基础软件,是车规级芯片发挥算力的关键环节。如果类比手机智能终端与芯片的关系,则芯片是影响车载智能终端设备性能和体验感的决定因素,而车载操作系统为芯片的性能发挥和应用软件功能的实现提供基础软件平台。车载智能终端除了支持娱乐、资讯等信息类功能,还越来越重视支持辅助自动驾驶功能,集成更多传感器,以实现更多先进的辅助驾驶功能。

思考:车载智能终端是否有发展前景?为什么?

计算机端	[1] 新能源汽车网 http://www.chinanev.net/ [2] 网易汽车 http://product.auto.163.com/ [3] CSDN 论坛 https://blog.csdn.net
Android、iOS 端	二维码

参 考 文 献

陈清泉,孙逢春,祝嘉光,2002. 现代电动汽车技术 [M]. 北京:北京理工大学出版社.
陈全世,2013. 先进电动汽车技术 [M]. 2 版. 北京:化学工业出版社.
李相哲,苏芳,林道勇,2011. 电动汽车动力电源系统 [M]. 北京:化学工业出版社.
李兴虎,2009. 混合动力汽车结构与原理 [M]. 北京:人民交通出版社.
麻友良,严运兵,2012. 电动汽车概论 [M]. 北京:机械工业出版社.
王文伟,毕荣华,2010. 电动汽车技术基础 [M]. 北京:机械工业出版社.